revista de derecho público

Allan R[...]

allan@brewercarias.com
http://www.allanbrewercarias.com

José Ignacio **HERNÁNDEZ G**, Sub-Director
jihernandez@ghm.com.ve

Mary **RAMOS FERNÁNDEZ**, Secretaria de Redacción
maryra77@gmail.com

Revista de Derecho Público

Fundación de Derecho Público

Torre América, PH, Av. Venezuela, Bello Monte, Caracas 1050, Venezuela
Email: fundaciondederechopublico1@gmail.com.

Editada por la **Fundación Editorial Jurídica Venezolana**, Avda. Francisco Solano López, Torre Oasis, P.B., Local 4, Sabana Grande, Caracas, Venezuela. Telf. (58) 212 762–25–53/38–42/ Fax. 763–52–39 Apartado Nº 17.598 – Caracas, 1015–A, Venezuela.

Email: fejv@cantv.net

Pág. web: http://www.editorialjuridicavenezolana.com.ve

© 1980, FUNDACIÓN DE DERECHO PÚBLICO/EDITORIAL JURÍDICA VENEZOLANA

Revista de Derecho Público
N° 1 (Enero/marzo 1980)
Caracas.Venezuela

Publicación Trimestral

Hecho Depósito de Ley
Depósito Legal: pp 198002DF847
ISSN: 1317-2719
1. Derecho público–Publicaciones periódicas

Normas para el envío de originales

La Revista de Derecho Público aceptará artículos inéditos en el campo del derecho público. Los artículos deberán dirigirse a la siguiente dirección secretaria@revistadederechopublico.com

Se solicita atender a las normas siguientes:

1. Los trabajos se enviarán escritos a espacio y medio, con una extensión aproximada no mayor de 35 cuartillas tamaño carta.
2. Las citas deberán seguir el siguiente formato: nombre y apellidos del autor o compilador; título de la obra (en letra cursiva); volumen, tomo; editor; lugar y fecha de publicación; número de página citada. Para artículos de revistas u obras colectivas: nombre y apellidos del autor, título del artículo (entre comillas); nombre de la revista u obra colectiva (en letra cursiva); volumen, tomo; editor; lugar y fecha de publicación; número de página citada.
3. En su caso, la bibliografía seguirá las normas citadas y deberá estar ordenada alfabéticamente, según los apellidos de los autores.
4. Todo trabajo sometido deberá ser acompañado de dos resúmenes breves, en español e inglés, de unas 120 palabras cada uno y con una palabras clave (en los dos idiomas)
5. En una hoja aparte, el autor indicará los datos que permitan su fácil localización (N° fax, teléfono, dirección postal y correo electrónico). Además incluirá un breve resumen de sus datos académicos y profesionales.
6. Se aceptarán para su consideración y arbitraje todos los textos, pero no habrá compromiso para su devolución ni a mantener correspondencia sobre los mismos.

La adquisición de los ejemplares de la Revista de Derecho Público puede hacerse en la sede antes indicada de la Fundación Editorial Jurídica Venezolana, o a través de la librería virtual en la página web de la Editorial: http://www.editorialjuridicavenezolana.com

La adquisición de los artículos de la Revista en versión digital puede hacerse a través de la página web de la Revista de Derecho Público: http://www.revistadederechopublico.com

Las instituciones académicas interesadas en adquirir la Revista de Derecho Público mediante canje de sus propias publicaciones, pueden escribir a canje@revistadederechopublico.com

La Revista de Derecho Público se encuentra indizada en la base de datos CLASE (bibliografía de revistas de ciencias sociales y humanidades), Dirección General de Bibliotecas, Universidad Nacional Autónoma de México, LATINDEX (en catálogo, Folio N° 21041), REVENCYT (Código RVR068) y DIALNET (Universidad de La Rioja, España).

Portada: Lilly Brewer (1980)

Diagramado y montaje electrónico de artes finales: Mirna Pinto, en letra Times New Roman 9,5, Interlineado 10,5, Mancha 20x12.5

Hecho el depósito de Ley
Depósito Legal: lfi54020153401897
ISBN Obra Independiente: 978-980-365-311-8

Impreso por: Lightning Source, an INGRAM Content company
para Editorial Jurídica Venezolana International Inc.
Panamá, República de Panamá.
Email: ejvinternational@gmail.com

Nº 137

Enero – Marzo 2014

Director Fundador: Allan R. Brewer-Carías
Editorial Jurídica Venezolana
Fundación de Derecho Público

SUMARIO

Comentarios Jurisprudenciales

ESTUDIOS

Artículos

Notas sobre el Artículo 187.20 de la Constitución

Claudia Nikken

Abogado
Doctora en Derecho de la Universidad Panthéon-Assas (París II)
Máster (DEA) en Derecho público interno de la Universidad Panthéon-Assas (París II)
Profesora de Derecho administrativo en la UCV

Resumen: *El siguiente es un ejercicio académico que tiene su origen en un hecho concreto, ocurrido el 25 de marzo de 2014, ante el cual se tiene la certeza de que no existe ninguna posibilidad de protección institucional, particularmente judicial: el Presidente de la Asamblea Nacional unilateralmente manifestó que la diputada María Corina Machado perdió tal condición, por haber supuestamente aceptado un cargo público de una nación extranjera sin la autorización de la Asamblea Nacional, con base en lo establecido en los artículos 149 y 191 constitucionales.*

Ante la confusión y el desconcierto que genera la decisión del Presidente de la Asamblea Nacional se hace imprescindible revisar el artículo 187.20 de la Constitución, concatenado con las dos normas en referencia, pues es la norma que aparentemente daría base legal a la actuación del parlamentario. Esta norma, en efecto, atribuye a la Asamblea Nacional tres facultades distintas: 1) calificar a sus integrantes; 2) conocer de la renuncia de sus integrantes; y 3) acordar, mediante el voto de las dos terceras partes de los presentes, la separación temporal del cargo de algún diputado. Todo con la finalidad de establecer si el Presidente de la Asamblea Nacional puede declarar que un diputado ha perdido su investidura por haber aceptado un cargo de un gobierno extranjero sin la autorización de la Asamblea Nacional.

Palabras Clave: *Asamblea Nacional, diputado, renuncia de los diputados, calificación de los diputados, separación temporal del cargo de los diputados, pérdida de la investidura.*

Abstract: *The following is an academic exercise that has its origin in a specific event, which occurred on March 25, 2014, and done even being certain that there is no possibility of institutional protection, particularly judiciary: the President of the National Assembly unilaterally said the congresswoman Maria Corina Machado lost that status, for allegedly accepting a public office of a foreign nation without the approval of the National Assembly, based on the provisions of articles 149 and 191 of the Constitution.*

Given the confusion and bewilderment generated by the decision of the President of the National Assembly, it is essential to review article 187.20 of the Constitution, concatenated to the two referred rules, as is the article apparently is the legal basis for the mentioned parliamentary action. This rule, in effect, gives the National Assembly three different powers: 1) qualify its members, 2) consider the resignation of its members, and 3) agree, by a vote of two-thirds of those present, the temporary removal from office of a congress man or woman. All with the aim of establishing whether the President of the National Assembly may declare that a member has lost his power for accepting a charge of a foreign government without the authorization of the National Assembly.

Key words: *National Assembly, deputy, deputies' resignation, qualification of Members, temporary removal from office of Members, loss of investiture.*

SUMARIO

INTRODUCCIÓN
1. Corresponde a la Asamblea Nacional calificar a sus miembros. 2. Corresponde a la Asamblea Nacional conocer de la renuncia de sus miembros. 3. Corresponde a la Asamblea Nacional acordar la separación temporal de uno de sus miembros.

INTRODUCCIÓN

El siguiente es un ejercicio académico que, en estos días, puede parecer inútil, dado el secuestro de las instituciones políticas fundamentales por parte del PSUV. El ejercicio tiene su origen en un hecho concreto, ocurrido el 25 de marzo de 2014, ante el cual tengo, tenemos, la certeza de que no existe ninguna posibilidad de protección institucional, particularmente judicial: el Presidente de la Asamblea Nacional, ciudadano Diosdado Cabello, unilateralmente manifestó que la diputada María Corina Machado perdió tal condición, por haber supuestamente aceptado un cargo público de una nación extranjera sin la autorización de la Asamblea Nacional[1], con base en lo establecido en los artículos 149 y 191 constitucionales.

Adicionalmente, la Presidente del Tribunal Supremo de Justicia y de su Sala Constitucional, ciudadana Gladys Gutiérrez, declaró en el programa José Vicente Hoy, transmitido por el canal de televisión Televen, el domingo 30 de marzo de 2014, que tuvo noticia por la prensa de que la Diputada Machado "en la condición de diputada habría aceptado un destino diplomático en un país extranjero. Obviamente tiene consecuencias jurídicas pero preferimos hacer el estudio, y de manera formal pronunciarnos en el Tribunal Supremo, esto no es una conclusión, es necesario esperar el pronunciamiento del Tribunal Supremo de Justicia"[2].

Ante la confusión y el desconcierto que genera la decisión del Presidente de la Asamblea Nacional y lo expresado por la Presidente del Tribunal Supremo de Justicia, se hace imprescindible revisar el artículo 187.20 de la Constitución, concatenado con las dos normas en referencia, pues es la norma que aparentemente daría base legal a la actuación del parlamentario.

El artículo 187.20 de la Constitución atribuye a la Asamblea Nacional tres facultades distintas:

1. Calificar a sus integrantes

2. Conocer de la renuncia de sus integrantes

3. Acordar, mediante el voto de las dos terceras partes de los presentes, la separación temporal del cargo de algún diputado

Lo primero es notar que las facultades enumeradas son atribuidas a la Asamblea Nacional, órgano del poder legislativo nacional, "integrada por diputados y diputadas elegidos o elegidas en cada entidad federal por votación universal, directa, personalizada y secreta con representación proporcional, según una base poblacional del uno coma uno por ciento de la población total del país"[3]. En otros términos, no puede ningún órgano de la Asamblea Nacio-

---

[1]   Ver, por ejemplo, en http://panorama.com.ve/portal/app/push/noticia105477.php

[2]   Ver en http://cifrasonlinecomve.wordpress.com/2014/03/30/presidenta-del-tsj-actuacion-de-machado-tiene-consecuencias-juridicas/

[3]   Esto dice el encabezamiento del artículo 186 de la Constitución.

nal, como su Presidente o su Junta Directiva, por ejemplo, abrogarse el ejercicio de ninguna de esas facultades.

Se hace la acotación, porque, cuando se escucha al ciudadano Diosdado Cabello, pareciera que la "verificación" de la supuesta pérdida de la investidura de la diputada María Corina Machado fue realizada, a lo sumo, por la Junta Directiva de la Asamblea Nacional. En cualquier caso, es claro que esa "verificación" no tuvo lugar en el seno del órgano del poder legislativo nacional.

Dejando lo anterior al margen, pues finalmente el Presidente de la Asamblea Nacional siempre podrá convocar una sesión para discutir el asunto, retomemos el punto central de esta reflexión: las facultades que concede el artículo 187.20 a la Asamblea Nacional.

1. *Corresponde a la Asamblea Nacional calificar a sus miembros*

Con relación a la *calificación* de los miembros de la Asamblea Nacional, léase, de los diputados y diputadas que conforman la Asamblea Nacional, tradicionalmente se ha afirmado que se trata de la facultad "de ser el juez de la elección de sus integrantes, es decir, que a ella le compete decidir sobre la validez o la nulidad de las elecciones en que resultaron electos los diputados"[4].

Esa concepción no parece compatible con el texto constitucional de 1999, dado que el mismo establece que corresponde al Consejo Nacional Electoral y, también, a la Sala Electoral del Tribunal Supremo de Justicia[5], declarar la nulidad de las elecciones, sin distinción alguna. Por ello, resulta necesario determinar el sentido actual de la norma.

A ese respecto, bajo la vigencia de la Constitución de 1961, luego de afirmarse que la facultad acordada a las cámaras de calificar a sus miembros estaba inconstitucionalmente limitada, pues se había establecido mediante ley un recurso (judicial) contencioso electoral que abarcaba las elecciones parlamentarias[6], se advertía que la calificación consistía en verificar la acreditación, las credenciales, del parlamentario y su identificación. Adicionalmente, se decía que la calificación podía alcanzar la verificación de las condiciones constitucionales para ser diputado[7].

En conclusión, se señaló que la calificación "no se extiende hasta juzgar acerca de la validez de las credenciales respectivas. En efecto, si concurriere alguna causa de nulidad que invalide la elección de un diputado o senador, la autoridad competente para declararla es la Corte Suprema de Justicia. De allí que la facultad 'calificadora' de sus propios miembros que se atribuye a las Cámaras se limita a la comprobación de que las credenciales exhibidas han sido otorgadas correctamente por los respectivos organismos electorales, así como también la identidad de los diputados y senadores que las presenten. Es obvio también que las Cámaras tienen el derecho y la atribución de conocer y decidir, calificando a sus miembros, cuando las

---

[4]   O. Tovar Tamayo, *Derecho Parlamentario,* Col. Historia Constitucional Venezolana – Instituto de Derecho Público, Facultad de Derecho – Universidad Central de Venezuela, Caracas, 1973, pp. 20.

[5]   Ver artículos 293.4 y 297 de la Constitución.

[6]   *Ídem.*

[7]   *Ibídem,* pp. 21.

causas que invaliden la condición de diputado o senador sobrevengan en el curso del mandato parlamentario"[8].

De modo que a eso se limita la facultad de "calificar a sus integrantes" que se atribuye a la Asamblea Nacional: verificación de las credenciales extendidas por el Consejo Nacional Electoral al diputado y de su identidad; determinación de causas sobrevenidas de invalidación de la condición de diputado.

El vigente Reglamento Interior y de Debates de la Asamblea Nacional[9] se refiere a la verificación de las credenciales de los diputados, al regular la sesión de instalación del período constitucional de la Asamblea Nacional[10].

A ese respecto, se establece que una Comisión Especial integrada por cinco diputados examinará las credenciales y, una vez cumplido el requisito, se informará al director de debate para que este lea el acta de resultados. Aunque no se dice, el acta está sujeta a la aprobación (o improbación) de la Asamblea Nacional.

También se establece que las credenciales de los diputados que se incorporen con posterioridad a la sesión de instalación del período constitucional serán analizadas por una comisión especial designada por el Presidente de la Asamblea Nacional, conformada por al menos dos diputados.

Esta verificación de credenciales tendría que aparejar la verificación de la identidad de los diputados, al menos de su cédula de identidad.

Calificados los acreditados, los diputados se incorporan formalmente a la Asamblea Nacional.

Ahora bien, nada se establece en el Reglamento con respecto a la determinación de causas sobrevenidas que invaliden la condición de diputado. Habría que comenzar por definir las condiciones o requisitos exigidos para ocupar tal cargo.

En ese sentido, los artículos 188 y 189 de la Constitución establecen lo siguiente:

Artículo 188. Las condiciones para ser elegido o elegida diputado o diputada a la Asamblea Nacional son:

1. Ser venezolano o venezolana por nacimiento o por naturalización con, por lo menos, quince años de residencia en territorio venezolano.

2. Ser mayor de veintiún años de edad.

3. Haber residido cuatro años consecutivos en la entidad correspondiente antes de la fecha de la elección.

Artículo 189. No podrán ser elegidos diputados o diputadas:

---

[8]   A. Oropeza, *La Nueva Constitución Venezolana 1961*, Serie Estudios No. 24, Biblioteca de la Academia de Ciencias Políticas y Sociales, Caracas, 1986, pp. 437-438.

[9]   Publicado en la *Gaceta Oficial* N° Extr. 6.014 de fecha 23 de diciembre de 2010. Puede verse en http://www.tsj.gov.ve/legislacion/LeyesOrdinarias/72.-GOE_6014.pdf

[10]   Ver artículos 3 y 5 del Reglamento Interior y de Debates de la Asamblea Nacional.

1. El Presidente o Presidenta de la República, el Vicepresidente Ejecutivo o Vicepresidenta Ejecutiva, los Ministros o Ministras, el Secretario o Secretaria de la Presidencia de la República y los Presidentes o Presidentas y Directores o Directoras de los Institutos Autónomos y empresas del Estado, hasta tres meses después de la separación absoluta de sus cargos.

2. Los gobernadores o gobernadoras y secretarios o secretarias de gobierno, de los Estados y autoridades de similar jerarquía del Distrito Capital, hasta tres meses después de la separación absoluta de sus cargos.

3. Los funcionarios o funcionarias municipales, estadales o nacionales, de Institutos Autónomos o empresas del Estado, cuando la elección tenga lugar en la jurisdicción en la cual actúa, salvo si se trata de un cargo accidental, asistencial, docente o académico.

La ley orgánica podrá establecer la inelegibilidad de otros funcionarios o funcionarias.

Sin entrar a considerar en estas notas, que se pretenden breves, el desarrollo legislativo de las normas, de esas condiciones solo puede desaparecer sobrevenidamente la *nacionalidad*. La verificación *a posteriori* del incumplimiento de las demás condiciones acarrearía la nulidad de la elección, lo cual, sabemos, no es competencia de la Asamblea Nacional.

En efecto, un diputado puede renunciar a la nacionalidad venezolana, o bien, puede recaer una sentencia mediante la cual se le revoque la nacionalidad por naturalización[11]. En tales casos, primero, perdería la ciudadanía y, por vía de consecuencia, no "calificaría" para ser diputado. Tendría que ser "descalificado".

Pero no esa no es la única causal de descalificación de los diputados que puede sobrevenir. También puede ocurrir que el diputado sea sujeto, mediante sentencia, a interdicción civil, lo cual se traduciría en su incapacidad para ejercer la ciudadanía y, por ende, sus derechos y deberes políticos[12]. Nuevamente, tendría que ser "descalificado".

Distinto es el caso, al menos de acuerdo con el régimen legal vigente, de la inhabilitación política, la cual solo puede ser consecuencia de una sentencia judicial firme que, en concreto, debe ser de carácter penal. En tal caso, si un diputado, luego de haber pasado por un antejuicio de mérito y el allanamiento a su inmunidad parlamentaria, es condenado al cabo de un juicio a las penas de presidio o prisión, será impuesto accesoriamente de la pena de inhabilitación política, lo cual acarrea la "privación del empleo público o político"[13]. Nada tiene que decidir en este caso la Asamblea Nacional, dado que una decisión de justicia firme no está ni puede estar sujeta a las consideraciones de un órgano político, pues de lo contrario se estarían violando los principios constitucionales democráticos y republicanos de la igualdad ante la ley y la justicia y la responsabilidad.

Ahora bien, si bien es cierto que el cumplimiento de la condena penal de un diputado no puede estar sujeta a la decisión de un órgano político y, por ende, a su discrecionalidad; pareciera que tampoco se justifica que la pérdida de la condición de diputado esté también sujeta a una decisión discrecional de ese mismo órgano político: en el fondo, la cuestión de la calificación, tanto como la responsabilidad penal, es una cuestión jurídica.

Esta consideración fundamenta una posición de acuerdo con la cual correspondería al Tribunal Supremo de Justicia, en particular a su Sala Constitucional, pronunciarse sobre la

---

[11]   Ver artículos 35 y 36 de la Constitución.

[12]   Ver artículo 39 de la Constitución.

[13]   Artículos 13, 16 y 24 del Código Penal.

pérdida anticipada de la investidura de los diputados distintas a la revocación del mandato y la renuncia expresa, en ejercicio de su competencia para resolver conflictos constitucionales[14].

Ahora bien, en primer lugar, esa interpretación vacía de contenido la facultad que otorga la Constitución a la Asamblea Nacional de calificar a sus miembros, la cual se limitaría a revisar la forma de la credencial emitida por el Consejo Nacional Electoral, a quien correspondería en todo caso corregirla.

Adicionalmente, no es cierto que el acaecimiento de una circunstancia que apareje o pudiera aparejar el incumplimiento sobrevenido de alguna condición para ser diputado sea un conflicto constitucional, pues no se trata de un *desacuerdo en la interpretación de las normas relativas a la atribución constitucional de las competencias atribuidas a los distintos órganos del poder público*[15].

Por lo demás, aunque se asumiera que se trata de un conflicto constitucional, la intervención del Tribunal Supremo de Justicia se traduciría en una intromisión indebida del poder judicial en el funcionamiento del poder legislativo y, por ende, en una transgresión del principio de separación de poderes.

En efecto, para determinar si una persona está o no "calificada" para ejercer el cargo de diputado, mientras lo ejerce, habría que esperar que transcurriera un juicio con todas sus fases; mientras que el procedimiento ante el órgano legislativo, incluso garantizándose el derecho a la defensa del interesado como se debe, es naturalmente más expedito y eficaz para preservar la correcta composición de la Asamblea Nacional.

Piénsese que la descalificación y consecuente pérdida de la investidura puede ocurrir, al menos en una primera aproximación, solo en tres supuestos: renuncia a la nacionalidad venezolana, pérdida de la nacionalidad venezolana por naturalización, e interdicción civil. En un caso se trata de un acto voluntario y, en los otros dos, debe recaer una sentencia firme al cabo de un proceso judicial.

En todo caso, sí corresponde a la Sala Constitucional del Tribunal Supremo de Justicia, por tratarse de un acto dictado en ejecución directa e inmediata de la Constitución, el control de la constitucionalidad del acto mediante el cual la Asamblea Nacional descalifique o niegue la descalificación de un diputado[16]; caso en el cual, además, si se cumplen los extremos de ley, podría suspender cautelarmente al menos los efectos de la descalificación. Todo, en ejercicio de expresas atribuciones constitucionales.

Hasta aquí, la Asamblea Nacional está facultada para calificar y también para descalificar a sus miembros, caso en el cual los mismos pierden su investidura. Siempre bajo el control de la Sala Constitucional del Tribunal Supremo de Justicia.

2.   *Corresponde a la Asamblea Nacional conocer de la renuncia de sus miembros*

Además de calificarlos, corresponde a la Asamblea Nacional conocer de la renuncia de sus miembros. Se ha dicho que "el origen de esta facultad es el impedir presiones o manio-

---

[14]   J.I. Hernández, ¿*María Corina Machado dejó de ser diputada?*, en http://prodavinci.com/blogs/maria-corina-machado-dejo-de-ser-diputada-por-jose-ignacio-hernandez/

[15]   J. González Pérez, *Derecho Procesal Constitucional*, Civitas, Madrid, 1980, pp. 333.

[16]   Artículo 336.1 de la Constitución.

bras políticas tendientes a paralizar el funcionamiento del Cuerpo"[17], de modo que, para que la renuncia sea eficaz, es preciso que medie un pronunciamiento de la Asamblea Nacional en ese sentido.

Dicho esto, es necesario aclarar que la renuncia de los diputados puede ser expresa o tácita.

La *renuncia expresa* es aquella que presenta el diputado por escrito o bien de viva voz ante la Asamblea Nacional, de manera libre e indubitable. En tal caso, se ha dicho que "[l]a negativa a aceptar una renuncia se tomará por mayoría absoluta de los miembros presentes"[18], aunque según el criterio sentado en una sentencia dictada por la Corte Federal y de Casación el 11 de febrero de 1943[19], lo que corresponde adoptar por mayoría de votos es la aceptación de la renuncia. De modo que, siempre que haya quórum, si no se acepta la renuncia, en principio se la rechaza, de todo lo cual debe dejarse constancia en el acta correspondiente. A todo evento, puede afirmarse que en los últimos cincuenta años no se ha rechazado la renuncia de un diputado, y que las presentadas han sido aceptadas sin discusión.

La *renuncia tácita* ocurre, en los términos del artículo 191 de la Constitución, cuando un diputado acepta o ejerce un cargo público distinto, salvo que se trate de cargos docentes, académicas, accidentales o asistenciales, que no supongan dedicación exclusiva. Digo que se trata de una "renuncia tácita", pues aunque esta norma señala que el diputado "pierde su investidura", en el mismo sentido, pero con mayor claridad, el artículo 148 señala que "[n]adie podrá desempeñar a la vez más de un destino público remunerado, a menos que se trate de cargos académicos, accidentales, asistenciales o docentes que determine la ley. La aceptación de un segundo destino que no sea de los exceptuados en este artículo, *implica la renuncia del primero*, salvo cuando se trate de suplentes, mientras no reemplacen definitivamente al principal" (énfasis añadido)[20]. Así, el diputado que acepta un segundo cargo, implícitamente ha renunciado al primero.

En caso de renuncia tácita, al igual que en el caso de la renuncia expresa, la Asamblea Nacional debe declarar si acepta esa renuncia tácita y, de no hacerlo, no perderá el diputado la investidura de su cargo. Al contrario, si la renuncia es aceptada, el funcionario perderá su investidura.

Establecido lo anterior, es necesario detenerse en la definición de los supuestos constitucionales de renuncia tácita:

---

[17]   O. Tovar Tamayo, *op. cit.*, pp. 23.

[18]   *Ídem.*

[19]   Sentencia de la Corte Federal y de Casación en Sala Política y Administrativa, del 11 de febrero de 1943, en la cual se pronunció la nulidad de la aceptación de la renuncia del Senador Carlos Sanda por la Asamblea Legislativa del Estado Carabobo. Ver en Memoria de la Corte Federal y de Casación, 1944, T. I, pp. 128-129.

[20]   De manera que no es cierto que la pérdida de la investidura de un diputado, en el caso del artículo 191 constitucional, deba ser declarada por el Tribunal Supremo de Justicia como lo plantea J.I. Hernández, en ¿María Corina Machado dejó de ser diputada? (http://prodavinci.com/blogs/maria-corina-machado-dejo-de-ser-diputada-por-jose-ignacio-hernandez/). No es un conflicto constitucional, como se dijo antes, y además se transgrediría el principio de separación de poderes. Obviamente, de nuevo, la decisión de la Asamblea Nacional estará sujeta al control judicial de la Sala Constitucional. En todo caso, la aceptación de un segundo destino público, incompatible con el cargo, es un acto voluntario.

1.   Debe haber el diputado aceptado o ejercido un nuevo cargo público;

2.   El nuevo cargo público debe ser de tiempo completo;

3.   El nuevo cargo público no debe ser docente, académico, accidental ni asistencial.

Un cargo o empleo es público cuando forma parte de la organización de un órgano o ente del sector público. En otros términos, cuando forma parte de la organización de la República, los estados, los municipios o los distritos, o bien de los entes descentralizados (institutos autónomos, empresas del Estado, etc.). El de diputado, de hecho, es un cargo público.

Así, un diputado no puede ser Presidente de la República, Vicepresidente Ejecutivo, ministro, viceministro, Procurador General de la República, magistrado del Tribunal Supremo de Justicia, Contralor General de la República, Fiscal General de la República, Defensor del Pueblo, Rector del Consejo Nacional Electoral, gobernador, alcalde, legislador estadal, concejal; ni ejercer, en definitiva, ningún cargo público distinto a los mencionados en el artículo 191 de la Constitución.

Dicho lo anterior, es necesario agregar que, además de cargos civiles, la República cuenta con cargos militares, los cuales tampoco pueden ser ejercidos por los diputados. Primero, los militares activos no pueden "optar a cargo de elección popular, ni participar en actos de propaganda, militancia o proselitismo político"[21], de modo que mal puede un militar activo ser electo como diputado. Además, los cargos militares no están enumerados en el artículo 191 constitucional, lo que impide a un diputado acceder con posterioridad a su elección a un cargo militar y sujetarse a la jerarquía correspondiente, incompatible además con las funciones legislativas.

Los únicos cargos públicos que pueden aceptar y ejercer los diputados, sin perder su investidura, es decir, sin que medie renuncia tácita, son cargos docentes en todo nivel; cargos académicos; cargos accidentales, es decir y sin entrar en detalles, cargos creados para casos específicos, por esencia temporales; y cargos asistenciales bajo cualquier forma. Todo, siempre que esos cargos no supongan dedicación exclusiva.

Por otra parte, cabe destacar que la norma contenida en el artículo 191 de la Constitución no se refiere a cargos públicos extranjeros.

En primer lugar, la prohibición contenida en la norma se incluyó en la Constitución de 1999, pues "no es justificable que el Diputado se separe de [la] función representativa que cumple en el Parlamento para ocupar cargos en la actividad administrativa, judicial o de otra naturaleza, sin perder su investidura"[22]; recordando que, bajo la vigencia de la Constitución de 1961, los senadores y diputados podían aceptar algunos cargos ejecutivos, para lo cual debían separarse temporalmente del cargo, pero no perdían su investidura[23]. De modo que la norma pretende evitar la acumulación de mandatos, recogiendo una manifestación del principio de separación de poderes, lo cual nada tiene que ver con cargos "extranjeros".

Por otra parte, el artículo 149 de la Constitución impone a todos los funcionarios públicos la obligación de obtener la autorización de la Asamblea Nacional para aceptar "cargos, honores o recompensas de gobiernos extranjeros". La norma, que también aparecía la Constitución de 1961 en su artículo 125, no tiene una finalidad clara, pues no establece consecuen-

---

[21]   Artículo 329 de la Constitución.

[22]   A. Rivas Quintero, *Derecho Constitucional*, 6ª ed., Valencia, 2009, pp. 331.

[23]   Artículo 141 de la Constitución de 1961.

cia jurídica alguna para la transgresión de la prohibición y, lamentablemente la doctrina no ofrece mayor explicación.

Aunque pudiera plantearse como se ha hecho en la actualidad, no es posible aplicar supletoriamente a la aceptación de cargos de gobiernos extranjeros sin la autorización de la Asamblea Nacional lo dispuesto en los artículos 148 y 191 constitucionales: *ni siquiera mediando autorización de la Asamblea Nacional pueden los funcionarios públicos, incluso los diputados, ostentar un cargo distinto a los enumerados en esos artículos.* Por lo demás, por su gravedad, las causas de pérdida de la investidura para los funcionarios electos deben estar expresadas en la Constitución.

Sobre la base de lo expuesto, corresponde al legislador establecer la consecuencia del incumplimiento de la obligación de obtener la mencionada autorización. Por el momento, hasta donde ha podido llegar esta investigación, la única norma vigente aplicable es la contenida en el artículo 142 del Código Penal, que no se refiere a los funcionarios públicos específicamente ni a la autorización de la Asamblea Nacional:

> **Artículo 142.** El venezolano que acepte honores, pensiones u otras dádivas de alguna nación que se halle en guerra con Venezuela, será castigado con presidio de seis a doce años.

Hay más. Con relación a los funcionarios administrativos, es interesante mostrar que, la Ley de Carrera Administrativa sancionaba con destitución el incumplimiento de la obligación[24], mientras que la vigente Ley del Estatuto de la Función Pública no lo sanciona en modo alguno, a pesar de que recoge la prohibición[25]. Esto quiere decir que la conducta fue *despenalizada* en el ámbito disciplinario de los funcionarios adscritos al poder ejecutivo (nacional, estadal y municipal), dejando a salvo la responsabilidad penal en que puedan incurrir en los términos del artículo 142 del Código Penal.

Establecido lo anterior, si después del aludido proceso de *despenalización* (ciertamente en otro ámbito) fuera admisible sancionar a los diputados y demás funcionarios públicos cuyo mandato es de elección popular, por haber aceptado cargos, honores o recompensas de un gobierno extranjero sin la autorización de la Asamblea Nacional, dicha sanción no podría ser la pérdida de la investidura pues ello no está previsto en la Constitución, salvo si la conducta se tipifica como delito y se le aplica esa pena: la pérdida de la investidura. Esto, a todo evento, no ha sido establecido la legislación venezolana, al menos no los últimos cincuenta años.

En cualquier caso, está claro que, por disposición constitucional, corresponde a la Asamblea Nacional conocer de la renuncia, expresa o tácita, de sus integrantes. Entendiendo que la renuncia es un acto voluntario del diputado, no se exige una mayoría calificada para rechazarla (o aceptarla).

Si el diputado no hubiere renunciado o si se le obligare a mantener su investidura, este podrá acudir a la Sala Constitucional del Tribunal Supremo de Justicia, como podría hacerlo cualquier otro interesado.

---

[24]   Ver artículos 62.9 y 29.4 de la Ley de Carrera Administrativa (*G.O.* N° 1.745 de 23/5/1975).

[25]   Ver artículos 34.4, 83 y 86 de la Ley del Estatuto de la Función Pública (*G.O.* 37.522 de 6/9/2002).

3.   *Corresponde a la Asamblea Nacional acordar la separación temporal de uno de sus miembros*

Sabemos que el artículo 187.20 de la Constitución atribuye a la Asamblea Nacional, además de la calificación de sus miembros y conocer de sus renuncias, acordar la separación temporal de un diputado. Esta facultad no llamaría la atención, si no estuviera sujeta a la aprobación de una mayoría calificada: las dos terceras partes de los diputados presentes.

Cuando se busca el antecedente inmediato de la norma, se entiende. El artículo 158, ordinal 1°, de la Constitución de 1961 establecía entre las atribuciones privativas de cada uno de los cuerpos legislativos:

> Dictar su reglamento y aplicar las sanciones que en él se establezcan para quienes lo infrinjan. La separación temporal de un Senador o un Diputado solo podrá acordarse por el voto de las dos terceras partes de los presentes.

¡La separación temporal del cargo de un diputado es una sanción!

Efectivamente, el artículo 187.19 de la Constitución de 1999 atribuye a la Asamblea Nacional la facultad de *dictar su reglamento y aplicar las sanciones que en él se establezcan*. Por una razón que en este momento desconozco y que tal vez aparece en el Diario de Debates de la Asamblea Nacional Constituyente, la cuestión de la separación temporal del cargo pasó a estar regulada junto con la calificación y la renuncia, lo cual no cambia la esencia de tal separación.

De hecho, así está recogido en el Reglamento Interior y de Debates de la Asamblea Nacional, en el cual aparentemente se regulan varios mecanismos que permitirían a los diputados separarse temporalmente de sus cargos: el permiso remunerado, el permiso no remunerado, la ausencia y la licencia[26].

En efecto, sin entrar a discutir sobre la definición de cada una de esos mecanismos de ausencia temporal de los diputados, y sin considerar si se trata efectivamente de cuatro (los señalados) o dos mecanismos (licencia y ausencia), ninguno de ellos debe ser aprobado por las dos terceras partes de la Asamblea Nacional, a pesar de que en todos los casos el diputado principal no estará ejerciendo el cargo y, en su lugar, lo hará el diputado suplente correspondiente.

Es claro, pues, que la separación temporal del cargo aludida en el artículo 187.20 de la Constitución es una sanción disciplinaria.

Recuérdese, en todo caso, que el artículo 199 constitucional establece que los diputados "[s]olo responderán ante los electores o electoras y el cuerpo legislativo de acuerdo con esta Constitución y con los reglamentos".

El Reglamento Interior y de Debates de la Asamblea Nacional, en su artículo 24, se limita a repetir la norma constitucional, y no establece régimen sancionatorio alguno; en particular, omite la tipificación de la o las conductas de los diputados que podrían ser sancionadas con la separación temporal del cargo. Esto así, en aplicación del principio de la legalidad de las sanciones y de las penas, no es posible, en la actualidad, aplicar a los diputados la sanción disciplinaria que consiste en separarlos temporalmente del ejercicio de su cargo.

---

[26]   Ver artículos 18, 19, 20 y 27.20 del Reglamento Interior y de Debates de la Asamblea Nacional.

Solo el artículo 380 del Código Orgánico Procesal Penal se refiere a la suspensión en el ejercicio del cargo de los altos funcionarios, entre los cuales cuentan los diputados, una vez que se haya determinado que hay méritos suficientes para enjuiciarlos, siempre que se produzca en su caso, si se produce, el allanamiento de la inmunidad parlamentaria. Esto, claro está, no es una sanción disciplinaria, sino en principio una medida cautelar dictada en el marco de un proceso penal.

*

*   *

Termino este ejercicio y constato que, frente al hecho cumplido, no parece probable que la Asamblea Nacional vaya a reivindicar sus atribuciones, dejando sin efecto la más que arbitraria declaración unilateral de Diosdado Cabello de acuerdo con la cual María Corina Machado aceptó un cargo público panameño y, por ende, perdió su investidura como diputada. Menos probable parece que la Sala Constitucional vaya a actuar de manera eficaz y eficiente para preservar la institucionalidad y restablecer, al menos en parte, el Estado de Derecho.

No obstante, el ejercicio permite recordar que existen unas instituciones y que esas instituciones tienen una razón y un fin. Que para recuperarlas hay que tenerlas presentes, no olvidarlas, desecharlas, ni deformarlas.

¿Reforma constitucional o mutación constitucional?: La experiencia venezolana

Allan R. Brewer-Carías

Profesor de la Universidad Central de Venezuela

Resumen: *Este trabajo analiza el inconstitucional proceso de implementación del proyecto de reforma constitucional aprobado por la Asamblea nacional y rechazado por el pueblo en referendo en 2007, mediante mutaciones constitucionales realizadas por la Sala Constitucional del Tribunal Supremo y mediante leyes y decretos leyes emitidos en desprecio de la supremacía y rigidez constitucional.*

Palabras Clave: *Reforma Constitucional. Mutaciones Constitucionales. Control de constitucionalidad.*

Abstract: *This paper has the purpose of studying the unconstitutional process of implementation of the constitutional reform draft approved by the National Assembly and rejected by the people in referendum, in 2007, by means of constitutional mutations made by the Constitutional Chamber of the Supreme Tribunal, and by means of statutes and decree laws issued in contempt of the constitutional supremacy and rigidity.*

Key words: *Constitutional Reform. Constitutional Mutations. Judicial Review.*

SUMARIO

*   Ponencia para el IV Congreso Colombiano de Derecho Procesal Constitucional y IV Congreso Internacional Proceso y Constitución "Dialéctica y diálogo jurisprudencial: presente y futuro", l, Centro Colombiano de Derecho Procesal Constitucional, Asociación Argentina de Derecho Procesal Constitucional, Bogotá, 18-20 de marzo de 2014

más favorables y del principio de la aplicación inmediata de los tratados internacionales en materia de derechos humanos. 4. La negación del derecho ciudadano a la protección internacional de los derechos humanos y la "inejecutabilidad" de las sentencias de la Corte interamericana de derechos humanos. 5. La modificación del régimen del referendo revocatorio de mandatos de representación popular.

V. LA INCONSTITUCIONAL IMPLEMENTACIÓN DE LA RECHAZADA REFORMA CONSTITUCIONAL DE 2007 MEDIANTE LEYES Y DECRETOS LEYES (LEGISLACIÓN ORDINARIA), NO CONTROLADOS POR LA JURISDICCIÓN CONSTITUCIONAL

1. La inconstitucional implementación de la estructuración de un Estado Socialista en paralelo al Estado Constitucional. 2. La inconstitucional eliminación mediante ley, de órganos democráticos de representación local, con la recreación del desaparecido "Distrito Federal" sin autonomía política ni gobierno democrático local en la organización del Distrito capital; y con la eliminación de las Juntas Parroquiales. 3. La inconstitucional implementación de las reformas constitucionales al sistema económico para establecer un sistema de economía socialista.

APRECIACIÓN FINAL

I. LA SUPREMACÍA Y LA RIGIDEZ CONSTITUCIONAL Y EL ROL DE LA JURISDICCIÓN CONSTITUCIONAL EN VENEZUELA

La Constitución venezolana de 1999, como lo precisa su propio texto (art. 7), es la ley suprema y fuente de todo el ordenamiento jurídico, lo que implica no sólo que la misma obliga a todos los poderes públicos a respetarla y a garantizar su supremacía, y a todos los ciudadanos a acatarla, sino además, que los ciudadanos tienen un derecho fundamental a dicha supremacía. Además, otra consecuencia fundamental del principio de la supremacía constitucional, es el principio de la rigidez de la Constitución, lo que implica que las modificaciones a la misma sólo pueden realizarse mediante los procedimientos establecidos en el propio texto constitucional, no pudiendo por supuesto ni la Asamblea Nacional, ni el Ejecutivo ni la Jurisdicción Constitucional realizar "reforma" alguna de la Constitución.

Para garantizar tal rigidez constitucional, en la Constitución se establecen tres procedimientos específicos para reformarla, garantizándose en todos la intervención del pueblo como poder constituyente originario: primero, el procedimiento de "enmienda constitucional", que tienen por objeto agregar o modificar uno o varios artículos de la Constitución (artículo 340), para cuya aprobación se estableció la sola participación del pueblo manifestado mediante referendo aprobatorio; segundo, el procedimiento de "reforma constitucional", orientado a la revisión parcial de la Constitución, o a la sustitución de una o varias de sus normas (artículo 342), para cuya aprobación se estableció además de la participación del pueblo manifestado mediante referendo, la participación de la Asamblea Nacional como poder constituido, la cual debe discutir y sancionar el proyecto antes de su sometimiento a aprobación popular; y tercero, el procedimiento de convocatoria y desarrollo de una "Asamblea Nacional Constituyente," que es necesario en caso de que se proponga transformar el Estado, crear un nuevo ordenamiento jurídico y redactar una nueva Constitución (Artículo 347), para cuyo funcionamiento se estableció la necesaria participación del pueblo como poder constituyente originario, tanto en la definición del Estatuto de la Constituyente como en la elección de sus miembros.

Cualquier modificación de la Constitución efectuada fuera de estos tres procedimientos o en violación a los mismos, es inconstitucional e ilegítima, razón por la cual la Sala Constitucional del Tribunal Supremo, como Jurisdicción Constitucional, es el órgano llamado a ejercer el control de constitucionalidad del procedimiento adoptado.

Ahora bien, en contraste con todos estos principios y previsiones constitucionales, si algo ha caracterizado el proceder del régimen autoritario en Venezuela durante los últimos tres lustros, a partir de la entrada en vigencia de la Constitución de 1999, ha sido el desprecio más absoluto de su texto, de su supremacía y de su rigidez. La Constitución se ha convertido, en realidad, en un conjunto normativo maleable por absolutamente todos los poderes públicos, cuyas normas tienen la vigencia y el alcance que los órganos del Estado han dispuesto, sea mediante leyes ordinarias, decretos leyes e incluso mediante sentencias de la Jurisdicción Constitucional, todas hechas a la medida, y con la "garantía" de que dichas actuaciones constitucionales no serán controladas por la sujeción de la Jurisdicción Constitucional al control político.

La consecuencia de ello ha sido, por ejemplo, que los procedimientos de reforma constitucional regulados en la Constitución han sido utilizados a conveniencia, violándose las normas que los regulan, lo que ocurrió con la "reforma constitucional" que se presentó ante la Asamblea Nacional en 2007, y con la "enmienda constitucional" propuesta por la misma Asamblea en 2009. La primera, por su contenido, requería más bien del procedimiento de "convocatoria de una Asamblea Constituyente," y en todo caso, sometida a voto popular, fue rechazada por el pueblo; y la segunda, por su contenido, requería más bien de una "reforma constitucional," por lo cual además, no podía formularse luego del rechazo de la anterior. Sin embargo, ésta, luego de sometida a voto popular, fue aprobada.[1]

El rechazo popular de la amplísima propuesta de "reforma constitucional" de 2007, sin embargo, no impidió que los órganos de los poderes públicos procedieran a implementarla desde 2008, violando la Constitución, mediante la sanción de leyes ordinarias o decretos leyes, cuya inconstitucionalidad la Jurisdicción Constitucional se abstuvo o se negó a controlar, habiendo incluso llegado dicha Jurisdicción a ser el instrumento para efectuar las reformas constitucionales mediante mutaciones constitucionales; todo ello, en abierto desprecio y violación al principio de la rigidez constitucional que el Juez Constitucional se ha negado a controlar.

No debe olvidarse, en relación con la Jurisdicción Constitucional, que en general los constructores del Estado Constitucional nunca pensaron que el máximo órgano judicial podía llegar a usurpar el poder constituyente o violar la Constitución, por lo que le control de constitucionalidad más bien se concibió como el instrumento para corregir las desviaciones de los otros órganos del Estado, en particular de los órganos legislativos y ejecutivos. De allí, incluso la previsión de que las decisiones de los Tribunales Supremos o Tribunales Constitucionales, respecto de los cuales no se concibe que violen la Constitución, no están sujetas a control alguno.

Por ello, en Venezuela, la Sala Constitucional del Tribunal Supremo de Justicia de Venezuela es, sin duda, el instrumento más poderoso diseñado para garantizar la supremacía de la Constitución y el Estado de Derecho, para lo cual, por supuesto, como guardián de la Constitución, también está sometida a la Constitución. Como tal guardián, y como sucede en cualquier Estado de derecho, el sometimiento del tribunal constitucional a la Constitución es una preposición absolutamente sobreentendida y no sujeta a discusión, ya que es inconcebible que el juez constitucional pueda violar la Constitución que esta llamado a aplicar y garantizar. Esa la pueden violar los otros poderes del Estado, pero no el guardián de la Constitución. Pero por supuesto, para garantizar que ello no ocurra, el Tribunal Constitucional debe gozar de absoluta independencia y autonomía, pues un Tribunal Constitucional sujeto a la voluntad del poder en lugar del guardián de la Constitución se convierte en el instrumento más atroz del autoritarismo.

---

[1]   Véase en general, Allan R. Brewer-Carías, *Reforma Constitucional y fraude a la Constitución (1999-2009)*, Academia de Ciencias Políticas y Sociales, Caracas 2009, 278 pp.

El mejor sistema de justicia constitucional, por tanto, en manos de un juez sometido al poder, es letra muerta para los individuos y es un instrumento para el fraude a la Constitución.

Lamentablemente, sin embargo, esto último es lo que ha venido ocurriendo en Venezuela en los últimos años, donde la Sala Constitucional del Tribunal Supremo, como Juez Constitucional, lejos de haber actuado en el marco de las atribuciones expresas constitucionales antes indicadas, ha sido el instrumento más artero para la destrucción de la institucionalidad democrática y el apuntalamiento del autoritarismo, particularmente al ejercer su facultad de interpretación del contenido y alcance de las normas constitucionales (art. 334). Así, en ejercicio de estas competencias y poderes, como máximo intérprete de la Constitución, al margen de la misma y mediante interpretaciones inconstitucionales, la Sala Constitucional al ejercer su facultad de interpretación del contenido y alcance de las normas constitucionales, y sin que se trate de normas ambiguas, imprecisas, mal redactadas y con errores de lenguaje, ha venido ilegítimamente modificando el texto constitucional, legitimando y soportando la estructuración progresiva de un Estado autoritario. Es decir, ha falseado el contenido de la Constitución, mediante una "mutación" ilegítima y fraudulenta de la misma. [2]

Esa ha sido la trágica experiencia venezolana en la materia que queremos resumir en estas páginas, analizando, *primero*, el inconstitucional procedimiento que se utilizó para sancionar y someter a referendo la rechazada "reforma constitucional" de 2007, y la renuncia de la Jurisdicción Constitucional a ejercer el control de constitucionalidad sobre el mismo; *segundo*, el inconstitucional procedimiento utilizado para la "enmienda constitucional" de 2009, con la anuencia de la jurisdicción constitucional; *tercero,* la inconstitucional implementación de la rechazada "reforma constitucional" de 2007 por parte de la Jurisdicción Constitucional mediante mutaciones constitucionales ilegítimas; y *cuarto*, la inconstitucional implementación de la rechazada "reforma constitucional" de 2007 mediante leyes y decretos leyes (legislación ordinaria), no controlados por la jurisdicción constitucional.

II.   EL RECHAZADO PROYECTO DE REFORMA CONSTITUCIONAL DE 2007, Y EL INCONSTITUCIONAL PROCEDIMIENTO UTILIZADO PARA SU SANCIÓN, QUE LA JURISDICCIÓN CONSTITUCIONAL SE NEGÓ A CONTROLAR

En agosto de 2007, Hugo Chávez Frías, a los pocos meses de haber sido reelecto en la Presidencia de la República, después de haber nombrado una Comisión Constitucional para elaborarla integrada por representantes de todos los poderes públicos, incluido el Tribunal

---

[2]   La Sala Constitucional del Tribunal Supremo de Justicia en la sentencia No. 74 de 25-01-2006 señaló que un *fraude a la Constitución* ocurre cuando se destruyen las teorías democráticas "mediante el procedimiento de cambio en las instituciones existentes aparentando respetar las formas y procedimientos constitucionales", o cuando se utiliza "del procedimiento de reforma constitucional para proceder a la creación de un nuevo régimen político, de un nuevo ordenamiento constitucional, sin alterar el sistema de legalidad establecido, como ocurrió con el *uso fraudulento de los poderes* conferidos por la ley marcial en la Alemania de la Constitución de *Weimar*, forzando al Parlamento a conceder a los líderes fascistas, en términos de dudosa legitimidad, la plenitud del poder constituyente, otorgando un poder legislativo ilimitado"; y que un *falseamiento de la Constitución* ocurre cuando se otorga "a las normas constitucionales una interpretación y un sentido distinto del que realmente tienen, que es en realidad una modificación no formal de la Constitución misma", concluyendo con la afirmación de que "*Una reforma constitucional sin ningún tipo de límites, constituiría un fraude constitucional*". Véase en *Revista de Derecho Público*, Editorial Jurídica Venezolana, No. 105, Caracas 2006, pp. 76 ss. Véase Néstor Pedro Sagües, *La interpretación judicial de la Constitución*, Buenos Aires 2006, pp. 56-59, 80-81, 165 ss

Supremo, todos sometidos a un "pacto de confidencialidad," con base en las propuestas que recibió,[3] presentó formalmente ante la Asamblea Nacional un proyecto de "reforma constitucional,"[4] que luego de haber sido discutido y sancionado por la misma el 15 de noviembre de ese mismo año, fue sometido a referendo aprobatorio el 7 de diciembre de 2007. Con la misma, como lo indicamos en su oportunidad, se pretendía transformar radical al Estado, es decir, ni más ni menos, trastocar el Estado Social y Democrático de Derecho y de Justicia de orden civil, y convertirlo en un Estado Socialista, Centralizado, Policial y Militarista.[5]

Las pautas para la reforma constitucional que en diversos discursos y alocuciones fue dando el Presidente de la República durante 2007, apuntaron, por una parte, a la conformación de un nuevo "Estado del Poder Popular" o del Poder Comunal, o Estado Comunal, estructurado desde los Consejos Comunales que ya desde 2006 habían sido creados al margen de la Constitución[6], como unidades u organizaciones sociales no electas mediante sufragio universal, directo y secreto y sin autonomía territorial, supuestamente dispuestos para canalizar la participación ciudadana, pero conforme a un sistema de conducción centralizado desde la cúspide del Poder Ejecutivo Nacional; y por la otra, a la estructuración de un "Estado socialista," con una doctrina socialista y "bolivariana" como doctrina oficial, sustituyendo al sistema plural de libertad de pensamiento y acción que siempre ha existido en el país y, en particular, sustituyendo la libertad económica y el Estado de economía mixta que siempre ha existido, por un sistema de economía estatista y colectivista, de capitalismo de Estado, sometido a una planificación centralizada, minimizando el rol del individuo y eliminando todo vestigio de libertad económica y de propiedad privada. Es decir, con la reforma constitucional de 2007, de haber sido aprobada, hubiera desaparecido la democracia representativa, la

---

[3]   El documento circuló en junio de 2007 con el título *Consejo Presidencial para la Reforma de la Constitución de la República Bolivariana de Venezuela, "Modificaciones propuestas"*. El texto completo fue publicado como *Proyecto de Reforma Constitucional. Versión atribuida al Consejo Presidencial para la reforma de la Constitución de la república Bolivariana de Venezuela*, Editorial Atenea, Caracas 01 de julio de 2007, 146 pp. Véase mis comentarios al proyecto en Allan R. Brewer-Carías, *Hacia la Consolidación de un Estado Socialista, Centralizado, Policial y Militarista. Comentarios sobre el sentido y alcance de las propuestas de reforma constitucional 2007*, Colección Textos Legislativos, No. 42, Editorial Jurídica Venezolana, Caracas 2007.

[4]   Véase el documento *Proyecto de Exposición de Motivos para la Reforma Constitucional, Presidencia de la República, Proyecto Reforma Constitucional. Propuesta del presidente Hugo Chávez Agosto 2007*; y la publicación: *Proyecto de Reforma Constitucional. Elaborado por el ciudadano Presidente de la República Bolivariana de Venezuela, Hugo Chávez Frías* Editorial Atenea, Caracas agosto 2007. Véase mis comentarios a la propuesta de reforma constitucional, en Allan R. Brewer-Carías, *La Reforma Constitucional de 2007 (Comentarios al Proyecto Inconstitucionalmente sancionado por la Asamblea Nacional el 2 de Noviembre de 2007)*, Colección Textos Legislativos, No. 43, Editorial Jurídica Venezolana, Caracas 2007.

[5]   Véase Allan R. Brewer-Carías, *Hacia la Consolidación de un Estado Socialista, Centralizado, Policial y Militarista. Comentarios sobre el sentido y alcance de las propuestas de reforma constitucional 2007*, Colección Textos Legislativos, No. 42, Editorial Jurídica Venezolana, Caracas 2007.

[6]   Ley de Consejos Comunales *Gaceta Oficial*, N° 5.806 *Extraordinario*, 10-04-2006. Véase mis comentarios sobre esta Ley y su significado en "El inicio de la desmunicipalización en Venezuela: La organización del Poder Popular para eliminar la descentralización, la democracia representativa y la participación a nivel local", en AIDA, Opera *Prima de Derecho Administrativo. Revista de la Asociación Internacional de Derecho Administrativo*, Universidad Nacional Autónoma de México, Facultad de Estudios Superiores de Acatlán, Coordinación de Postgrado, Instituto Internacional de Derecho Administrativo "Agustín Gordillo", Asociación Internacional de Derecho Administrativo, México, 2007, pp. 49 a 67.

alternabilidad republicana y toda idea de descentralización del poder, se hubiera retrocedido en materia de protección de los derechos humanos, y se hubiera concentrado todo el poder en la Jefatura del Estado, desapareciendo la libertad económica y el derecho de propiedad

En síntesis, el proyecto de reforma constitucional sancionado por la Asamblea Nacional en Noviembre de 2007, que fe rechazado por el pueblo, buscaba efectuar una radical transformación del Estado y sentar las bases para la creación de un nuevo ordenamiento jurídico, para:

Primero, transformar el Estado en un Estado Socialista, con una doctrina política oficial de carácter socialista, que se denominaba además como "doctrina bolivariana", con lo cual se eliminaba toda posibilidad de pensamiento distinto al oficial y, por tanto, toda disidencia, pues la doctrina política oficial se quería incorporar en la Constitución, como política y doctrina del Estado y la Sociedad, hubiera constituido un deber constitucional de todos los ciudadanos cumplir y hacerla cumplir. Con ello, se buscaba sentar las bases para la criminalización de la disidencia.

Segundo, transformar el Estado en un Estado Centralizado, de poder concentrado bajo la ilusión del Poder Popular, lo que implicaba la eliminación definitiva de la forma federal del Estado, imposibilitando la participación política y degradando la democracia representativa; todo ello, mediante la supuesta organización de la población para la participación en los Consejos del Poder Popular, como los Comunales, que son instituciones sin autonomía política alguna, cuyos miembros se pretendía declarar en la propia Constitución, que no fueran electos. Dichos Consejos, creados por Ley en 2006, están controlados desde la Jefatura del gobierno y para cuyo funcionamiento, el instrumento preciso es el partido socialista unificado que el Estado comenzó a crear durante 2007.

Tercero, transformar el Estado en un Estado de economía estatista, socialista y centralizada, propia de un capitalismo de Estado, con lo que se buscaba eliminar la libertad económica y la iniciativa privada, y desaparecía la propiedad privada, que con la reforma dejaban de ser derechos constitucionales, buscándose darle al Estado la propiedad de los medios de producción, la planificación centralizada y la posibilidad de confiscar bienes de las personas materialmente sin límites, configurándolo como un Estado del cual todo dependía, y a cuya burocracia quedaba sujeta la totalidad de la población. Ello choca, sin embargo, con las ideas de libertad y solidaridad social que se proclaman en la propia Constitución, y lo que se buscaba era sentar las bases para que el Estado sustituyera a la propia sociedad y a las iniciativas particulares, minimizándoselas.

Cuarto, transformar el Estado en un Estado Policial (represivo), con la tarea fundamental de someter a toda la población a la doctrina oficial socialista y "bolivariana" que se pretendía constitucionalizar, y velar por que la misma se cumpliera en todos los órdenes, lo que se buscaba asegurar mediante la regulación, con acentuado carácter regresivo y represivo, del ejercicio de los derechos civiles en situaciones de excepción, para lo cual se preveían amplios márgenes de restricción y suspensión.

Quinto, transformar el Estado en un Estado Militarista, dado el rol que se le pretendía dar a la "Fuerza Armada Bolivariana" en su configuración y funcionamiento, toda sometida al Jefe de Estado, y con la propuesta de creación en la Constitución de la Milicia Popular Bolivariana como nuevo componente.[7]

En definitiva, el objetivo era consolidar en el propio texto de la Constitución un Estado Centralizado del Poder Popular, como Estado Socialista, de economía estatal y centralizada, y como Estado Militarista y Policial de ideología única oficial, lo que se apartaba radicalmente de la concepción del Estado descentralizado, civil, social, democrático y pluralista de derecho y de justicia, y de economía mixta que regula la Constitución de 1999.

Se trataba, por tanto, sin duda de una propuesta que buscaba *transformar radicalmente al Estado y crear un nuevo ordenamiento jurídico*, lo que no podía realizarse mediante el mecanismo de "reforma constitucional" que fue utilizado en fraude a la Constitución, sino que exigía, conforme a su artículo 347, que se convocara y eligiera una Asamblea Nacional Constituyente, lo que por supuesto, hubiera podido implicar que la reforma se le escapara de su control férreo. Tan era una reforma constitucional que implicaba originar un nuevo texto constitucional, que la Asamblea Nacional, al sancionarla, dispuso que con la misma se sustituyera completamente la Constitución de 1999, ordenando a tal efecto en la Disposición Final que la Constitución –de haber sido aprobada por el pueblo- se imprimiera "íntegramente en un solo texto [...] con la reforma aquí sancionada y en el correspondiente texto único corríjanse los artículos aplicando la nueva terminología señalada en esta Reforma Constitucional, en cuanto sea aplicable suprimiéndose y sustituyéndose de acuerdo al contenido de esta Reforma así como las firmas, fechas y demás datos de sanción y promulgación". Es decir, de haberse aprobado la reforma por referendo, la Constitución hubiera tenido que conocerse como la "Constitución de 2007", es decir, una Constitución diferente, como efectivamente resultaba de su contenido

Esa transformación radical del Estado y la creación de un nuevo ordenamiento jurídico que se propuso en 2007, se insiste, de haber sido aprobada, hubiera sido, sin duda, una de las más sustanciales de toda la historia constitucional del país, cambiándose formalmente el modelo de Estado descentralizado, democrático, pluralista y social de derecho que está regulado en la Constitución de 1999, por el de un Estado Socialista, centralizado, policial y militarista, con una doctrina oficial "bolivariana" identificada como "el Socialismo del Siglo XXI" y un sistema económico de capitalismo de Estado.

De haber sido aprobada la propuesta de reforma a la Constitución se habría establecido formalmente en Venezuela, una ideología y doctrina de Estado, de corte socialista y supuestamente "bolivariana", la cual en consecuencia, a pesar de su imprecisión –y he allí lo más peligroso-, como doctrina "oficial" no hubiera admitido disidencia alguna. No se olvide que todos los ciudadanos tienen un deber constitucional esencial y es cumplir y hacer cumplir la Constitución (art. 131), por lo que de haberse aprobado la reforma, todos los ciudadanos hubieran tenido el deber de contribuir activamente en la implementación de la doctrina oficial del Estado. En ello no hubiera podido admitirse ni siquiera la neutralidad. Por tanto, todo pensamiento, toda expresión del pensamiento, toda acción o toda omisión que pudiera considerarse como contraria a la doctrina oficial socialista y "bolivariana", o que simplemente la "autoridad" no considerase que contribuía a la construcción y siembra del socialismo, hubiera constituido una violación a un deber constitucional, y hubiera podido, por tanto, ser crimina-

---

[7] Véase Allan R. Brewer-Carías, *La Reforma Constitucional de 2007 (Comentarios al Proyecto Inconstitucionalmente sancionado por la Asamblea Nacional el 2 de Noviembre de 2007),* Colección Textos Legislativos, No. 43, Editorial Jurídica Venezolana, Caracas 2007

lizada, es decir, hubiera podido haber dado lugar a sanciones incluso penales. Se trataba de crear un pensamiento único, que constitucionalmente no hubiera admitido disidencia.

Por lo demás, con las reformas que fueron sancionadas por la Asamblea Nacional, y que el pueblo rechazó en el referendo, materialmente desaparecía la democracia representativa y las autonomías político territoriales, que se buscaba sustituir por un esquema estatal centralizado supuestamente montado sobre una democracia "participativa y protagónica" que estaba controlada total y centralizadamente desde arriba, por el Jefe de Estado, en la cual quedaba proscrita toda forma de descentralización política y autonomía territorial, y que a la vez, restringía los mecanismos de participación política que están directamente regulados en la Constitución, como son los referendos y la participación de la sociedad civil en los Comité de Postulaciones de altos funcionarios.

Todo ello evidencia que las propuestas que contenía el proyecto de "reforma constitucional" tocaban aspectos medulares de la organización del Estado, por lo que las mismas no podían ser aprobadas siguiéndose el procedimiento establecido para las reformas constitucionales", sino más bien el procedimiento de convocatoria de una Asamblea Constituyente. Por ello, contra el procedimiento utilizado para la reforma se intentaron múltiples acciones de nulidad por inconstitucionalidad y amparo contra el inconstitucional procedimiento seguido, todas las cuales fueron declaradas inadmisibles, e incluso, "improponibles," renunciando así la Jurisdicción Constitucional a controlar el inconstitucional proceder que escogieron tanto el Presidente de la República, como la Asamblea Nacional y el Consejo Nacional Electoral al convocar el referendo aprobatorio.[8]

Ello, por lo demás, ya lo había anunciado la Presidenta de la Sala Constitucional el 17 de agosto de 2007, sólo dos días después de presentado el proyecto de reforma a la Asamblea Nacional, adelantándose a cualquier impugnación, al declarar públicamente que "la Sala Constitucional no tramitará ninguna acción relacionada con las modificaciones al texto fundamental, hasta tanto éstas no hayan sido aprobadas por los ciudadanos en el referendo" agregando que "Cualquier acción debe ser presentada después del referendo cuando la reforma ya sea norma, porque no podemos interpretar una tentativa de norma. Después de que el proyecto sea una norma podríamos entrar a interpretarla y a conocer las acciones de nulidad"[9].

---

[8]   Véase Allan R. Brewer-Carías, *El juez constitucional vs. la supremacía constitucional. O de cómo la Jurisdicción Constitucional en Venezuela renunció a controlar la constitucionalidad del procedimiento seguido para la "reforma constitucional" sancionada por la Asamblea Nacional el 2 de noviembre de 2007, antes de que fuera rechazada por el pueblo en el referendo del 2 de diciembre de 2007*, en Eduardo Ferrer Mac Gregor y César de Jesús Molina Suárez (Coordinadores), *El juez constitucional en el Siglo XXI,* Universidad nacional Autónoma de México, Suprema Corte de Justicia de la Nación, México 2009, Tomo I, pp. 385-435

[9]   Véase la reseña del periodista Juan Francisco Alonso, en *El Universal*, Caracas 18-08-07. Esto, por lo demás, fue lo que decidió la Sala Constitucional en su sentencia No. de 22-11-07 (Expediente N° 07- 1596) al declarar "improponible" una acción de inconstitucionalidad contra el acto de la Asamblea nacional sancionando la reforma constitucional, con la participación y firma de la misma Presidente de la Sala, quien no se inhibió a pesar de haber adelantado públicamente opinión sobre lo decidido. Por otra parte, luego de varias solicitudes de recursos de interpretación sobre el artículo 342 de la Constitución, y de nulidad del acto sancionatorio de la reforma por la Asamblea Nacional, con motivo de la recusación que efectuaron los peticionantes contra la Presidenta de la Sala por estar comprometida su imparcialidad en la materia al haber formado parte de la Comisión Presidencial para la Reforma Constitucional, en decisión de 01-11-07, el magistrado Jesús Eduardo Cabrera de la misma Sala, decidió que

La consecuencia de este anuncio público anticipado, como se dijo, fue la declaración como inadmisibles e "improponibles" por la Sala Constitucional, con la participación de su Presidenta quien había adelantado opinión pública en la materia, de numerosos recursos de amparo y nulidad que se habían interpuesto contra todos los actos de los poderes constituidos que había intervenido en el procedimiento de "reforma constitucional". Entre dichas sentencias se puede mencionar la dictada en el caso de la acción de nulidad por inconstitucionalidad que la Confederación de Profesionales Universitarios de Venezuela y el Colegio de Abogados del Estado Carabobo presentaron contra el acto de la Asamblea Nacional sancionatorio del proyecto de reforma constitucional (N° 2189) de 22 de noviembre de 2007 (Exp. N° 07-1596), en la cual, luego de referirse a previas sentencias (Nos. 2108/2007 y 2147/2007), la Sala Constitucional precisó que "el procedimiento para la reforma constitucional es un "proceso complejo" que comienza con la iniciativa (artículo 342); continúa con la discusión y aprobación, que corresponde a la Asamblea Nacional (artículo 343); sigue con el referendo constitucional, regulado en el artículo 344, que corresponde ejercerlo al pueblo *como validante definitivo de la reforma*"; y, finalmente, la promulgación por el Presidente de la República, según lo dispuesto en el artículo 346 constitucional"; concluyó, erradamente, afirmando que siendo "un proceso complejo de formación de actos normativos ... se asemeja al ordinario de formación de leyes; y una de las coincidencias absolutas es que no se puede hablar de un acto definitivo si no se han cumplido todos los pasos de este trámite procedimental"; y que dicho procedimiento complejo, "no causa gravamen hasta tanto no exteriorice sus efectos (mediante la promulgación y publicación en *Gaceta Oficial*)".

Con base en estas erradas premisas, confundiendo el proceso de reforma constitucional con el procedimiento de formación de las leyes, la Sala Constitucional renunció por tanto, en contra del principio de la universalidad del control, a ejercer el control de constitucionalidad respecto del acto definitivo de iniciativa presidencial al presentar el proyecto de reforma ante la Asamblea Nacional; del acto definitivo de la Asamblea Nacional al sancionar el proyecto de reforma constitucional y del acto definitivo del Consejo Nacional Electoral que lo sometió a referendo, considerando que "mientras el proyecto de reforma esté en proceso de trámite no es susceptible de control jurisdiccional, salvo que el proceso de reforma *"aborte"* en alguna de esas etapas sucesivas y no se perfeccione el acto normativo (*Vid.* sentencia N° 2147 del 13 de noviembre de 2007, caso: *Rafael Ángel Briceño*)"; y concluyendo que "el proyecto de reforma constitucional sancionado por la Asamblea Nacional el día 2 de noviembre de 2007, al tratarse de un acto normativo no perfeccionado, no puede producir efectos jurídicos externos y, por lo tanto, no es posible controlar jurisdiccionalmente a *priori* su contenido". De

---

de la lectura del Decreto de creación del Consejo de Reforma (art. 5), "se desprende que la Secretaria Ejecutiva, cumplía funciones administrativas y no de redacción, corredacción, o ponencia sobre el contenido de un anteproyecto de reforma constitucional; por lo que la Dra. Luisa Estella Morales Lamuño no es –necesariamente- promovente del "Proyecto de Reforma Constitucional" que ha presentado el Presidente de la República, y los recusantes no señalan cuál aporte de la Secretaria Ejecutiva fue incorporado al Proyecto de Reforma, ni siquiera alguno que haga presumir la intervención de la Dra. Morales"; agregando que "Además, por ser parte del Consejo Presidencial, la Secretaria Ejecutiva no está dando ninguna recomendación sobre el juicio de nulidad de que trata esta causa, ya que nada ha manifestado en ese sentido, ni se le imputa declaración alguna de su parte que adelante opinión sobre la inconstitucionalidad denunciada en esta causa". Véase también, la Reseña periodística de JFA, *El Universal*, Caracas 2-11-07. Posteriormente, en sentencia de 22-11-07, el mismo Magistrado Cabrera declaró sin lugar otra recusación contra la Presidenta de la Sala por motivos similares (Exp. 07-1597).

todo estos ilógicos argumentos, la Sala concluyó declarando "improponible en derecho la presente acción popular de inconstitucionalidad".[10]

Al contrario de la afirmado por la Sala, sin embargo, cuando las Constituciones han establecido precisos procedimientos que los poderes constituidos, cuando ejercen funciones de poder constituyente derivado, deben seguir para la revisión constitucional, los cuales se constituyen en límites constitucionales adjetivos o procedimentales para la revisión constitucional, la consecuencia lógica de estas regulaciones y obligación de sometimiento a la Constitución, es precisamente que el cumplimiento de dichos procedimientos de reforma o enmienda constitucional por los órganos del poder constituidos, dado el principio de la supremacía constitucional, debe y tiene que estar sujeto a control de constitucionalidad por parte de los órganos de la Jurisdicción Constitucional antes de que se manifieste la voluntad popular, es decir, antes de que se manifieste el poder constituyente originario.[11] Es absurdo pretender, en cambio, que una vez efectuado un referendo, es decir, manifestado el poder constituyente originario, un órgano del poder constituido como es la Sala Constitucional del Tribunal Supremo, pueda pretender ejercer el control de constitucionalidad de la voluntad popular, es decir, del poder constituyente originario, que es el pueblo, manifestada en referendo.

La propuesta de Reforma Constitucional de 2007, en todo caso, luego de haber sido sometida a referendo aprobatorio el 2 de diciembre de 2007, fue abrumadoramente rechazada por el pueblo.[12] Ello no impidió, sin embargo, su sistemática implementación por el régimen autoritario, en fraude a la Constitución y, además, en fraude a la voluntad popular.

III. LA ENMIENDA CONSTITUCIONAL DE 2009, Y EL INCONSTITUCIONAL PROCEDIMIENTO UTILIZADO PARA APROBARLA, CON LA ANUENCIA DE LA JURISDICCIÓN CONSTITUCIONAL

Una de las "reformas constitucionales" que contenía el proyecto de reforma constitucional de 2007, y que como todas fue rechazada por el voto popular, fue la que pretendía acen-

---

[10]   Véase sobre todas las referidas sentencias los comentarios en Allan R. Brewer-Carías, *El juez constitucional vs. la supremacía constitucional. O de cómo la Jurisdicción Constitucional en Venezuela renunció a controlar la constitucionalidad del procedimiento seguido para la "reforma constitucional" sancionada por la Asamblea Nacional el 2 de noviembre de 2007, antes de que fuera rechazada por el pueblo en el referendo del 2 de diciembre de 2007*, en Eduardo Ferrer Mac Gregor y César de Jesús Molina Suárez (Coordinadores), *El juez constitucional en el Siglo XXI*, Universidad nacional Autónoma de México, Suprema Corte de Justicia de la Nación, México 2009, Tomo I, pp. 385-435

[11]   Véase sobre el control de constitucionalidad de las reformas constitucionales en Allan R. Brewer-Carías, "La reforma constitucional en América Latina y el control de constitucionalidad", en *Reforma de la Constitución y control de constitucionalidad. Congreso Internacional, Pontificia Universidad Javeriana*, Bogotá Colombia, junio 14 al 17 de 2005, Bogotá, 2005, pp. 108-159

[12]   El proyecto de reforma constitucional sólo recibió el voto favorable del 28% de los votantes inscritos en el Registro Electoral. Como aún en julio de 2008 no se conocen los resultados definitivos de la votación en el referendo, si sólo se toma en cuenta los resultados anunciados por el Consejo Nacional Electoral el día 2 de diciembre de 2007 en la noche, del un universo de más de 16 millones de electores inscritos, sólo acudieron a votar 9 millones doscientos mil votantes, lo que significó un 44% de abstención; y de los electores que votaron, sólo votaron por aprobar la reforma (voto SI), 4 millones trescientos mil votantes, lo que equivale sólo al 28 % del universo de los electores inscritos en el Registro Electoral o al 49,2% de los electores que fueron a votar. En dicho referendo, por tanto, en realidad, no fue que "triunfó" el voto NO por poco margen, sino que lo que ocurrió fue que la propuesta de reforma fue rechazada por el 72% de los electores inscritos, quienes votaron por el NO (50,7%) o simplemente no acudieron a votar para aprobar la reforma.

tuar el presidencialismo y la concentración del poder mediante la reforma del artículo 230 de la Constitución con el objeto de establecer la posibilidad de la reelección indefinida del Presidente de la República, que afectaba el principio de la alternabilidad republicana del gobierno, y el aumento de su período constitucional de 6 a 7 años. Dicha "reforma constitucional," una vez que fue rechazada por el pueblo, conforme a artículo 345 de la Constitución, no se podía volver a presentar de nuevo ante la Asamblea Nacional durante "el mismo período constitucional," lo que implicaba que dicha reforma sobre la elección presidencial no se podía volver a presentar en el período constitucional 2007-2013; y tampoco podía presentarse de nuevo dicha reforma utilizando la vía de la "enmienda constitucional" pues tocaba principios fundamentales del gobierno democrático.

Pero nada de ello importó, habiendo correspondido a la Sala Constitucional del Tribunal Supremo de Justicia en decisión N° 53 de 3 de febrero de 2009,[13] allanar el camino constitucional para la aprobación popular mediante referendo aprobatorio que se realizó el 15 de febrero de 2009, de una "Enmienda Constitucional" relativa al mismo artículo 230 de la Constitución (y además de los artículos 160, 162, 174 y 192 y 230) para establecer el principio de la reelección continua del Presidente de la República y de todos cargos electivos, contrariando el principio constitucional de la alternabilidad republicana (art. 6), y violando la prohibición constitucional de realizar una consulta popular sobre "reformas" a la Constitución ya rechazadas por el pueblo en un mismo período constitucional (art. 345).

La Sala Constitucional, en efecto, sobre el primer aspecto, de la prohibición constitucional de poder someter de nuevo a consulta popular, una reforma rechazada por el pueblo, durante el mismo período constitucional, olvidó que el propósito de la misma está dirigido a regular los efectos de la voluntad popular expresada mediante referendo, en el sentido de que no se debe consultar al pueblo, de nuevo, la misma modificación constitucional que el pueblo ya ha rechazado en un mismo período constitucional. Al contrario, la Sala Constitucional confundiendo el sentido de la prohibición del artículo 345 de la Constitución, sostuvo que la misma no estaba destinada a regular los efectos de la manifestación de rechazo popular de la reforma propuesta, sino que sólo dirigida a regular a la Asamblea Nacional, en el sentido de que lo que no podría era exigírsele que debatiera una reforma constitucional una vez que ya la había debatido en el mismo período constitucional y había sido rechazada por el pueblo. La Sala olvidó que la norma constitucional, a lo que estaba dirigida, era a regular las consultas a la voluntad popular en materia de modificación de la Constitución y sus efectos, y no los efectos de los debates en la Asamblea Nacional.

Lo importante de la prohibición establecida en un Título de la Constitución relativo a la "Reforma Constitucional" que en Venezuela sólo puede realizarse con la participación del pueblo, es que la misma se refiere precisamente a los efectos de la expresión de la voluntad popular que es manifestación del poder constituyente originario, y no a los efectos del debate

---

[13]   Véase la sentencia n° 53, de la Sala Constitucional de 2 de febrero de 2009 (Caso: Interpretación de los artículos 340,6 y 345 de la Constitución), en http:/www.tsj.gov.ve/decisions/scon/Febrero/53-3209-2009-08-1610.html . Véase sobre esta sentencia, Allan R. Brewer-Carías, "La Sala Constitucional vs. el derecho ciudadano a la revocatoria de mandatos populares: de cómo un referendo revocatorio fue inconstitucionalmente convertido en un "referendo ratificatorio", publicado en el libro de Allan R. Brewer-Carías, *Crónica sobre la "in" justicia constitucional. La Sala Constitucional y el autoritarismo en Venezuela*, Colección Instituto de Derecho Público, Universidad Central de Venezuela, N°. 2, Caracas 2007, pp. 349-378.

que pueda haber habido en la Asamblea Nacional en la materia, que no es poder constituyente, ni siquiera derivado, ya que no puede haber modificación constitucional alguna sin aprobación popular.

La decisión de la Sala Constitucional fue una nueva burla a la Constitución al ignorar la prohibición de sucesivas consultas populares, basándose en dos artilugios que se utilizaron en ese caso de la Enmienda 2008-2009: primero, el utilizado por la Asamblea Nacional, en su iniciativa de Enmienda, al extenderla a otros artículos constitucionales además del 230, para tratar de diferenciar la Enmienda de 2008-2009 de la rechazada Reforma Constitucional de 2007; y segundo, el utilizado por la Sala Constitucional al considerar que la prohibición constitucional de consultar al pueblo sobre reformas rechazadas era sólo formal respecto de las discusiones en la Asamblea Nacional, ignorando su propósito esencial de respetar la voluntad popular una vez que esta se ha expresado en forma negativa respecto de una modificación de la Constitución. Esa voluntad había que respetarla, que era lo que perseguía la Constitución, por lo que una vez que el pueblo se manifestó rechazando la modificación al texto constitucional en 2007 no se lo podía convocarlo sucesivamente sin límites en el mismo período constitucional para volver a pronunciarse sobre lo mismo. Sin embargo, con base en la decisión de la Sala Constitucional, en febrero de 2009 bajo la iniciativa de 'la Asamblea Nacional el Consejo nacional Electoral sometió la Enmienda Constitucional No. 1 al voto popular, la cual fue aprobada,[14] en burla a la Constitución

Pero aparte de esa burla a la prohibición constitucional, en la misma sentencia, la Sala Constitucional procedió a mutar ilegítimamente la Constitución, eliminando el carácter de principio fundamental del gobierno que además de "democrático" y "electivo" conforme al artículo 6 de la Constitución, debe ser *siempre* "alternativo," considerando que dicho principio no se alteraba con la reforma propuesta en la Enmienda Constitucional de 2009[15] que estableció la posibilidad de la reelección continua y sin límites de los cargos electivos alterando un principio fundamental del constitucionalismo venezolano establecido desde 1830 en casi todas las Constituciones, que es el de la "alternabilidad" en el gobierno, y que en el artículo 6 de la Constitución de 1999 se formula como uno de los principios fundamentales del mismo, con una formula que lo convierte en una de las llamadas "cláusulas pétreas" o inmodificables. Dispone la norma que "El gobierno *es y será siempre* […] alternativo […]", lo que implica que ello nunca podría ser alterado. Esa fue la voluntad del pueblo al aprobar la Constitución en 1999. Recuérdese por lo demás, que ese principio fue incorporado como reacción al continuismo en el poder y entre otros aspectos, con base en la propia "doctrina de Simón Bolívar" en la cual la República se fundamenta conforme al artículo 1 de la Constitución, al expresar en su Discurso de Angostura que:

"…La continuación de la autoridad en un mismo individuo frecuentemente ha sido el término de los gobiernos democráticos. Las repetidas elecciones son esenciales en los sistemas populares, porque nada es tan peligroso como dejar permanecer largo tiempo en un mismo ciudadano el poder. El pueblo se acostumbra a obedecerle y él se acostumbra a mandarlo; de

---

[14] Véase en *Gaceta Oficial* No. 5908 Extra de 19-02-2009.

[15] Véase los comentarios sobre esta sentencia en Allan R. Brewer-Carías, "El Juez Constitucional vs. La alternabilidad republicana (La reelección continua e indefinida), en *Revista de Derecho Público*, No. 117, (enero-marzo 2009), Caracas 2009, pp. 205-211. Publicado también en http://www. analitica.com/va/politica/opinion/6273405.asp

donde se origina la usurpación y la tiranía [...] nuestros ciudadanos deben temer con sobrada justicia que el mismo Magistrado, que los ha mandado mucho tiempo, los mande perpetuamente."[16].

De acuerdo con esta doctrina, en el constitucionalismo venezolano, la palabra usada al expresar el principio del gobierno "alternativo" o de la "alternabilidad" en el poder, siempre ha tenido el significado que la misma tiene en castellano cuando se refiere a cargos, y que implica la idea de que las personas deben *turnarse sucesivamente* en los cargos o que los cargos deben desempeñarse *por turnos* (*Diccionario de la Real Academia Española*).[17] Como lo señaló la Sala Electoral del Tribunal Supremo de Justicia en sentencia n° 51 de 18-3-2002, alternabilidad significa "*el ejercicio sucesivo de un cargo por personas distintas, pertenezcan o no a un mismo partido.*" El principio de "gobierno alternativo," por tanto, no es equivalente al de "gobierno electivo." La elección es una cosa, y la necesidad de que las personas se turnen en los cargos es otra.

Ha sido este principio de la alternabilidad, como principio fundamental del constitucionalismo venezolano, el que ha implicado la inclusión en las Constituciones de limitaciones a las posibilidades de reelección en cargos electivos. Así sucedió en casi todas nuestras Constituciones, como las de 1830, 1858, 1864, 1874, 1881, 1891, 1893, 1901, 1904, 1909, 1936, 1845 y 1947[18] en las que se estableció, por ejemplo, la prohibición de la reelección del Presidente de la República para el período constitucional inmediato. En la historia constitucional del país, en realidad, la prohibición de la reelección presidencial inmediata solamente dejó de establecerse en las Constituciones de los gobiernos autoritarios: en la efímera Constitución de 1857; en las Constituciones de Juan Vicente Gómez de 1914, 1922, 1925, 1928, 1929 y 1931, y en la Constitución de Marcos Pérez Jiménez de 1953. La prohibición, en cambio, respecto del Presidente de la República, en el período democrático iniciado en 1958[19] fue más amplia y se extendió en la Constitución de 1961 a los dos períodos siguientes (10 años). La flexibilización del principio, en cambio, se produjo en la Constitución de 1999, en la cual se permitió la posibilidad de reelección presidencial de inmediato y por una sola vez, para un nuevo período. Conforme a ella, fue que se reeligió al Presidente Chávez en 2006, y a pesar de que fue sancionada por una Asamblea Nacional Constituyente enteramente controlada por él, diez años después el mismo Presidente ya reelecto, fue quien propuso reformarla. Sin embargo, como se dijo, alternabilidad del gobierno es un principio histórico del constitucionalismo venezolano y además, propio de los sistemas presidenciales de gobierno, que se opone al continuismo o a la permanencia en el poder por una misma persona, por lo que toda previsión que permita que esto ocurra, es contraria a dicho principio.

Este principio, por tanto, no se puede confundir con el principio "electivo" del gobierno o el más general principio "democrático" que el mismo artículo 6 de la Constitución establece. Una cosa es poder elegir a los gobernantes, y otra cosa es el principio de alternabilidad que impide poder escoger al mismo gobernante ilimitadamente.

---

[16]   Véase en Simón Bolívar, Escritos Fundamentales, Caracas, 1982.

[17]   Véase el Voto Salvado a la sentencia n° 53, de la Sala Constitucional de 2 de febrero de 2009 (Caso: *Interpretación de los artículos 340,6 y 345 de la Constitución*), en http:/www.tsj.gov.ve/deci sions/scon/Febrero/53-3209-2009-08-1610.html

[18]   Véase el texto de todas las Constituciones en Allan R. Brewer-Carías, *Las Constituciones de Venezuela*, 2 vols., Academia de Ciencias Políticas y Sociales, Caracas 2008.

[19]   Ver Allan R. Brewer-Carías, *Historia Constitucional de Venezuela*, 2 vols., Editorial Alfa, Caracas 2008.

Es contrario a la Constitución, por tanto, interpretar, como lo hizo la Sala Constitucional en su sentencia N° 53 de 3 de febrero de 2009, que el principio de la alternabilidad "lo que exige es que el pueblo como titular de la soberanía tenga la posibilidad periódica de escoger sus mandatarios o representantes", confundiendo "gobierno alternativo" con "gobierno electivo." Por ello es falso lo que afirmó la Sala Constitucional en el sentido de que "sólo se infringiría el mismo si se impide esta posibilidad al evitar o no realizar las elecciones". Con su sentencia, la Sala Constitucional de nuevo lo que hizo fue mutar ilegítimamente el texto de la Constitución, y al contrario de lo que afirmó, la eliminación de la causal de inelegibilidad para el ejercicio de cargos públicos derivada de su ejercicio previo por parte de cualquier ciudadano, sí trastocó el principio de alternabilidad en el ejercicio del poder.

Se insiste, lo expuesto por la Sala Constitucional se refirió al principio de gobierno "electivo" que en los términos del mismo artículo 6 de la Constitución, es el que implica que "el electorado, como actor fundamental del proceso democrático, acuda a procesos comiciales periódicamente en los que compitan, en igualdad de condiciones, las diversas opciones políticas que integran el cuerpo social;" pero no al principio de gobierno "alternativo" que implica que no se pueda elegir indefinidamente una misma persona para el mismo cargo, así haya hecho un "buen gobierno." El principio de la alternabilidad, para evitar el continuismo en el poder, precisamente implica la limitación que el pueblo, como poder constituyente originario, se ha impuesto a si mismo, en cuanto a que supuestamente pueda tener la "oportunidad de decidir entre recompensar a quienes estime como sus mejores gobernantes, o bien renovar completamente las estructuras del poder cuando su desempeño haya sido pobre." Esta supuesta "oportunidad," por el principio de la alternabilidad en la Constitución, pudo ejercerse antes de 1999, sólo después de que, en sus casos, transcurrieron uno o dos períodos constitucionales siguientes al ejercicio de la Presidencia por quien pretendiera de nuevo optar a dicho cargo, y en la Constitución de 1999 sólo ocurrió en 2006, por una sola vez para un período inmediato, mediante la reelección ya efectuada del Presidente Chávez. Pero establecer dicha "oportunidad" como reelección continua, sin límite, sería contrario al principio de la alternabilidad.

Por tanto, al contrario de que decidió la Sala Constitucional, la posibilidad de reelección continúa sí alteraba el principio fundamental del gobierno "alternativo", que es uno de los valores democráticos que informan nuestro ordenamiento jurídico. Dicho principio, que se alteraba si se establecía la posibilidad de elección continua de cargos electivos y que es distinto del principio del gobierno "electivo," al tener una formulación pétrea en el artículo 6 de la Constitución (es y será siempre) no podía ser objeto de modificación constitucional alguna, y en el supuesto negado de que pudiera ser modificado, ello ni siquiera podía hacerse por los procedimientos de Enmienda ni de Reforma Constitucional, y en realidad, sólo mediante la convocatoria de una Asamblea Nacional Constituyente.

La Sala Constitucional, sin embargo, con su sentencia n° 53 de 3 febrero de 2009, una vez más al servicio del autoritarismo, mutó la Constitución a través de una interpretación, modificando ilegítimamente el sentido del principio del gobierno 'alternativo" que los venezolanos dispusieron *que siempre* debía regir sus gobiernos, obviando la prohibición constitucional de que se pudiera consultar en un mismo período constitucional, la voluntad popular sobre modificaciones constitucionales que ya el pueblo ha rechazado. La inconstitucional sentencia, en todo caso, lo que tuvo por objeto fue despejar el camino para que el régimen autoritario pudiera someter a referendo la Enmienda Constitucional No. 1 relativa a un principio fundamental, pétreo, de la Constitución, que sólo podía modificarse mediante la convocatoria a una Asamblea Nacional Constituyente.

En todo caso, mediante estos artilugios interpretativos y constitucionales utilizados por el régimen autoritario, con la complicidad de la Sala Constitucional, una de las "reformas constitucionales" rechazadas por el pueblo en 2007 (la posibilidad de reelección presidencial indefinida), fue implementada mediante esta Enmienda Constitucional No. 1 de 2009.

IV. LA INCONSTITUCIONAL IMPLEMENTACIÓN DE LA RECHAZADA REFORMA CONSTITUCIONAL DE 2007 POR PARTE DE LA JURISDICCIÓN CONSTITUCIONAL MEDIANTE MUTACIONES CONSTITUCIONALES ILEGÍTIMAS

Además, la rechazada la reforma constitucional de 2007, ha sido parcialmente implementada por la misma Sala Constitucional mediante interpretaciones constitucionales establecidas con carácter vinculante, mutando la Constitución, en fraude a la misma,[20] en general, al decidir recursos autónomos de interpretación abstracta de la Constitución, el cual sin haber estado dentro de sus atribuciones constitucionales, la propia Sala lo creó en una de sus sentencias.[21]

En efecto, entre las "reformas constitucionales" propuestas en 2007 y que fueron rechazadas por el pueblo en el referendo del 7 de diciembre de 2007, estaban entre otras, la reforma del artículo 164.10 de la Constitución para modificar la forma federal del Estado al eliminar, entre otras, la "competencia exclusiva" de los Estados de la federación, para la conservación, administración y aprovechamiento de carreteras y autopistas nacionales, así como de puertos y aeropuertos de uso comercial, en coordinación con el Poder Nacional; la reforma del artículo 67, para eliminar la prohibición constitucional al financiamiento de las asociaciones con fines políticos con fondos provenientes del Estado; la reforma del artículo 23 para eliminar el rango constitucional de los tratados internacionales en materia de derechos humanos y su aplicación inmediata; la reforma del artículo 31 para eliminar el derecho de acceso a la protección internacional de los derechos humanos; y la reforma del artículo 72 sobre referendos revocatorios.

Estas y todas las reformas propuestas, como se dijo, fueron rechazadas en el referendo del 2 de diciembre de 2007, por lo que las normas constitucionales pertinentes quedaron con la misma redacción que tienen en la Constitución de 1999, estableciendo lo que establecen, y diciendo lo que dicen, sin que exista duda alguna sobre su redacción o sentido. La claridad de las normas fue lo que originó, precisamente, que el régimen autoritario propusiera las reformas constitucionales que precisamente fueron rechazadas por el pueblo.

Sin embargo, en fraude a la Constitución, el régimen autoritario, burlado la voluntad popular y en fraude a la misma, logró efectuar las mismas modificaciones constitucionales

---

[20]   Véase Allan R. Brewer-Carías, "El juez constitucional al servicio del autoritarismo y la ilegítima mutación de la Constitución: el caso de la Sala Constitucional del Tribunal Supremo de Justicia de Venezuela (1999-2009)", en *IUSTEL, Revista General de Derecho Administrativo*, N°. 21, Madrid, junio 2009.

[21]   Véase Allan R. Brewer-Carías, "La ilegítima mutación de la constitución por el juez constitucional: la inconstitucional ampliación y modificación de su propia competencia en materia de control de constitucionalidad," en *Libro Homenaje a Josefina Calcaño de Temeltas*. Fundación de Estudios de Derecho Administrativo (FUNEDA), Caracas 2009, pp. 319-362. Véase igualmente, Allan R. Brewer-Carías, "*Quis Custodiet Ipsos Custodes*: De la interpretación constitucional a la inconstitucionalidad de la interpretación", en *Revista de Derecho Público*, N° 105, Editorial Jurídica Venezolana, Caracas 2006, pp. 7-27.

rechazadas pero utilizando para ello al Juez Constitucional, que ha estado a su servicio,[22] el cual mediante "mutaciones constitucionales" efectuada por la vía de la "interpretación" constitucional, sin cambiar formalmente el texto de la Constitución,[23] en diversas e ilegítimas sentencias dictadas a partir de 2008, ha cambiado el contenido de las normas constitucionales pertinentes, y ha resuelto al contrario de lo establecido en la Constitución, que la "competencia exclusiva" de los Estados antes mencionada, ya no es una competencia exclusiva, sino concurrente y sujeta a la voluntad del Ejecutivo Nacional, el cual puede intervenirla y reasumirla; que la prohibición de financiar con fondos públicos a las asociaciones con fines políticos, ya no es tal, reduciendo la prohibición de la norma a sólo financiar el "funcionamiento interno" de los partidos, pero estableciendo, en cambio, que las actividades electorales de los mismos si son financiables por el Estado, por lo que la norma que dejó entonces de ser prohibitiva; que los tratados internacionales sobre derechos humanos no tienen prevalencia sobre el derecho interno sino sólo cuando la sala Constitucional lo decida, y que no tienen aplicación inmediata por los jueces; que sólo los tribunales nacionales pueden controlar las violaciones a derechos humanos, siendo las sentencias de la Corte Interamericana de Derechos Humanos inejecutables en Venezuela; y que el referendo revocatorio ha pasado a ser un "referendo ratificatorio" no previsto en la Constitución.

Para dictar las sentencias mencionadas, la Jurisdicción Constitucional no sólo desconoció el principio de la supremacía constitucional que se impone a todos los órganos del Estado, incluyendo al Juez Constitucional, sino que ejerció ilegítimamente su potestad de interpretación de la Constitución para mutarla, es decir, modificarla sin alterar su texto.

1.   *La modificación de del sistema federal de distribución de competencias entre los niveles territoriales de los Poderes Públicos*

El artículo 4 de la Constitución de 1999 declara que "la República Bolivariana de Venezuela es un *Estado federal descentralizado* en los términos consagrados en esta Constitución." Con ello, y a pesar de las contradicciones en que incurre la Constitución que permiten calificar la forma de Estado como la de una "federación Centralizada,"[24] en la misma se prevé un núcleo esencial de distribución de competencias entre los niveles territoriales, mu-

---

[22]   Véase Allan R. Brewer-Carías, *Crónica sobre la "In" Justicia Constitucional. La Sala Constitucional y el autoritarismo en Venezuela*, Caracas 2007.

[23]   Una mutación constitucional ocurre cuando se modifica el contenido de una norma constitucional de tal forma que aún cuando la misma conserva su contenido, recibe una significación diferente. Véase Salvador O. Nava Gomar, "Interpretación, mutación y reforma de la Constitución. Tres extractos" en Eduardo Ferrer Mac-Gregor (coordinador), Interpretación Constitucional, Tomo II, Ed. Porrúa, Universidad Nacional Autónoma de México, México 2005, pp. 804 ss. Véase en general sobre el tema, Konrad Hesse, "Límites a la mutación constitucional", en *Escritos de derecho constitucional*, Centro de Estudios Constitucionales, Madrid 1992.

[24]   Véase nuestros estudios sobre el tema, elaborados apenas la Constitución fue sancionada: Allan R. Brewer-Carías, *Federalismo y Municipalismo en la Constitución de 1999 (Alcance de una reforma insuficiente y regresiva)*, Editorial Jurídica Venezolana, Caracas-San Cristóbal 2001; "El Estado federal descentralizado y la centralización de la federación en Venezuela. Situación y perspectiva de una contradicción constitucional" en Diego Valadés y José María Serna de la Garza (Coordinadores), *Federalismo y regionalismo*, Universidad Nacional Autónoma de México, Tribunal Superior de Justicia del Estado de Puebla, Instituto de Investigaciones Jurídicas, Serie Doctrina Jurídica N° 229, México 2005, pp. 717-750

nicipal, estadal y nacional, que no puede cambiarse sino mediante una reforma constitucional (artículos 136, 156, 164, 178 y 179).[25]

Específicamente, en materia de infraestructura para la circulación y el transporte, la Constitución establece que corresponde en forma exclusiva a los Estados, "La conservación, administración y aprovechamiento de carreteras y autopistas nacionales... en coordinación con el Poder Nacional;" competencia que deben ejercer sujetos a "la coordinación con el Poder Nacional," que éste debe regular.

Este tema de la forma federal del Estado y de la distribución territorial de competencias establecidas en los artículos 156 y 164 de la Constitución, como se dijo, fue uno de los que se quiso cambiar con la rechazada "reforma constitucional" de 2007, terminando de centralizar materialmente todas las competencias del Poder Público en el nivel nacional; particularmente con la "nacionalización" de la referida competencia exclusiva de los Estados. Al haber sido rechazada la reforma constitucional de 2007, entonces, la competencia de los Estados establecida en el referido artículo 164,10 de la Constitución, quedó sin modificación.

Sin embargo, la Sala Constitucional, mediante sentencia N°. 565 de 15 de abril de 2008[26], dictada con motivo de decidir un recurso autónomo de interpretación de dicho artículo formulado por el Procurador General de la República, pura y simplemente ha modificado el contenido de esta norma constitucional y dispuso, como interpretación vinculante de la misma, que esa "competencia exclusiva" *no es tal competencia exclusiva*, sino una competencia concurrente y que, incluso, el Poder Nacional puede revertirla a su favor eliminando toda competencia de los Estados.

La Sala Constitucional, en efecto, decidió que la Administración Nacional "en ejercicio de la potestad de coordinación pueda asumir directamente la conservación, administración y el aprovechamiento de las carreteras y autopistas nacionales, así como los puertos y aeropuertos de uso comercial,", y que "corresponde al Ejecutivo Nacional por órgano del Presidente de la República en Consejo de Ministros, decretar la intervención para asumir la prestación de servicios y bienes de las carreteras y autopistas nacionales, así como los puertos y aeropuertos de uso comercial," en aquellos casos que la prestación del servicio "por parte de los Estados es deficiente o inexistente."

Con esta interpretación, lo que el Juez Constitucional hizo fue mutar el texto constitucional usurpando la soberanía popular a la cual está reservado el poder constituyente, cambiado la forma federal del Estado al trastocar el sistema de distribución territorial de competencias entre el Poder Nacional y los Estados, y en particular "nacionalizando," contra lo que

---

[25] Véase Allan R. Brewer-Carías, "Consideraciones sobre el régimen de distribución de competencias del Poder Público en la Constitución de 1999" en Fernando Parra Aranguren y Armando Rodríguez García Editores, *Estudios de Derecho Administrativo. Libro Homenaje a la Universidad Central de Venezuela, Facultad de Ciencias Jurídicas y Políticas, con ocasión del Vigésimo Aniversario del Curso de Especialización en Derecho Administrativo*, Tomo I, Tribunal Supremo de Justicia, Colección Libros Homenaje N° 2, Caracas 2001, pp. 107-136.

[26] *Cfr.* Sentencia de la Sala Constitucional, N° 565, caso *Procuradora General de la República*, recurso de interpretación del artículo 164.10 de la Constitución de 1999 de fecha 15 de Abril de 2008, en http://www.tsj.gov.ve/decisiones/scon/Abril/565-150408-07-1108.htm. Véase mis comentarios sobre esta sentencia, en Allan R. Brewer-Carías, "La Sala Constitucional como poder constituyente: la modificación de la forma federal del estado y del sistema constitucional de división territorial del poder público, en *Revista de Derecho Público*, No. 114, (abril-junio 2008), Editorial Jurídica Venezolana, Caracas 2008, pp. 247-262

expresamente dispone la Constitución, competencias atribuidas en forma exclusiva a los Estados. La reforma constitucional de 2007 que fue rechazada por el pueblo, en fraude a la Constitución, y a solicitud del representante del Poder Nacional (Procurador General de la República) fundamentándose en la existencia de una supuesta "incertidumbre jurídica en cuanto al alcance y límites de su competencia" que existía en el Ministerio de Infraestructura." El Procurador General de la República, en efecto, consideró que la norma "no era lo suficientemente clara para lograr establecer de una forma eficiente y precisa el ámbito y forma de actuación del Ejecutivo Nacional, respecto a la coordinación con los Estados de la administración, conservación y aprovechamiento de carreteras y autopistas nacionales, así como de puertos y aeropuertos de uso comercial."

El resultado de la petición de interpretación, fue que la Sala Constitucional, de oficio, reformó la Constitución, y pura y simplemente, eliminó la competencia exclusiva de los Estados en la materia, y la convirtió en una competencia concurrente sujeta a la técnica puntual de "descentralización" que puede ser intervenida, revertida y reasumida por el Poder Nacional. Después de una ilegítima "modificación constitucional" de esta naturaleza, realizada mediante interpretación vinculante, que trastocó el orden jurídico o, como lo dijo la propia Sala, la misma "genera una necesaria revisión y modificación de gran alcance y magnitud del sistema legal vigente." Por supuesto, después de lo que hizo, la Sala Constitucional no pudo concluir en otra forma que no fuera advirtiendo "de oficio y por razones de orden público constitucional, … que el contenido de la presente decisión debe generar una necesaria revisión y modificación del ordenamiento jurídico legal vigente," para lo cual exhortó a la Asamblea Nacional que "proceda a la revisión y correspondiente modificación de la normativa legal vinculada con la interpretación vinculante establecida en la presente decisión[27], en orden a establecer una regulación legal congruente con los principios constitucionales y derivada de la interpretación efectuada por esta Sala en ejercicio de sus competencias." Es decir, la Sala conminó al legislador a legislar en contra de la Constitución de 1999, y conforme a una ilegítima modificación constitucional de la misma impuesta por la propia Sala. Ello provocó que después del triunfo electoral de la oposición en Estados y Municipios claves, desplazando los Gobernadores oficialistas en las elecciones de diciembre de 2008, la Asamblea Nacional muy diligentemente reformara en marzo de 2009, entre otras, la Ley Orgánica de Descentralización, Delimitación y Transferencia de Competencias del Poder Público,[28] a los efectos de eliminar las competencias exclusivas de los Estrados establecidas en los ordinales 3 y 5 del artículo 11 de dicha Ley, agregando dos nuevas normas en dicha Ley en las cuales se dispone que "el Poder Público Nacional por órgano del Ejecutivo Nacional, podrá revertir por razones estratégicas, de mérito, oportunidad o conveniencia, la transferencia de las competencias concedidas a los estados, para la conservación, administración y aprovechamiento de los bienes o servicios considerados de interés público general, conforme con lo previsto en el ordenamiento jurídico y al instrumento que dio origen a la transferencia" (art. 8); y que "El Ejecutivo Nacional, por órgano del Presidente o Presidenta de la República en Consejo de Ministros, podrá decretar la intervención conforme al ordenamiento jurídico, de bienes y prestaciones de servicios públicos transferidos para su conservación, administración y aprovechamiento, a fin de asegurar a los usuarios, usuarias, consumidores y consumidoras un

---

[27]   De ello resultó, según la sentencia, "la necesaria revisión general de la Ley Orgánica de Descentralización, Delimitación y Transferencia de Competencias del Poder Público, Ley General de Puertos y la Ley de Aeronáutica Civil, sin perjuicio de la necesaria consideración de otros textos legales para adecuar su contenido a la vigente interpretación."

[28]   *Gaceta Oficial* N° 39 140 del 17 de marzo de 2009

servicio de calidad en condiciones idóneas y de respeto de los derechos constitucionales, fundamentales para la satisfacción de necesidades públicas de alcance e influencia en diversos aspectos de la sociedad" (art. 9). Con ello se completó el fraude constitucional dispuesto por la Sala Constitucional, trastocándose el régimen federal.

2. *La eliminación de la prohibición constitucional de financiamiento público de las actividades de los partidos políticos*

Otra de las normas constitucionales que se quiso reformar mediante la rechazada reforma constitucional de 2007, fue el artículo 67 de la Constitución de 1999 que prohíbe "el financiamiento de las asociaciones con fines políticos con fondos provenientes del Estado", al establecer enfáticamente que el mismo "no se permitirá".[29] Con ello, el constituyente de 1999 cambió radicalmente el régimen de financiamiento público a los partidos políticos que se había previsto en el artículo 230 de la Ley Orgánica del Sufragio y Participación Política de 1998.[30] Con la prohibición constitucional, al derogarse este artículo de la Ley Orgánica, quedó derogado con el régimen de financiamiento público a los partidos políticos, abandonándose la tendencia inversa que predomina en el derecho comparado.

Con la rechazada reforma constitucional de 2007, se pretendía establecer en la Constitución, al contrario, que "el Estado podrá financiar las actividades electorales", pero sin indicarse si se trata de un financiamiento a los partidos políticos en general. En todo caso, con el rechazo popular de la reforma, el régimen de financiamiento a los partidos políticos, a su funcionamiento interno y a sus actividades electorales continuó prohibida en la Constitución.

Sin embargo, a pesar de dicha prohibición constitucional y del rechazo popular a modificarla, la Sala Constitucional del Tribunal Supremo de Justicia, actuando como Jurisdicción Constitucional, en fraude a la Constitución y a la voluntad popular expresa, en sentencia No. 780 de 8 de mayo de 2008 (Exp. N° 06-0785),[31] mediante una interpretación constitucional vinculante, de nuevo mutó la Constitución, sustituyéndose a la voluntad popular y al poder constituyente originario, disponiendo que "en lo que respecta al alcance de la prohibición de financiamiento público de asociaciones políticas" contenida en la mencionada norma, la misma:

"se circunscribe a la imposibilidad de aportar fondos a los gastos corrientes e internos de las distintas formas de asociaciones políticas, pero ...dicha limitación, no resulta extensiva a la campaña electoral, como etapa fundamental del proceso electoral".

Es decir, la Sala Constitucional, ante una norma tan clara e igualmente tan criticable como la contenida en el artículo 67 de la Constitución, cuya reforma se había intentado hacer

[29] Véase sobre la versión inicial de esta norma y sobre nuestra propuesta para su redacción en Allan R. Brewer-Carías, *Debate Constituyente (Aportes a la Asamblea Nacional Constituyente)*, Tomo II (9 septiembre-17 octubre 1999). Fundación de Derecho Público, Editorial Jurídica Venezolana, Caracas, 1999. p. 129 en 4e.

[30] Véase en general sobre el tema, Allan R. Brewer-Carías, "Consideraciones sobre el financiamiento de los partidos políticos en Venezuela" en *Financiamiento y democratización interna de partidos políticos. Memoria del IV Curso Anual Interamericano de Elecciones,* San José, Costa Rica, 1991, pp. 121 a 139.

[31] Véase mis comentarios sobre esta sentencia, en Allan R. Brewer-Carías, "El juez constitucional como constituyente: el caso del financiamiento de las campañas electorales de los partidos políticos en Venezuela", en *Revista de Derecho Público*, N° 117, (enero-marzo 2009), Caracas 2009, pp. 195-203.

en 2007 pero sin lograrse por ser rechazada por la voluntad popular, en esta sentencia, ni más ni menos se erigió en poder constituyente, sustituyendo al pueblo, disponiendo la reforma de la norma, vía su interpretación, en el mismo sentido que se había pretendido en la rechazada reforma constitucional, disponiendo en definitiva, que la prohibición constitucional "no limita que en el marco del proceso electoral y como gasto inherente a una fase esencial del mismo, el Estado destine fondos con el objeto de financiar el desarrollo de las campañas electorales, de los partidos y asociaciones políticas," es decir, lo contrario de lo que dispone la Constitución.

Es evidente que siendo el financiamiento de las campañas electorales la motivación fundamental del financiamiento de los partidos políticos, pues los mismos tienen por objeto conducir a la ciudadanía en las opciones democráticas que necesariamente desembocan en elecciones, la Ley Orgánica del Sufragio y participación Política había dispuesto el financiamiento de los paridos políticos; y ello fue lo que sin embargo, se eliminó expresamente en la Constitución de 1999.[32]

Y eso fue precisamente lo que se quiso corregir, de nuevo, con la proyectada Reforma Constitucional de 2007, la cual, sin embargo, fue rechazada por el pueblo.

Pero la Sala Constitucional, sin límite alguno, se sustituyó al pueblo y asumió el rol de poder constituyente originario, disponiendo que lo que la Constitución prohíbe cuando establece en el artículo 67 que no se permite "el financiamiento de las asociaciones con fines políticos con fondos provenientes del Estado", es sólo una prohibición al financiamiento por el Estado de "los gastos corrientes e internos de las distintas formas de asociaciones políticas", pero no de la "campaña electoral, como etapa fundamental del proceso electoral."

Es decir, el Juez Constitucional, simplemente, dispuso que la Constitución no dice lo que dice, sino todo lo contrario; que cuando dice que no se permite "el financiamiento de las asociaciones con fines políticos con fondos provenientes del Estado", no es eso lo que establece, sino que lo que prohíbe es solamente "el financiamiento de los gastos corrientes e internos de las asociaciones con fines políticos con fondos provenientes del Estado"; y que los gastos de las campañas electorales de dichas asociaciones con fines políticas, en cambio, si pueden ser financiadas con fondos provenientes del Estado. Se trata por lo demás, de una conclusión absurda, que contra toda lógica democrática se deriva de una premisa falsa, y es que en sistemas democráticos supuestamente podría ocurrir que el Estado financie los gastos corrientes e internos de los partidos. Ello no se concibe en las democracias, por lo que no requiere de prohibición alguna. En democracias lo que se financia es el funcionamiento de los partidos pero con miras siempre a las campañas electorales, al punto de que este se suspende si los mismos no llegan a obtener un determinado porcentaje de votación en las elecciones.

Pudo ser muy loable la intención del Juez Constitucional de permitir el financiamiento de las campañas electorales de los partidos políticos con fondos provenientes del Estado, pero

---

[32]   Por ello fue, incluso, que entre otros aspectos salvamos nuestro voto en relación con dicha norma. Véase Allan R. Brewer-Carías, *Debate Constituyente (Aportes a la Asamblea Nacional Constituyente)*, Tomo III (18 octubre-30 noviembre 1999). Fundación de Derecho Público - Editorial Jurídica Venezolana. Caracas, 1999. pp. 239, 259. Véase además, Allan R. Brewer-Carías, "Regulación jurídica de los partidos políticos en Venezuela" en *Estudios sobre el Estado Constitucional (2005-2006)*, Cuadernos de la Cátedra Fundacional Allan R. Brewer-Carías de Derecho Público, Universidad Católica del Táchira, N° 9, Editorial Jurídica Venezolana. Caracas, 2007, pp. 655-686.

habiendo sido ello prohibido expresamente por la Constitución, sólo reformándola es que se podría lograr lo contrario; y el pueblo, además, en 2007 había rechazado expresamente la reforma. Sin embargo, la misma fue inconstitucionalmente implementada por el Juez Constitucional, reformando la Constitución, usurpando el poder constituyente originario que es del pueblo e, incluso contra su propia voluntad expresada cinco meses antes al rechazar precisamente esa reforma constitucional en igual sentido, estableció la posibilidad de financiar las campañas electorales de los partidos políticos.

3.   *La eliminación del rango supra constitucional de los Tratados internacionales en materia de derechos humanos con previsiones más favorables y del principio de la aplicación inmediata de los tratados internacionales en materia de derechos humanos*

Otra de las normas constitucionales que se quiso reformar en 2007, fue la contenida en el artículo 23, en el cual se estableció, no sólo la jerarquía constitucional de los tratados internacionales en materia de derechos humanos,[33] sino su jerarquía supranacional en caso de establecer previsiones más favorables a las previstas en el derecho interno, incluida la Constitución. Dispone, en efecto, dicha norma, lo siguiente:

Artículo 23. Los tratados, pactos y convenciones relativos a derechos humanos, suscritos y ratificados por Venezuela, tienen jerarquía constitucional y prevalecen en el orden interno, en la medida en que contengan normas sobre su goce y ejercicio más favorables a las establecidas en esta Constitución y en las leyes de la República, y son de aplicación inmediata y directa por los tribunales y demás órganos del Poder Público.

Esta previsión significó, sin duda, un avance significativo en la construcción del esquema de protección de los derechos humanos, que se aplicó por los tribunales declarando la prevalencia de las normas de Convención Americana de Derechos Humanos en relación con normas constitucionales y legales.[34] Ello fue así, sin embargo, hasta 2008 cuando en sentencia

---

[33]   Sobre este véase: Rodolfo E. Piza R., *Derecho internacional de los derechos humanos: La Convención Americana*, San José 1989; y Carlos Ayala Corao, "La jerarquía de los instrumentos internacionales sobre derechos humanos", en *El nuevo derecho constitucional latinoamericano*, IV Congreso venezolano de Derecho constitucional, Vol. II, Caracas 1996 y *La jerarquía constitucional de los tratados sobre derechos humanos y sus consecuencias*, México, 2003; Humberto Henderson, "Los tratados internacionales de derechos humanos en el orden interno: la importancia del principio *pro homine*", en *Revista IIDH*, Instituto Interamericano de Derechos Humanos, N° 39, San José 2004, pp. 71 y ss. Véase también, Allan R. Brewer-Carías, *Mecanismos nacionales de protección de los derechos humanos*, Instituto Internacional de Derechos Humanos, San José, 2004, pp. 62 y ss.

[34]   Fue el caso, por ejemplo, del derecho a la revisión judicial de sentencias, a la apelación o derecho a la segunda instancia que en materia contencioso administrativa se excluía en la derogada Ley Orgánica de la Corte Suprema de Justicia de 1976 respecto de la impugnación de actos administrativos ante la Jurisdicción contencioso administrativa emanados de institutos autónomos o Administraciones independientes'. La Constitución de 1999 solo reguló como derecho constitucional el derecho de apelación en materia de juicios penales a favor de la persona declarada culpable (art. 40,1); por lo que en el mencionado caso de juicios contencioso administrativos, no existía una garantía constitucional expresa a la apelación, habiendo sido siempre declarada inadmisible la apelación contra las decisiones de única instancia de la Corte Primera de lo Contencioso. La aplicación del artículo 23 de la Constitución llevó finalmente a la Sala Constitucional del Tribunal Supremo, a resolver en 2000 la aplicación prevalente de la Convención Interamericana de Derechos Humanos garantizando el principio de las dos instancias. Véase sentencia N° 87 del 13 de marzo de 2000, Caso: *C.A. Electricidad del Centro (Elecentro) y otra vs. Superintendencia para la Promoción y Protección de la Libre Competencia. (Procompetencia)*, en *Revista de Derecho Público*, N° 81, Editorial Jurídica Venezolana, Caracas 2000, pp. 157. Véase los

No. 1.939 de 18 de diciembre de 2008 (Caso *Gustavo Álvarez Arias y otros*) la Sala Constitucional al declarar inejecutable una sentencia de la Corte Interamericana de Derechos Humanos, de fecha 5 de agosto de 2008, dictada en el caso de los ex-magistrados de la Corte Primera de lo Contencioso Administrativo (*Apitz Barbera y otros ("Corte Primera de lo Contencioso Administrativo") vs. Venezuela*), decidió en contra de lo que dispone la norma, que:

> "el citado artículo 23 de la Constitución no otorga a los tratados internacionales sobre derechos humanos rango "supraconstitucional", por lo que, en caso de antinomia o contradicción entre una disposición de la Carta Fundamental y una norma de un pacto internacional, correspondería al Poder Judicial determinar cuál sería la aplicable, tomando en consideración tanto lo dispuesto en la citada norma como en la jurisprudencia de esta Sala Constitucional del Tribunal Supremo de Justicia, atendiendo al contenido de los artículos 7, 266.6, 334, 335, 336.11 *eiusdem* y el fallo número 1077/2000 de esta Sala."

A los efectos de fundamentar su decisión, y rechazar la existencia de valores superiores no moldeables por el proyecto político autoritario, la Sala aclaró los siguientes conceptos:

> "Sobre este tema, la sentencia de esta Sala N° 1309/2001, entre otras, aclara que el derecho es una teoría normativa puesta al servicio de la política que subyace tras el proyecto axiológico de la Constitución y que la interpretación debe comprometerse, si se quiere mantener la supremacía de la Carta Fundamental cuando se ejerce la jurisdicción constitucional atribuida a los jueces, con la mejor teoría política que subyace tras el sistema que se interpreta o se integra y con la moralidad institucional que le sirve de base axiológica (*interpretatio favor Constitutione*). Agrega el fallo citado: "en este orden de ideas, los estándares para dirimir el conflicto entre los principios y las normas deben ser compatibles con el proyecto político de la Constitución (Estado Democrático y Social de Derecho y de Justicia) y no deben afectar la vigencia de dicho proyecto con elecciones interpretativas ideológicas que privilegien los derechos individuales a ultranza o que acojan la primacía del orden jurídico internacional sobre el derecho nacional en detrimento de la soberanía del Estado".

Concluyo la sentencia que: "no puede ponerse un sistema de principios supuestamente absoluto y suprahistórico por encima de la Constitución" y que son inaceptables las teorías que pretenden limitar "so pretexto de valideces universales, la soberanía y la autodeterminación nacional".

En el mismo sentido, la sentencia de esta Sala N° 1265/2008 estableció que en caso de evidenciarse una contradicción entre la Constitución y una convención o tratado internacional, "deben prevalecer las normas constitucionales que privilegien el interés general y el bien común, debiendo aplicarse las disposiciones que privilegien los intereses colectivos...(...) sobre los intereses particulares..." [35]

En esta forma, la Sala Constitucional en el Venezuela dispuso una ilegítima mutación constitucional, reformando el artículo 23 de la Constitución al eliminar el carácter supranacional de la Convención Americana de Derechos Humanos en los casos en los cuales contenga previsiones más favorables al goce y ejercicio de derechos humanos respecto de las que están previstas en la propia Constitución.

Debe advertirse, por otra parte, que tan se trató de una reforma constitucional ilegítima, que esa fue otra de las propuestas de reforma que se formularon en 2007 por el "Consejo Presidencial para la Reforma de la Constitución," designado por el Presidente de la Repúbli-

---

comentarios en Allan R. Brewer-Carías y Josefina Calcaño de Temeltas, *Ley Orgánica de la Corte Suprema de Justicia,* Editorial Jurídica Venezolana, Caracas 1978.

[35]   Véase en http://www.tsj.gov.ve/decisiones/scon/Diciembre/1939-181208-2008-08-1572.html

ca,[36] en el cual, en relación con el artículo 23 de la Constitución, lo que se buscaba era eliminar totalmente la jerarquía constitucional de las previsiones de los tratados internacionales de derechos humanos y su prevalencia sobre el orden interno, proponiéndose la formulación de la norma sólo en el sentido de que: "los tratados, pactos y convenciones relativos a derechos humanos, suscritos y ratificados por Venezuela, mientras se mantenga vigentes, forma parte del orden interno, y son de aplicación inmediata y directa por los órganos del Poder Público".

Esa propuesta de reforma constitucional que afortunadamente no llegó a cristalizar, era un duro golpe al principio de la progresividad en la protección de los derechos que se recoge en el artículo 19 de la Constitución, que no permite regresiones en la protección de los mismos.[37] Sin embargo, lo que no pudo hacer el régimen autoritario mediante una reforma constitucional, la cual al final fue rechazada por el pueblo, lo hizo la Sala Constitucional del Tribunal Supremo mutando la Constitución.

Igual ocurrió con la previsión de la misma norma del artículo 23 que declara además expresamente que los mismos son "de aplicación inmediata y directa por los tribunales y demás órganos del Poder Público" (art. 23).

Sobre esta norma, la Sala Constitucional del Tribunal Supremo, al reivindicar un carácter de máximo y último intérprete de la Constitución y de los tratados, pactos y convenios sobre derechos humanos que no tiene, pues todas las Salas del Tribunal Supremo lo tienen, estableció en sentencia N° 1492 de 15 de julio de 2003 (Caso: *Impugnación de diversos artículos del Código Penal*), que por adquirir los mencionados tratados jerarquía constitucional e integrarse a la Constitución vigente, "*el único capaz de interpretarlas*, con miras al derecho venezolano, es el juez constitucional, conforme al artículo 335 de la vigente Constitución, en especial, al intérprete nato de la Constitución de 1999, y, que es la Sala Constitucional, y así se declara". De allí la Sala señaló que

> "es la Sala Constitucional quien determina cuáles normas sobre derechos humanos de esos tratados, pactos y convenios, prevalecen en el orden interno; al igual que cuáles derechos humanos no contemplados en los citados instrumentos internacionales tienen vigencia en Venezuela"[38].

Con esta decisión inconstitucional, la Sala Constitucional también mutó ilegítimamente la Constitución, pues conforme a la norma de su artículo 23, esa potestad no sólo corresponde a la Sala Constitucional, sino a todos los tribunales de la República cuando actúen como juez constitucional, por ejemplo, al ejercer el control difuso de la constitucionalidad de las leyes o al conocer de acciones de amparo. La pretensión de la Sala Constitucional en concentrar toda la justicia constitucional no se ajusta a la Constitución y al sistema de justicia constitucional

---

[36] Véase Decreto N° 5138 de 17-01-2007, *Gaceta Oficial* N° 38.607 de 18-01-2007`. El documento circuló en junio de 2007 con el título Consejo Presidencial para la Reforma de la Constitución de la República Bolivariana de Venezuela, "Modificaciones propuestas". El texto completo fue publicado como *Proyecto de Reforma Constitucional. Versión atribuida al Consejo Presidencial para la reforma de la Constitución de la República Bolivariana de Venezuela*, Editorial Atenea, Caracas 01 de julio de 2007, 146 pp.

[37] Véase esta proyectada reforma constitucional Allan R. Brewer-Carías, *Hacia la consolidación de un Estado Socialista, Centralizado, Policial y Militarista. Comentarios sobre el sentido y alcance de las propuestas de reforma constitucional 2007,* Colección Textos Legislativos, No. 42, Editorial Jurídica Venezolana, Caracas 2007, pp. 122 ss.

[38] Véase en *Revista de Derecho Público*, N° 93-96, Editorial Jurídica Venezolana, Caracas 2003, pp. 135 ss.

que regula, de carácter mixto e integral; y menos aún en materia de derechos humanos, cundo es la propia Constitución la que dispone que los tratados, pactos e instrumentos internacionales sobre derechos humanos ratificados por la República son "de aplicación inmediata y directa por los tribunales" (art. 23).

4. *La negación del derecho ciudadano a la protección internacional de los derechos humanos y la "inejecutabilidad" de las sentencias de la Corte interamericana de derechos humanos*

En los proyectos de reforma constitucional de 2007, también se busca reformar el mismo artículo 23 de la Constitución mediante la propuesta que formuló el "Consejo Presidencial para la Reforma de la Constitución," designado por el Presidente de la República, agregándole, también en forma regresiva, un párrafo precisando que "corresponde a los tribunales de la República conocer de las violaciones sobre las materias reguladas" en los Tratados Internacionales sobre derechos humanos; con lo que en realidad se buscaba establecer una prohibición constitucional para que la Corte Interamericana de Derechos Humanos pudiera conocer de las violaciones de la Convención Americana de Derechos Humanos. Es decir, con una norma de este tipo, Venezuela hubiera quedado excluida constitucionalmente de la jurisdicción de dicha Corte internacional y del sistema interamericano de protección de los derechos humanos,[39] ello contrariando lo que el propio texto de la Constitución establece.

En efecto, la Constitución de 1999 garantizó expresamente el derecho de las personas a la protección internacional en materia de derechos humanos, imponiéndole al Estado la obligación de ejecutar las decisiones de los órganos internacionales. A tal efecto el artículo 31 de de la Constitución dispone:

Artículo 31. Toda persona tiene derecho, en los términos establecidos por los tratados, pactos y convenciones sobre derechos humanos ratificados por la República, a dirigir peticiones o quejas ante los órganos internacionales creados para tales fines, con el objeto de solicitar el amparo a sus derechos humanos.

El Estado adoptará, conforme a procedimientos establecidos en esta Constitución y en la ley, las medidas que sean necesarias para dar cumplimiento a las decisiones emanadas de los órganos internacionales previstos en este artículo.

Este derecho constitucional, que se buscaba minimizar con las fracasadas propuestas de reforma constitucional de 2007, sin embargo, ha sido la Sala Constitucional del Tribunal Supremo, la que se ha encargado de vaciarlo al decidir mediante sentencia No. 1.939 de 18 de diciembre de 2008 (Caso *Gustavo Álvarez Arias y otros*, o más bien, Caso: *Estado venezolano vs. La Corte Interamericana de Derechos Humanos*), la eficacia de las decisiones de la Corte Interamericana de Derechos Humanos, declarándolas "inejecutables" en el país, contrariando así el régimen internacional de los tratados y el propio texto de la Constitución.[40]

---

[39]   Véase sobre esta proyectada reforma constitucional Allan R. Brewer-Carías, *Hacia la consolidación de un Estado Socialista, Centralizado, Policial y Militarista. Comentarios sobre el sentido y alcance de las propuestas de reforma constitucional 2007*, Colección Textos Legislativos, N° 42, Editorial Jurídica Venezolana, Caracas 2007, p. 122.

[40]   Véanse mis comentarios a dicha sentencia en Allan. R. Brewer-Carías, "La interrelación entre los Tribunales Constitucionales de América Latina y la Corte Interamericana de Derechos Humanos, y la cuestión de la inejecutabilidad de sus decisiones en Venezuela," en *Gaceta Constitucional.* Análisis multidisciplinario de la jurisprudencia del Tribunal Constitucional, Gaceta Jurídica, Tomo 16 Año 2009, Lima 2009, pp. 17-48.

Con dicha sentencia, dictada en juicio iniciado por la Procuraduría General de la República que es un órgano dependiente del Ejecutivo Nacional, la Sala Constitucional comenzó a declarar "inejecutables" en Venezuela las sentencias de la Corte Interamericana de Derechos Humanos, en ese caso, la sentencia dictada el 5 de agosto de 2008," en el caso de los ex-magistrados de la Corte Primera de lo Contencioso Administrativo (*Apitz Barbera y otros ("Corte Primera de lo Contencioso Administrativo") vs. Venezuela*).[41] Con ello, además, la Sala Constitucional violó el artículo 68.1 de la Convención Americana de Derechos Humanos, que dispone que los Estados Partes que han reconocido la jurisdicción de la Corte Interamericana de Derechos Humanos, "se comprometen a cumplir la decisión de la Corte en todo caso en que sean partes."[42]

No fue esta, sin embargo, la primera vez que un Estado a través de su Poder Judicial se ha rebelado contra las decisiones de la Corte Interamericana, buscando eludir su responsabilidad en el cumplimiento de las mismas. La sentencia de la Corte Interamericana en el *Caso Castillo Petruzzi* de 30 de mayo de 1999 (Serie C, núm. 52), contra Perú es prueba de ello, pues después de que declarar que el Estado peruano había violado en un proceso los artículos 20; 7.5; 9; 8.1; 8.2.b,c,d y f; 8.2.h; 8.5; 25; 7.6; 5; 1.1 y 2,[43] la Sala Plena del Consejo Supremo de Justicia Militar del Perú se negó a ejecutar el fallo, considerando que la misma desconocía la Constitución Política del Perú y la sujetaba a "la Convención Americana sobre Derechos Humanos en la interpretación que los jueces de dicha Corte efectúan *ad-libitum* en esa sentencia."[44]

---

[41] Véase en www.corteidh.or.cr. Excepción Preliminar, Fondo, Reparaciones y Costas, Serie C N° 182.

[42] Como lo señaló la Corte Interamericana de Derechos Humanos en la decisión del *Caso Castillo Petruzzi*, sobre "Cumplimiento de sentencia" del 7 de noviembre de 1999 (Serie C, núm. 59), "Las obligaciones convencionales de los Estados parte vinculan a todos los poderes y órganos del Estado," (par. 3) agregando "Que esta obligación corresponde a un principio básico del derecho de la responsabilidad internacional del Estado, respaldado por la jurisprudencia internacional, según el cual los Estados deben cumplir sus obligaciones convencionales de buena fe (*pacta sunt servanda*) y, como ya ha señalado esta Corte, no pueden por razones de orden interno dejar de asumir la responsabilidad internacional ya establecida." (par. 4). Véase en Sergio García Ramírez (Coord.), *La Jurisprudencia de la Corte Interamericana de Derechos Humanos*, Universidad Nacional Autónoma de México, Corte Interamericana de Derechos Humanos, México, 2001, pp. 628-629

[43] Como consecuencia, en la sentencia la Corte Interamericana declaró "la invalidez, por ser incompatible con la Convención, del proceso en contra de los señores Jaime Francisco Sebastián Castillo Petruzzi" y otros, ordenando "que se les garantice un nuevo juicio con la plena observancia del debido proceso legal," y además, "al Estado adoptar las medidas apropiadas para reformar las normas que han sido declaradas violatoria de la Convención Americana sobre Derechos Humanos en la presente sentencia y asegurar el goce de los derechos consagrados en la Convención Americana sobre derechos Humanos a todas las personas que se encuentran bajo su jurisdicción, sin excepción alguna." Véase en http://www.tsj.gov.ve/decisiones/scon/Diciembre/1939-181208-2008-08-1572.html

[44] Precisamente frente a esta declaratoria por la Sala Plena del Consejo Supremo de Justicia Militar del Perú sobre la inejecutabilidad del fallo de 30 de mayo de 1999 de la Corte Interamericana de Derechos Humanos en el Perú, fue que la misma Corte Interamericana dictó el fallo subsiguiente, antes indicado, de 7 de noviembre de 1999, declarando que "el Estado tiene el deber de dar pronto cumplimiento a la sentencia de 30 de mayo de 1999 dictada por la Corte Interamericana en el caso Castillo Petruzzi y otros." Sergio García Ramírez (Coord.), La Jurisprudencia de la Corte Interamericana de Derechos Humanos, Universidad Nacional Autónoma de México, Corte Interamericana de Derechos Humanos, México, 2001, p. 629 Ello ocurrió durante el régimen autoritario que tuvo el Perú en la época del Presidente Fujimori, y que condujo a que dos meses después de dictarse la sentencia de la Corte

A partir de 2008 le correspondió la labor a Venezuela, siguiendo los pasos del régimen autoritario de Fujimori en el Perú, siendo la Sala Constitucional del Tribunal Supremo, la que declaró en la mencionada decisión No 1.939 de 18 de diciembre de 2008 (Caso *Abogados Gustavo Álvarez Arias y otros*), como "inejecutable" la sentencia de la Corte Interamericana de Derechos Humanos Primera de 5 de agosto de 2008 en el caso *Apitz Barbera y otros ("Corte Primera de lo Contencioso Administrativo") vs. Venezuela* acusando a la Corte Interamericana de haber usurpado el poder del Tribunal Supremo.[45]

En su decisión, la Sala Constitucional, citando la previa decisión No. 1.942 de 15 de julio de 2003, y considerando que se trataba de una petición de interpretación formulada por la República, precisó que la Corte Interamericana de Derechos Humanos no podía "pretender excluir o desconocer el ordenamiento constitucional interno," y que había dictado "pautas de carácter obligatorio sobre gobierno y administración del Poder Judicial que son competencia exclusiva y excluyente del Tribunal Supremo de Justicia" y establecido "directrices para el Poder Legislativo, en materia de carrera judicial y responsabilidad de los jueces, violentando la soberanía del Estado venezolano en la organización de los poderes públicos y en la selección de sus funcionarios, lo cual resulta inadmisible." Acusó además, a la Corte Interamericana de haber utilizado su fallo "para intervenir inaceptablemente en el gobierno y administración judicial que corresponde con carácter excluyente al Tribunal Supremo de Justicia," argumentando que con la "sentencia cuestionada" la Corte Interamericana pretendía "desconocer la firmeza de decisiones administrativas y judiciales que han adquirido la fuerza de la cosa juzgada, al ordenar la reincorporación de los jueces destituidos." Para realizar estas afirmaciones, la Sala Constitucional recurrió como precedente para considerar que la sentencia de la Corte Interamericana de Derechos Humanos era inejecutable en Venezuela, precisamente la decisión antes señalada de 1999 de la Sala Plena del Consejo Supremo de Justicia Militar del Perú, que consideró inejecutable la sentencia de la Corte Interamericana de 30 de mayo de 1999, dictada en el caso: *Castillo Petruzzi y otro.*

Pero no se quedó allí la Sala Constitucional, sino en una evidente usurpación de poderes, ya que las relaciones internacionales es materia exclusiva del Poder Ejecutivo, instó "al Ejecutivo Nacional proceda a denunciar esta Convención, ante la evidente usurpación de funciones en que ha incurrido la Corte Interamericana de los Derechos Humanos con el fallo objeto de la presente decisión; y el hecho de que tal actuación se fundamenta institucional y competencialmente en el aludido Tratado." Así se inició el proceso de Venezuela de desligarse de la Convención Americana sobre Derechos Humanos, y de la jurisdicción de la Corte

---

Interamericana del 30 de mayo de 1999, el Congreso del Perú aprobase el 8 de julio de 1999 el retiro del reconocimiento de la competencia contenciosa de la Corte, lo que se depositó al día siguiente en la Secretaría General de la OEA/ Este retiro fue declarado inadmisible por la propia Corte Interamericana, en la sentencia del caso *Ivcher Bronstein* de 24 de septiembre de 1999, considerando que un "Estado parte sólo puede sustraerse a la competencia de la Corte mediante la denuncia del tratado como un todo." *Idem*, pp. 769-771. En todo caso, posteriormente en 2001 Perú derogó la Resolución de julio de 1999, restableciéndose a plenitud la competencia de la Corte interamericana para el Estado.

[45]   El tema, ya lo había adelantado la Sala Constitucional en su conocida sentencia N° 1.942 de 15 de julio de 2003 (Caso: *Impugnación de artículos del Código Penal, Leyes de desacato*) (Véase en *Revista de Derecho Público*, N° 93-96, Editorial Jurídica Venezolana, Caracas 2003, pp. 136 ss.) en la cual al referirse a los Tribunales Internacionales "comenzó declarando en general, que en Venezuela "por encima del Tribunal Supremo de Justicia y a los efectos del artículo 7 constitucional, no existe órgano jurisdiccional alguno, a menos que la Constitución o la ley así lo señale, y que aun en este último supuesto, la decisión que se contradiga con las normas constitucionales venezolanas, carece de aplicación en el país, y así se declara."

Interamericana de Derechos Humanos por parte del Estado Venezolano, utilizando para ello a su propio Tribunal Supremo de Justicia. La rebelión de la Sala Constitucional se repitió de nuevo en la sentencia No. 1547 de fecha 17 de octubre de 2011 (Caso *Estado Venezolano vs. Corte Interamericana de Derechos Humanos*),[46] al declarar inejecutable la sentencia de la Corte Interamericana de Derechos Humanos dictada en el 1° de septiembre de 2011 (caso *Leopoldo López vs. Estado de Venezuela*), todo lo cual condujo a que en septiembre de 2012, Venezuela denunciara la Convención.

En esta materia, también, lo que no pudo hacer el régimen autoritario mediante una reforma constitucional, la cual al final fue rechazada por el pueblo, lo hizo la Sala Constitucional del Tribunal Supremo en su ya larga carrera al servicio del autoritarismo.

5. *La modificación del régimen del referendo revocatorio de mandatos de representación popular*

Por último, otras de las reformas constitucionales rechazadas por el pueblo, fueron las que se refirieron a las restricciones que se buscaba establecer respecto de los mecanismos de democracia directa mediante referendos, y en particular, respecto del refrendo revocatorio de mandatos.

En relación con ello, el artículo 72 de la Constitución fue muy preciso al disponer que transcurrida la mitad del período para el cual fue elegido un funcionario, a instancia popular de un número no menor del 20% de los electores inscritos en la correspondiente circunscripción, se puede solicitar la convocatoria de un referendo para revocarle su mandato. La Constitución dispuso expresamente que *"Cuando igual o mayor número de electores* que eligieron al funcionario hubieren votado a favor de la revocación, siempre que haya concurrido al referendo un número de electores igual o superior al 25 % de los electores inscritos, se considerará revocado su mandato y se procederá de inmediato a cubrir la falta absoluta conforme a lo dispuesto en esta Constitución y en la ley."

Es decir, que los votos necesarios para que se produzca la revocatoria del mandato deben ser en un número igual o mayor de los votos de los electores que eligieron al funcionario, con independencia del número de votos que se puedan depositar contra la revocación. Ello, incluso lo ratificó la Sala Constitucional en varias sentencias,[47] ya que de lo que se trata es de un referendo "revocatorio" de mandatos de elección popular y no de un referendo "ratificatorio" o plebiscito respecto de tales mandatos, el cual no existe en el texto constitucional. Precisamente por ello, nada previó la Constitución para el caso de que votando a favor de la revocación de un mandato un número de electores superior al número de votos que obtuvo el funcionario cuando fue electo, sin embargo, se hubiesen pronunciado por la "no revocación" un número mayor de votos. Ello podría ocurrir, pero conforme al texto de la Constitución, no tendría

46   Véase en http://www.tsj.gov.ve/decisiones/scon/Octubre/1547-171011-2011-11-1130.html. Véase mis comentarios sobre esta sentencia en Allan R. Brewer-Carías, "El ilegítimo "control de constitucionalidad" de las sentencias de la Corte Interamericana de Derechos Humanos por parte la Sala Constitucional del Tribunal Supremo de Justicia de Venezuela: el caso de la sentencia *Leopoldo López vs. Venezuela, 2011,*" en *Constitución y democracia: ayer y hoy. Libro homenaje a Antonio Torres del Moral*. Editorial Universitas, Vol. I, Madrid, 2013, pp. 1095-1124

47   Véase sentencia N° 2750 de 21 de octubre de 2003, Caso: *Carlos Enrique Herrera Mendoza, (Interpretación del artículo 72 de la Constitución (Exp. 03-1989). Sentencia N° 1139 de 5 de junio de 2002 (Caso: Sergio Omar Calderón Duque y William Dávila Barrios)*. Véase en *Revista de Derecho Público,* N° 89-92, Editorial Jurídica Venezolana, Caracas 2002, p. 171. Criterio seguido en la sentencia N° 137 de 13-02-2003 (Caso: *Freddy Lepage Scribani y otros*) (Exp. 03-0287).

efecto jurídico alguno, pues la regulación constitucional lo que establece es un referendo "revocatorio", de manera que basta que la votación favorable a la revocación sea igual o mayor que la que el funcionario obtuvo cuando fue electo, para que el mandato quede revocado. Y ello es así, incluso a pesar de que el Registro Electoral haya variado con el transcurso del tiempo.

Sin embargo, debe observarse que de manera evidentemente inconstitucional, en las *Normas para regular los procesos de Referendos Revocatorios de mandatos de Elección Popular* dictadas por el Consejo Nacional Electoral en 25 de septiembre de 2003[48], luego de ratificarse que se considera revocado el mandato "si el número de votos a favor de la revocatoria es igual o superior al número de los electores que eligieron al funcionario", se agregó una frase indicando: "y no resulte inferior al número de electores que votaron en contra de la revocatoria" (Art. 60). Con este agregado, en una norma de rango sublegal, se restringió el derecho ciudadano a la participación política mediante la revocación de mandatos populares, al establecerse un elemento que no está en la Constitución relativo a los votos por la "no revocación," trastocándose la naturaleza "revocatoria" del referendo que regula el artículo 72 de la Constitución, y en evidente fraude a la Constitución, convirtiéndolo en un referendo "ratificatorio" de mandatos de elección popular.

Lo inaudito de este fraude constitucional, es que dicha "reforma" constitucional ilegítima fue avalada por la Sala Constitucional del Tribunal Supremo al decidir un recurso de interpretación abstracta de la Constitución en la sentencia N° 2750 de 21 de octubre de 2003 (Caso: *Carlos E. Herrera Mendoza, Interpretación del artículo 72 de la Constitución*), en la cual señaló que:

> "Se trata de una especie de relegitimación del funcionario y en ese proceso democrático de mayorías, incluso, *si en el referendo obtuviese más votos la opción de su permanencia, debería seguir en él,* aunque voten en su contra el número suficiente de personas para revocarle el mandato."[49]

En realidad, en un referendo "revocatorio" no puede haber votos por "la permanencia" del funcionario; lo que puede haber son votos por la "revocación" (votos SI) del mandato o por la "no revocación" (votos NO). El voto por la "no revocación" del mandato es un voto negativo (No); y un voto negativo no puede ser convertido en un voto positivo (Si) por la permanencia del funcionario. Con esta mutación de la Constitución, la Sala Constitucional cambió la naturaleza del referendo revocatorio, ratificando el trastocamiento de la naturaleza de la revocación del mandato, convirtiéndolo en un voto para "relegitimar" o para "ratificar" mandatos de elección popular, cuando ello no sólo no fue la intención del constituyente, sino que no puede derivarse del texto del artículo 72 de la Constitución. Lo único que la Constitución regula es la revocación de mandatos, y para ello, lo único que exige en materia de votación es que un número "igual o mayor de electores que eligieron al funcionario hubieren votado a favor de la revocación."

Sin embargo, la Constitución fue cambiada sin seguirse los procedimientos de reforma, y ello, específicamente para evitar que en 2004, el mandato del Presidente de República, Hugo Chávez, fuera revocado. El mismo había sido electo en agosto de 2000 con 3.757.774 votos, por lo que bastaba para que su mandato fuese revocado, que el voto a favor de la revocación superara esa cifra.

---

48   Resolución N° 030925-465 de 25-09-2003.

49   Exp. 03-1989.

Como lo anunció el Consejo Nacional Electoral el 27 de agosto de 2004, el voto a favor de la revocación del mandato del Presidente de la República en el referendo efectuado ese mismo mes y año, fue de 3.989.008, por lo que constitucionalmente el mandato de Chávez había quedado revocado.

Sin embargo, para cuando se realizó el referendo, ya se había cambiado ilegítimamente la Constitución, e independientemente de las denuncias de fraude que se formularon respecto del referendo revocatorio del 15 de agosto de 2004, el Consejo Nacional Electoral el mencionado día 27 de agosto de 2004, no sólo dio los datos definitivos de la votación efectuada en el referendo revocatorio, sino que acordó "ratificar" al Presidente de la República en su cargo hasta la terminación del período constitucional en enero de 2007.[50]

V. LA INCONSTITUCIONAL IMPLEMENTACIÓN DE LA RECHAZADA REFORMA CONSTITUCIONAL DE 2007 MEDIANTE LEYES Y DECRETOS LEYES (LEGISLACIÓN ORDINARIA), NO CONTROLADOS POR LA JURISDICCIÓN CONSTITUCIONAL

La reforma constitucional de 2007, sancionada por la Asamblea nacional y rechazada popularmente mediante referendo de 7 de diciembre de 2007, sin embargo, en forma evidentemente inconstitucional ha sido también implementada sistemáticamente durante el último lustro, mediante legislación ordinaria, tanto a través de leyes sancionadas por la Asamblea nacional como mediante decretos leyes dictados con ocasión de delegaciones legislativas (leyes habilitantes) a partir de 2008.[51]

---

[50] En efecto, en la *página web* del Consejo Nacional Electoral del día 27 de agosto de 2004, apareció la siguiente nota: "El presidente del Consejo Nacional Electoral, Francisco Carrasquero López, se dirigió al país en cadena nacional para anunciar las cifras definitivas y oficiales del evento electoral celebrado el pasado 15 de agosto, *las cuales dan como ratificado en su cargo al Presidente de la República*, Hugo Rafael Chávez Frías, con un total de 5 millones 800 mil 629 votos a favor de la opción "No". En la contienda electoral participaron 9 millones 815 mil 631 electores, de los cuales 3.989.008 se inclinaron por la opción "Sí" para revocar el mandato del Presidente Chávez. La totalización arrojó que la opción "No" alcanzó el 59,25% de los votos, mientras el "Sí" logró el 40,74% del total general, y la abstención fue del 30,02%. Vale destacar que para estos comicios el Registro Electoral se incrementó significativamente, alcanzando un universo de 14. 027.607 de electores con derecho a sufragar en el RR. Con base en la expresión de la voluntad popular, el Consejo Nacional Electoral, este viernes 27 de agosto, *ratificará en la Presidencia de la República* Bolivariana de Venezuela a Hugo Chávez Frías, quien culminará su período constitucional en el año 2006. Y en efecto, en acto solemne efectuado ese día, el Consejo Nacional Electoral acordó "ratificar" al Presidente de la República en su cargo, a pesar de que un número de electores mayor que los que lo eligieron hubieran votado a favor de la revocación de su mandato. Otro tanto haría la Asamblea Nacional, sin que esa figura de la ratificación estuviese prevista en norma constitucional alguna." Véase además, *El Nacional*, Caracas, 28-08-2004, pp. A-1 y A-2

[51] Véase sobre ese proceso: Lolymar Hernández Camargo, "Límites del poder ejecutivo en el ejercicio de la habilitación legislativa: Imposibilidad de establecer el contenido de la reforma constitucional rechazada vía habilitación legislativa," en *Revista de Derecho Público*, N° 115, Editorial Jurídica Venezolana 2008, pp. 51-56; Jorge Kiriakidis, *"Breves reflexiones en torno a los 26 Decretos-Ley de Julio-Agosto de 2008, y la consulta popular refrendaría de diciembre de 2007," Idem*, pp. 57-62; José Vicente Haro García, "Los recientes intentos de reforma constitucional o de cómo se está tratando de establecer una dictadura socialista con apariencia de legalidad (A propósito del proyecto de reforma constitucional de 2007 y los 26 decretos leyes del 31 de julio de 2008 que tratan de imponerla)," *Idem*, pp. 63- 76; Aurilivi Linares Martínez, "Notas sobre el uso del poder de legislar por decreto por parte del Presidente venezolano," *Idem, pp.* 79-92; Carlos Luis Carrillo Artiles, "La paradójica situación de los

Esa inconstitucional implementación de la rechazada reforma constitucional mediante legislación ordinaria ha ocurrido en muchos campos, de los cuales a continuación sólo nos referiremos a unos cuantos significativos, en relación con la inconstitucional estructuración del Estado Comunal o Socialista en paralelo al Estado Constitucional; con la inconstitucional eliminación de órganos democráticos de representación local en el Distrito Capital y de las Juntas Parroquiales a nivel municipal; y con la inconstitucional implementación de las reformas constitucionales al sistema económico para establecer un sistema de economía socialista.

Todas esas leyes fueron impugnadas por ante la Sala Constitucional por razones de inconstitucionalidad, y en ningún caso ha habido sentencia. Más bien, en la mayoría de los casos, las acciones ni siquiera han sido admitidas por la Sala Constitucional.

1. *La inconstitucional implementación de la estructuración de un Estado Socialista en paralelo al Estado Constitucional*

El Presidente de la República, durante todo el año 2007, y en particular en su "Discurso de Presentación del Anteproyecto de reforma a la Constitución ante la Asamblea Nacional" en agosto de 2007[52], señaló con toda claridad que el objetivo central de la reforma que estaba proponiendo era "la construcción de la Venezuela bolivariana y socialista"[53]; es decir, como lo expresó, se trataba de una propuesta para sembrar "el socialismo en lo político y económico"[54], lo que –dijo- no se había hecho en la Constitución de 1999. Cuando ésta se sancionó –dijo el Jefe de Estado- "no proyectábamos el socialismo como camino", agregando, que "así como el candidato Hugo Chávez repitió un millón de veces en 1998, "Vamos a Constituyente", el candidato Presidente Hugo Chávez dijo: "Vamos al Socialismo", y todo el que votó por el candidato Chávez, votó por ir al socialismo"[55]. Por ello, el proyecto de Constitución que presentó ante la Asamblea Nacional, era para "la construcción del Socialismo Bolivariano, el Socialismo venezolano, nuestro Socialismo, nuestro modelo socialista"[56], cuyo "núcleo básico e indivisible" era "la comunidad", "donde los ciudadanos y las ciudadanas comunes, tendrán el poder de construir su propia geografía y su propia historia"[57]. Y todo ello bajo la

---

Decretos Leyes Orgánicos frente a la Ingeniería Constitucional de 1999" *Idem, pp.* 93-100; y Freddy J. Orlando S., "El p*aquetazo", un conjunto de leyes que conculcan derechos y amparan injusticias,"* Idem. 101 ss.

[52] Véase *Discurso de Orden pronunciado por el ciudadano Comandante Hugo Chávez Frías, Presidente Constitucional de la República Bolivariana de Venezuela en la conmemoración del Duocentécimo Segundo Aniversario del Juramento del Libertador Simón Bolívar en el Monte Sacro y el Tercer Aniversario del Referendo Aprobatorio de su mandato constitucional,* Sesión especial del día Miércoles 15 de agosto de 2007, Asamblea Nacional, División de Servicio y Atención legislativa, Sección de Edición, Caracas 2007.

[53] *Idem*, p. 4

[54] *Idem*, p. 33.

[55] *Idem*, p. 4. Es decir, se pretende imponer al 56% de los votantes que no votaron por la reelección presidencial, la voluntad expresada por sólo el 46% de los votantes inscritos en el Registro Electoral que votaron por la reelección del Presidente. Según las cifras oficiales del CNE, en las elecciones de 2006, de un universo de 15.784.777 votantes inscritos en el Registro Electoral, sólo 7.309.080 votaron por el Presidente.

[56] Véase *Discurso...* p. 34

[57] *Idem*, p. 32.

premisa de que "sólo en el socialismo será posible la verdadera democracia"[58], pero por supuesto, una "democracia" sin representación que, como lo propuso el Presidente y fue sancionado por la Asamblea Nacional en la rechazada reforma del artículo 136 de la Constitución, que decía que "no nace del sufragio ni de elección alguna, sino que nace de la condición de los grupos humanos organizados como base de la población". Es decir, se buscaba establecer una "democracia" que no era democracia, pues en el mundo moderno no hay ni ha habido democracia sin elección de representantes.

Todas estas propuestas que fueron rechazadas por el pueblo en diciembre de 2007, las resumió el Presidente en su Discurso del 15 agosto de 2007, así:

"en el terreno político, profundizar la democracia popular bolivariana; en el terreno económico, preparar las mejores condiciones y sembrarlas para la construcción de un modelo económico productivo socialista, nuestro modelo, lo mismo en lo político la democracia socialista; en lo económico, el modelo productivo socialista; en el campo de la Administración Pública incorporar novedosas figuras para aligerar la carga, para dejar atrás el burocratismo, la corrupción, la ineficiencia administrativa, cargas pesadas del pasado, que todavía tenemos encima como rémoras, como fardos en lo político, en lo económico, en lo social"[59].

En todo caso, la reforma constitucional sancionada por la Asamblea Nacional y rechazada popularmente, tocaba las bases fundamentales del Estado, en particular, con la sustitución del Estado democrático y social de derecho por el Estado Socialista, montado sobre una "doctrina bolivariana socialista."

Esa reforma Constitucional pretendía trastocar el principio del artículo 2 de la Constitución de 1999, que define a Venezuela como un Estado democrático y social de derecho y de justicia *no socialista*, para en su lugar crear un Estado Socialista mediante la reforma del artículo 16 constitucional, donde se buscaba crean las comunas y comunidades como "el núcleo territorial básico e indivisible del Estado Socialista Venezolano"; del artículo 70, donde al definirse los medios de participación y protagonismo del pueblo en ejercicio directo de su soberanía mediante todo tipo de consejos, se pretendía indicar que era "para la construcción del socialismo", haciéndose mención a las diversas asociaciones "constituidas para desarrollar los valores de la mutua cooperación y la solidaridad socialista", de manera que quien no quisiera construir socialismo alguno, hubiera quedado excluido del derecho a la participación política, que sólo estaba destinado a desarrollar los valores de "la solidaridad socialista" y no era libre como indica el artículo 62; del artículo 112 donde se proponía indicar, en relación con el modelo económico del Estado, que era para crear "las mejores condiciones para la construcción colectiva y cooperativa de una economía socialista"; del artículo 113 en el cual se buscaba indicar la necesidad de la constitución de "empresas mixtas o unidades de producción socialistas"; del artículo 158, del que se buscaba eliminar toda mención

---

[58] *Idem*, p. 35. Estos conceptos se recogen igualmente en la *Exposición de Motivos* para la Reforma Constitucional, Agosto 2007, donde se expresa la necesidad de "ruptura del modelo capitalista burgués" (p. 1), de desmontar la superestructura que le da soporte a la producción capitalista"(p. 2); de "dejar atrás la democracia representativa para consolidad la democracia participativa y protagónica"(p. 2); de "crear un enfoque socialista nuevo" (p. 2) y "construir la vía venezolana al socialismo"(p. 3); de producir "el reordenamiento socialista de la geopolítica de la Nación" (p. 8); de la "construcción de un modelo de sociedad colectivista" y "el Estado sometido al poder popular"(p. 11); de "extender la revolución para que Venezuela sea una República socialista, bolivariana", y para "construir la vía venezolana al socialismo; construir el socialismo venezolano como único camino a la redención de nuestro pueblo"(p. 19).

[59] *Idem*, p. 74

a la descentralización como política nacional, y definir como política nacional, "la participación protagónica del pueblo, restituyéndole el poder y creando las mejores condiciones para la construcción de una democracia socialista"; del artículo 168 relativo al Municipio, en el que se buscaba precisar la necesidad de incorporar "la participación ciudadana a través de los Consejos del Poder Popular y de los medios de producción socialista"; del artículo 184 en el que se buscaba orientar la descentralización de Estados y Municipios para permitir "la construcción de la economía socialista"; del artículo 299, relativo al régimen socioeconómico de la República, en el que se pretendía indicar que se debía fundamentar "en los principios socialistas"; del artículo 300 relativo a la creación de empresas públicas, que se pretendía orientar sólo "para la promoción y realización de los fines de la economía socialista"; del artículo 318, sobre el sistema monetario nacional en el cual se pretendía indicar que debía "propender al logro de los fines esenciales del Estado Socialista", todo de acuerdo con el Plan de Desarrollo Integral de la Nación cuyo objetivo, se pretendía indicar que era "para alcanzar los objetivos superiores del Estado Socialista"; y del artículo 321 sobre el régimen de las reservas internacionales, respecto de las cuales los fondos que se pretendía regular, se buscaba declarar que fueran sólo para "el desarrollo integral, endógeno, humanista y socialista de la Nación".

En particular, el proyecto de reforma constitucional estaba destinado a la construcción del socialismo, de una sociedad colectivista y de supuesta "participación protagónica"[60], eliminando de la Constitución toda referencia a la descentralización política, y por tanto, de efectiva posibilidad de participación, y además, la sustitución de la democracia representativa por una supuesta "democracia participativa". Para ello, lo que se buscaba era acabar con la propia democracia como régimen político, tratando de sustituirla por un régimen autoritario, centralizador y concentrador del Poder que hubiera impedido la real participación política, al no existir entidades locales autónomas, y depender los consejos comunales de la cúspide del poder ejecutivo nacional. Ello se pretendía lograr con la eliminación de los entes territoriales descentralizados políticamente, sin las cuales no puede haber efectivamente democracia participativa, y la creación en su lugar de consejos del poder popular que no pasan de ser una simple manifestación de movilización controlada desde el Poder Central. Ello incluso fue lo que comenzó a ocurrir con los Consejos Comunales que se crearon con la Ley de los Consejos Comunales de 2006[61], cuyos miembros no son electos mediante sufragio, sino que son designados por Asambleas de ciudadanos controladas por el propio Poder Ejecutivo Nacional. Ello era lo que con la rechazada reforma constitucional de 2007 se pretendía consolidar en el texto constitucional, al proponerse una "nueva geometría del poder" en la cual se sustituía a los Municipios, por las comunidades, como el "núcleo territorial básico e indivisible

---

[60]   En la *Exposición de Motivos del Proyecto de Reforma Constitucional* presentado por el Presidente de la República en agosto 2007, se lee que el Poder Popular "es la más alta expresión del pueblo para la toma de decisiones en todos sus ámbitos (político, económico, social, ambiental, organizativo, internacional y otros) para el ejercicio pleno de su soberanía. Es el poder constituyente en movimiento y acción permanente en la construcción de un modelo de sociedad colectiva de equidad y de justicia. Es el poder del pueblo organizado, en las más diversas y disímiles formas de participación, al cual está sometido el poder constituido. No se trata del poder del Estado, es el Estado sometido al poder popular. Es el pueblo organizado y organizando las instancias de poder que decide las pautas del orden y metabolismo social y no el pueblo sometido a los partido políticos, a los grupos de intereses económicos o a una particularidad determinada", *cit.*, p 11.

[61]   Véase los comentarios sobre ello en Allan R. Brewer-Carías et al, *Ley Orgánica del Poder Público Municipa*l, Editorial Jurídica Venezolana, Caracas 2007, pp. 75 y ss.,

del Estado Socialista Venezolano", que debían agrupar a las comunas (socialistas)[62] como "células sociales del territorio", las cuales se debían agrupar en ciudades que eran las que se pretendía concebir como "la unidad política primaria de la organización territorial nacional". En la rechazada reforma constitucional se buscaba establecer en forma expresa que los integrantes de los diversos Consejos del Poder Popular no nacían "del sufragio ni de elección alguna, sino que nace de la condición de los grupos humanos organizados como base de la población".

Con ello, en definitiva, en nombre de una "democracia participativa y protagónica", lo que se buscaba era poner fin en Venezuela a la democracia representativa a nivel local, y con ello, de todo vestigio de autonomía política territorial que es la esencia de la descentralización.

Ahora bien, a pesar de que dicha reforma constitucional de 2007 fue rechazada por el pueblo, lo cierto es que todo su contenido ha sido implementado en Venezuela, no sólo en fraude de la Constitución sino en fraude de la voluntad popular que la rechazó, mediante la multitud de leyes y decretos leyes que se han dictado en los últimos años, particularmente desde 2010, luego de que el Presidente de la República, su gobierno, la Asamblea Nacional que controlaba y el partido oficial que presidía perdieron las elecciones parlamentarias de septiembre de 2010. Con ocasión de ese hecho, la Asamblea Nacional ya deslegitimada, en fraude a la voluntad popular y a la Constitución, y en los últimos días de su mandato, procedió en diciembre de 2010, procedió atropelladamente a sancionar un conjunto de leyes sobre el Poder Popular, en particular, las Leyes Orgánicas del Poder Popular, de las Comunas, del Sistema Económico Comunal, de la Planificación Pública y Comunal y de la Contraloría Social;[63] y a reformar la Ley Orgánica del Poder Público Municipal, y las Leyes de los Consejos Estadales de Planificación y Coordinación de Políticas Públicas, y de los Consejos Locales de Planificación Pública,[64] completando mediante legislación ordinaria la institucionalización del Estado Comunista que no su pudo formalizar en la reforma constitucional de 2007, denominado Estado Comunal, el cual por lo demás, ya se había esbozado en la Ley de los Consejos Comunales de 2006 y en la Ley Orgánica del Consejo Federal de Gobierno.[65]

---

[62] En la *Exposición de Motivos* del Proyecto de Reforma Constitucional presentado por el Presidente de la República en agosto 2007, a las comunas se las califica como "comunas socialistas", y se la define como "Es un conglomerado social de varias comunidades que poseen una memoria histórica compartida, usos, costumbres y rasgos culturales que los identifican, con intereses comunes, agrupadas entre sí con fines político-administrativos, que persiguen un modelo de sociedad colectiva de equidad y de justicia", cit., p. 12

[63] Véase en *Gaceta Oficial* Nº 6.011 Extra. de 21-12-2010. Sobre estas leyes véase mis comentarios en Allan R. Brewer-Carías, "Las leyes del Poder Popular dictadas en Venezuela en diciembre de 2010, para transformar el Estado Democrático y Social de Derecho en un Estado Comunal Socialista, sin reformar la Constitución," en Cuadernos Manuel Giménez Abad, Fundación Manuel Giménez Abad de Estudios Parlamentarios y del Estado Autonómico, No. 1, Madrid, Junio 2011, pp. 127-131. Véase en general los comentarios de Allan R. Brewer-Carías, Claudia Nikken, Luis A. Herrera Orellana, Jesús María Alvarado Andrade, José Ignacio Hernández y Adriana Vigilanza, en *Leyes Orgánicas sobre el Poder Popular y el Estado Comunal (Los Consejos Comunales, Las Comunas, La Sociedad Socialista y el Sistema Económico Comunal),* Colección Textos Legislativos Nº 50, Editorial Jurídica Venezolana, Caracas 2011, 720 pp.

[64] Véase en *Gaceta Oficial* Nº 6.017 Extra. de 30-12-2010.

[65] Véase en *Gaceta Oficial* Nº 5.963 Extra. de 22-02-2010.

Con estas leyes puede decirse que se terminó de definir, sin reformarse la Constitución y al margen de la misma, el marco normativo de un nuevo Estado, *paralelo al Estado Constitucional*, que se denomina "Estado Comunal" y que si nos atenemos a las experiencias históricas precedentes, todas fracasadas, unas desaparecidas como el de la Unión Soviética, y otros en vías de extinción como el de Cuba, no es otra cosa que un Estado Comunista, para el cual se adopta al Socialismo como doctrina oficial pública, impuesta a los ciudadanos para poder participar, montado sobre un sistema político centralizado, militarista y policial para el ejercicio del poder. El objetivo fundamental de estas leyes es la organización del "Estado Comunal" que tiene a la Comuna como a su célula fundamental, suplantando inconstitucionalmente al Municipio en el carácter que tiene de "unidad política primaria de la organización nacional" (art. 168 de la Constitución). A través de la organización de ese Estado Comunal o Comunista, se ejerce en Venezuela el Poder Popular, el cual se concreta en el ejercicio de la soberanía popular supuestamente sólo directamente por el pueblo, y no mediante representantes. Se trata por tanto, de un sistema político estatal en el cual se ignora la democracia representativa violándose así abiertamente la Constitución de la República.

El Estado Comunista o Estado Comunal que se ha implantado con estas leyes, *en paralelo* al Estado Constitucional, se basa en este simple esquema: como el artículo 5 de la Constitución dispone que "La soberanía reside intransferiblemente en el pueblo, quien la ejerce *directamente* en la forma prevista en esta Constitución y en la ley, e *indirectamente*, mediante el sufragio, por los órganos que ejercen el Poder Público," habiéndose estructurado el Estado Constitucional basado en el concepto de democracia representativa, es decir, el ejercicio de la soberanía en forma indirecta mediante el sufragio; entonces ahora se estructura el Estado Comunal, basado en el ejercicio de la soberanía en forma directa.

Ello incluso ha sido "legitimado" por las sentencias dictadas por la Sala Constitucional del Tribunal Supremo de Justicia cuando al analizar el carácter orgánico de las leyes, como en la dictada en relación con la Ley Orgánica de las Comunas, señaló que la misma se dictó:

> "en desarrollo del principio constitucional de la democracia participativa y descentralizada que postula el preámbulo constitucional y que reconocen los artículos 5 y 6 de la Constitución de la República Bolivariana de Venezuela, de cuyo contenido se extrae el principio de soberanía, cuyo titular es el pueblo, quien está además facultado para ejercerla "*directamente*" y no sólo "*indirectamente*" por los órganos del Poder Público; así como del artículo 62 *ejusdem*, que estatuye el derecho de las personas a la libre participación en los asuntos públicos y, especialmente, el artículo 70 del mismo texto fundamental, que reconoce expresamente medios de autogestión como mecanismos de participación popular protagónica del pueblo en ejercicio de su soberanía, medios que son sólo enunciativos en los términos de la predicha norma."[66]

Es con base en estos principios que en el artículo 8.8 de la LOPP, se define al Estado comunal, como la:

> "Forma de organización político social, fundada en el Estado democrático y social de derecho y de justicia establecido en la Constitución de la República, en la cual el poder es ejercido directamente por el pueblo, con un modelo económico de propiedad social y de desarrollo

---

[66]   Véase la sentencia N° 1.330, Caso: Carácter Orgánico de la Ley Orgánica de Comunas, de fecha 17/12/2010. Véase en http://www.tsj.gov.ve/decisiones /scon/Diciembre/1330-171210-2010-10-1436.html

endógeno sustentable, que permita alcanzar la suprema felicidad social de los venezolanos y venezolanas en la sociedad socialista. La célula fundamental de conformación del estado comunal es la Comuna.[67]

Se ha establecido así, un Estado Comunal en paralelo al Estado Constitucional: el primero basado en el ejercicio de la soberanía directamente por el pueblo; y el segundo, basado en el ejercicio de la soberanía indirectamente por el pueblo, mediante representantes electos por sufragio universal; en un sistema, en el cual el primero irá vaciando progresivamente de competencias al segundo. Todo ello es inconstitucional, particularmente porque en la estructura del Estado Comunal que se ha montado legalmente, el ejercicio de la soberanía en definitiva es indirecta mediante "representantes" que se "eligen" para ejercer el Poder Popular en nombre del pueblo, y que son denominados "voceros" o "vocerías," pero no son electos mediante sufragio.

El sistema que se ha montado, en definitiva, controlado todo por un Ministerio del Ejecutivo Nacional, lejos de ser un instrumento de descentralización –concepto que está indisolublemente unido a la autonomía política– es un sistema de centralización y control férreo de las comunidades por el Poder Central. Por ello la aversión al sufragio.[68] En ese esquema, una verdadera democracia participativa sería la que garantizaría que los miembros de los Consejos Comunales, las comunas y todas las organizaciones e instancias del Poder Popular fueran electas por sufragio universal, directo y secreto, y no a mano alzada por asambleas controladas por el partido oficial y el Ejecutivo Nacional, en contravención al modelo de Estado democrático y social de derecho y de justicia descentralizado establecido en la Constitución.

pues bien, es en este contexto, y buscando establecer en paralelo al Estado Constitucional en el cual el pueblo ejerce indirectamente el Poder Público mediante representantes electos por sufragio universal directo y secreto, un Estado Comunal en el cual el pueblo supuestamente ejercería directamente el Poder Popular mediante voceros que no son electos por sufragio universal, directo y secretos, sino en asambleas de ciudadanos, el artículo 2 de la LOPP, define al Poder Popular, como:

"el ejercicio pleno de la soberanía por parte del pueblo en lo político, económico, social, cultural, ambiental, internacional, y en todo ámbito del desenvolvimiento y desarrollo de la sociedad, a través de sus diversas y disímiles formas de organización, que edifican el estado comunal."

Todo lo cual no es más que una falacia, pues en definitiva en ese "edificio" del Estado Comunal se le niega al pueblo el derecho de elegir libremente, mediante sufragio universal, directo y secreto a quienes van a representarlo en todos esos ámbitos, incluyendo el interna-

---

[67]   En la Ley Orgánica de las Comunas, sin embargo, se define al Estado Comunal de la siguiente manera: "Forma de organización político-social, fundada en el Estado democrático y social de derecho y de justicia establecido en la Constitución de la República, en la cual el poder es ejercido directamente por el pueblo, a través de los autogobiernos comunales, con un modelo económico de propiedad social y de desarrollo endógeno y sustentable, que permita alcanzar la suprema felicidad social de los venezolanos y venezolanas en la sociedad socialista. La célula fundamental de conformación del estado comunal es la Comuna" (art. 4.10).

[68]   Véase lo expuesto en los estudios de José Ignacio Hernández G., "Descentralización y Poder Popular," y Adriana Vigilanza García, "La descentralización política de Venezuela y las nuevas leyes del 'Poder Popular'", en Allan R. Brewer-Carías et al., *Leyes Orgánicas sobre el Poder Popular y el Estado Comunal (Los Consejos Comunales, Las Comunas, La Sociedad Socialista y el Sistema Económico Comunal)*, Colección Textos Legislativos N° 50, Editorial Jurídica Venezolana, Caracas 2011, pp. 459 ss. y 477 ss., respectivamente.

cional; y además, se niega toda idea de pluralismo al imponerse a los ciudadanos una ideología única compulsiva como es el socialismo. Se trata más bien de un "edificio" de organizaciones para evitar que el pueblo realmente ejerza la soberanía e imponerle mediante férreo control central políticas por las cuales nunca tendrá la ocasión de votar.

Por otra parte, según el artículo 4 de la LOPP, la finalidad de este Poder Popular que se ejerce por los órganos del Estado Comunal,

> "garantizar la vida y el bienestar social del pueblo, mediante la creación de mecanismos para su desarrollo social y espiritual, procurando la igualdad de condiciones para que todos y todas desarrollen libremente su personalidad, dirijan su destino, disfruten los derechos humanos y alcancen la suprema felicidad social; sin discriminaciones por motivos de origen étnico, religioso, condición social, sexo, orientación sexual, identidad y expresión de genero, idioma, opinión política, nacionalidad u origen, edad, posición económica, condición de discapacidad o cualquier otra circunstancia personal, jurídica o social, que tenga por resultado anular o menoscabar el reconocimiento, goce o ejercicio de los derechos humanos y garantías constitucionales."

Por supuesto todos estos principios de igualdad se rompen desde que el sistema de Estado Comunal o Comunista, paralelo al Estado Constitucional, se monta, como se ha dicho, sobre una concepción única, que es el Socialismo, de manera que quien no sea socialista está automáticamente discriminado y no puede participar. No es posible, por tanto, en el marco de esta Ley, poder conciliar el pluralismo que garantiza la Constitución y el principio de la no discriminación por razón de "opinión política" a que se refiere este artículo, con el resto de las disposiciones de la Ley que persiguen todo lo contrario, es decir, el establecimiento de un Estado Comunista o Comunal, cuyas instancias sólo pueden actuar en función del Socialismo y en las cuales todo ciudadano que tenga otra opinión queda excluido [69].

Es decir, mediante esta Ley Orgánica se ha establecido el marco definitorio de un nuevo modelo de Estado paralelo y distinto al Estado Constitucional, denominado el Estado Comunal basado en forma exclusiva y exclusionista en el socialismo como doctrina y práctica política, que es la organización política a través de la cual se produce el ejercicio del Poder Popular que es a la vez "el ejercicio pleno de la soberanía por parte del pueblo."

Ese Poder Popular se fundamenta, como se declara en el artículo 3 de la LOPP, "en el principio de soberanía y el sentido de progresividad de los derechos contemplados en la Constitución de la República, cuyo ejercicio y desarrollo está determinado por los niveles de conciencia política y organización del pueblo" (art. 3).

---

[69] En el diario *El Nacional* del 12 de febrero de 2011, se reseñó lo siguiente: "Representantes de 120 consejos comunales del Distrito Capital y de Miranda denunciaron en una asamblea celebrada en presencia del diputado William Ojeda que son víctimas de discriminación por razones políticas. Aseguraron que aunque cumplieron con los requisitos para registrarse en Fundacomunal no pudieron iniciar el proceso porque no presentaron la planilla de inscripción en el PSUV, que es un requisito indispensable. "El Gobierno está aplicando una política de discriminación y exclusión. Está ocurriendo un apartheid político. Hay centenares de consejos comunales en el país que están organizados y que no han podido registrarse porque no militan en la tolda roja", indicó Ojeda." Véase en Diana Lozano Parafán, "Consejos Comunales rechazan discriminación. El diputado William Ojeda se reunió con representantes de 120 comunidades que no han podido inscribirse por razones partidistas," en El Nacional, Caracas 12-02-2011. Véase en http://impresodigital.el-nacional.com/ediciones/011/02/12/default.asp?cfg=1081FGHH6 66&iu=757 En tofo caso, en la "Ficha de caracterización de las Comunas" (2013) elaborada por el Ministerio del Poder Popular para las Comunas y Protección Social, un dato de obligatoria información es la inscripción en el Partido oficial PSUV.

Con esta declaración, sin embargo, lejos de la universalidad, prevalencia y progresividad de los derechos humanos que se garantizan la Constitución, lo que se ha establecido es la desaparición total de la concepción universal de los derechos humanos, el abandono a su carácter prevalente y el retroceso ante los principios *pro homines* y *favor libertatis*, al condicionarse su existencia, alcance y progresividad a lo que se determine "por los niveles de conciencia política y organización del pueblo," es decir, por lo que dispongan y prescriban las organizaciones del Poder Popular con las que se busca "organizar" al pueblo, todas sometidas al Socialismo. Con ello desaparece la concepción de los derechos humanos como esferas que son innatas al hombre e inmunes frente al poder; pasándose a una concepción de los derechos humanos dependientes de lo que ordene un poder central, que en definitiva controla todo el "edificio" del Estado Comunal o Estado Socialista, como clara demostración del totalitarismo que está a la base de esta Ley.

En el mismo sentido se dispone en el artículo 5 de la LOPP, que "la organización y participación del pueblo en el ejercicio de su soberanía se inspira en la doctrina del Libertador Simón Bolívar, y se rige por los principios y valores socialistas,"[70] con lo cual, como se ha dicho, se vincula la organización del Estado Comunal que se organiza en paralelo al Estado Constitucional, con la ideología política socialista, es decir, con el *socialismo*, el cual se define en el artículo 8.14 como:

"un modo de relaciones sociales de producción centrado en la convivencia solidaria y la satisfacción de necesidades materiales e intangibles de toda la sociedad, que tiene como base fundamental la recuperación del valor del trabajo como productor de bienes y servicios para satisfacer las necesidades humanas y lograr la suprema felicidad social y el desarrollo humano integral. Para ello es necesario el desarrollo de la propiedad social sobre los factores y medios de producción básicos y estratégicos que permita que todas las familias, ciudadanos venezolanos y ciudadanas venezolanas posean, usen y disfruten de su patrimonio, propiedad individual o familiar, y ejerzan el pleno goce de sus derechos económicos, sociales, políticos y culturales."[71]

---

[70] La misma expresión se utilizó en la Ley Orgánica de las Comunas respecto de la constitución, conformación, organización y funcionamiento de las mismas (art. 2); en la Ley Orgánica de los Consejos Comunales respecto de los mismos (art. 1), en la Ley Orgánica de Contraloría Social (art. 6); en la Ley Orgánica de Planificación Pública y Popular (art. 3), que regula la planificación pública, popular y participativa como herramienta fundamental para construcción de la nueva sociedad (art. 3); y en la Ley Orgánica del Sistema Económico Comunal respecto del mismo (art. 5).

[71] Igual definición se encuentra en el artículo 4.14 de la Ley Orgánica de las Comunas. También en el artículo 3 del Reglamento de la Ley Orgánica del Consejo federal de Gobierno se define el socialismo como "un modo de relaciones sociales de producción centrado en la convivencia solidaria y la satisfacción de las necesidades materiales e intangibles de toda la sociedad, que tiene como base fundamental la recuperación del valor del trabajo como productor de bienes y servicios para satisfacer las necesidades humanas y lograr la Suprema Felicidad Social y el Desarrollo Humano Integral. Para ello es necesario el desarrollo de la propiedad social sobre los factores y medios de producción básicos y estratégicos que permita que todas las familias y los ciudadanos y ciudadanas venezolanos y venezolanas posean, usen y disfruten de su patrimonio o propiedad individual o familiar, y ejerzan el pleno goce de sus derechos económicos, sociales, políticos y culturales." Véase en *Gaceta Oficial* Nº 39.382 del 9 de marzo de 2010. Muchas son las definiciones de socialismo, pero en todas, se pueden identificar sus elementos básicos: (i) un sistema de organización social y económico, (ii) basado en la propiedad y administración colectiva o estatal de los medios de producción, y (iii) en regulación por el Estado de las actividades económicas y sociales y de la distribución de los bienes, (iv) buscando la progresiva desaparición de las clases sociales.

Lo primero que debe observarse respecto de esta norma, es la insostenible pretensión de vincular "la doctrina del Libertador Simón Bolívar" con los principios y valores socialistas. En la obra de Bolívar y en relación con su concepción del Estado nada puede encontrarse al respecto,[72] no siendo la norma sino una pretensión más de continuar manipulando el "culto" a Bolívar para justificar los autoritarismos, como tantas veces ha ocurrido antes en nuestra historia.[73] Con la norma, por otra parte y por supuesto, se viola abiertamente la garantía del derecho de propiedad que está en la Constitución (art. 115) que no permite su restricción sólo a la propiedad colectiva o social excluyendo la propiedad privada de los medios de producción.

En todo caso, a partir de todas las Leyes sobre el Poder Popular dictadas en 2010, todas las leyes y decretos leyes posteriores han sido dictadas en fraude a la Constitución y a la voluntad popular, conforme al mismo principio de establecer un Estado Socialista en sustitución del Estado democrático y social de derecho; todas con la impronta de lograr la implantación del socialismo en Venezuela, al punto de que en diciembre de 2013 la Asamblea Nacional ha aprobado el llamado *"Plan de la Patria. Proyecto Nacional Simón Bolívar, Segundo Plan Socialista de Desarrollo Económico y Social de la Nación 2013-2019"*[74] en el cual por ejemplo se establece, entre sus objetivos: "1.1. Garantizar la continuidad y consolidación de la Revolución Bolivariana en el poder," y "2.4. Convocar y promover una nueva orientación ética, moral y espiritual de la sociedad, basada en los valores liberadores del socialismo." Dicho Plan se aprobó mediante "Acuerdo" por la Asamblea Nacional, es decir, sin las discusiones propias del procedimiento de formación de las leyes, indicándose, sin embargo, en forma evidentemente inconstitucional, como si se hubiese aprobado con forma de ley, que el mismo "se aprueba en todas sus partes y para que surta efecto jurídico, y sea de obligatorio cumplimiento en todo el territorio de la República Bolivariana de Venezuela".

Con ello, se consolidan los mecanismos de vaciamiento progresivo del Estado Constitucional cuyos órganos son electos por votación popular, por el Estado Comunal que fue implementado en paralelo al mismo, cuyos órganos, integrados por órganos no electos por sufragio universal directo y secreto, dependen del Ejecutivo Nacional.

---

[72]   Véase Allan R. Brewer-Carías, "Ideas centrales sobre la organización el Estado en la Obra del Libertador y sus Proyecciones Contemporáneas," en *Boletín de la Academia de Ciencias Políticas y Sociales*, N° 95-96, enero-junio 1984, pp. 137-151.

[73]   Fue el caso de Antonio Guzmán Blanco en el siglo XIX y de Cipriano Castro, Juan Vicente Gómez, Eleazar López Contreras y Marcos Pérez Jiménez en el siglo XX. John Lynch ha señalado que: "El tradicional culto a Bolívar ha sido usado como ideología de conveniencia por dictadores militares, culminando con los regímenes de Juan Vicente Gómez y Eleazar López Contreras; quienes al menos respetaron, más o menos, los pensamientos básicos del Libertador, aún cuando tergiversaron su significado." Concluye Lynch señalando que en el caso de Venezuela, en la actualidad, el proclamar al Libertador como fundamento de las políticas del régimen autoritario, constituye una distorsión de sus ideas. Véase John Lynch, *Simón Bolívar: A Life*, Yale University Press, New Haven 2007, p. 304. .Véase también, Germán Carrera Damas, *El culto a Bolívar, esbozo para un estudio de la historia de las ideas en Venezuela*, Universidad Central de Venezuela, Caracas 1969; Luis Castro Leiva, *De la patria boba a la teología bolivariana*, Monteávila, Caracas 1987; Elías Pino Iturrieta, *El divino Bolívar. Ensayo sobre una religión republicana*, Alfail, Caracas 2008; Ana Teresa Torres, *La herencia de la tribu. Del mito de la independencia a la Revolución bolivariana*, Editorial Alfa, Caracas 2009. Sobre la historiografía en relación con estos libros véase Tomás Straka, *La épica del desencanto*, Editorial Alfa, Caracas 2009.

[74]   *Gaceta Oficial* N° 6118 Extraordinario de 4 de diciembre de 2013.

Se trata de dos Estados establecidos en paralelo, uno en la Constitución y otro en una ley inconstitucional, pero con previsiones en las leyes del Poder popular que permiten al Estado Comunal ahogar y secar al Estado Constitucional.

A tal efecto, en la LOPP se establecen las siguientes previsiones para regular las relaciones entre el Estado o el Poder Público y el Poder Popular:

En *primer lugar*, se establece como obligación legal para los órganos, entes e instancias del Poder Público el promover, apoyar y acompañar las iniciativas populares para la constitución, desarrollo y consolidación de las diversas formas organizativas y de autogobierno del pueblo (art. 23).[75] En particular, incluso, la Ley Orgánica de Comunas dispone que "los órganos integrantes del Poder Ciudadano apoyarán a los consejos de contraloría comunal a los fines de contribuir con el cumplimiento de sus funciones" (art. 48).

En *segundo lugar*, se sujeta a todos los órganos del Estado Constitucional que ejercen el Poder Público, a los mandatos de las organizaciones del Poder Popular, al instaurarse un nuevo principio de gobierno, consistente en "gobernar obedeciendo." El artículo 24 de la LOPP en efecto dispone:

Artículo 24. Actuaciones de los órganos y entes del Poder Público. Todos los órganos, entes e instancias del Poder Público guiarán sus actuaciones por el principio de gobernar obedeciendo, en relación con los mandatos de los ciudadanos, ciudadanas y de las organizaciones del Poder Popular, de acuerdo a lo establecido en la Constitución de la República y las leyes.

Como las organizaciones del Poder Popular no tienen autonomía política pues no sus "voceros" no son electos democráticamente mediante sufragio universal, directo y secreto, sino designados por asambleas de ciudadanos controladas e intervenidas por el partido oficial y el Ejecutivo Nacional que controla y guía todo el proceso organizativo del Estado Comunal, en el ámbito exclusivo de la ideología socialista, sin que tenga cabida vocero alguno que no sea socialista, o que no esté inscrito en el Partido Socialista Unificado de Venezuela (PSUV); en definitiva esto de "gobernar obedeciendo" es una limitación a la autonomía política de los órganos del Estado Constitucional electos, como la Asamblea Nacional, los Gobernadores y Consejos Legislativos de los Estados y los Alcaldes y Concejos Municipales, a quienes se le impone en definitiva la obligación de obedecer lo que disponga el Ejecutivo Nacional y el partido oficial enmarcado en el ámbito exclusivo del socialismo como doctrina política.[76] La voluntad popular expresada en la elección de representantes del Estado Constitucional, por tanto, no tiene valor alguno, y al pueblo se le confisca su soberanía trasladándola de hecho a unas asambleas que no lo representan.

En *tercer lugar*, en particular, se establece la obligación para el Poder Ejecutivo Nacional, para que "conforme a las iniciativas de desarrollo y consolidación originadas desde el Poder Popular," planifique, articule y coordine "acciones conjuntas con las organizaciones sociales, las comunidades organizadas, las comunas y los sistemas de agregación y articulación que surjan entre ellas, con la finalidad de mantener la coherencia con las estrategias y políticas de carácter nacional, regional, local, comunal y comunitaria"(art. 25).

---

[75] Una norma similar está en el artículo 62 de la Ley Orgánica de las Comunas, a los efectos de "la constitución, desarrollo y consolidación de las comunas como forma de autogobierno."

[76] Véase por ejemplo, Allan R. Brewer-Carías, "La Ley Orgánica del Poder Popular y la desconstitucionalización del Estado de derecho en Venezuela," en *Revista de Derecho Público*, N° 124, (octubre-diciembre 2010), Editorial Jurídica Venezolana, Caracas 2010, pp. 81-101

En *cuarto lugar*, se establece la obligación para los órganos y entes del Poder Público en sus relaciones con el Poder Popular, de dar "preferencia a las comunidades organizadas, a las comunas y a los sistemas de agregación y articulación que surjan entre ellas, en atención a los requerimientos que las mismas formulen para la satisfacción de sus necesidades y el ejercicio de sus derechos, en los términos y lapsos que establece la ley" (art. 29). Igualmente se prevé que los órganos, entes e instancias del Poder Público, en sus diferentes niveles político-territoriales, deben adoptar "medidas para que las organizaciones socio-productivas de propiedad social comunal, gocen de prioridad y preferencia en los procesos de contrataciones públicas para la adquisición de bienes, prestación de servicios y ejecución de obras" (art. 30).[77]

En *quinto lugar*, se establece la obligación para la República, los estados y municipios, de acuerdo con la ley que rige el proceso de transferencia y descentralización de competencias y atribuciones, la obligación de trasferir "a las comunidades organizadas, a las comunas y a los sistemas de agregación que de éstas surjan; funciones de gestión, administración, control de servicios y ejecución de obras atribuidos a aquéllos por la Constitución de la República, para mejorar la eficiencia y los resultados en beneficio del colectivo" (art. 27).[78]

Con ello, se dispone legalmente el vaciamiento de competencias de los Estados y Municipios, de manera que queden como estructuras vacías, con gobiernos representativos electos por el pueblo pero que no tienen materias sobre las cuales gobernar.

Este proceso, por lo demás, se completó con la reforma de la Ley Orgánica de Régimen Municipal (LOPPM) y con la Ley Orgánica del Consejo Federal de Gobierno (LOCGR). En esta última, la trasferencia de competencias de los Estados a los Municipios, a las comunidades y a los grupos vecinales que se prevé en la Constitución (art. 184), y que en la Ley Orgánica del Poder Público Municipal se atribuía a los Consejos Legislativos de los Estados para establecer el procedimiento a dichos fines, se ha cambiado radicalmente, asignándose esa función al Consejo Federal de Gobierno, el cual ha sido organizado de manera tal que está completamente controlado por el Ejecutivo Nacional (art. 11). En esta forma, además, se limitó inconstitucionalmente la autonomía de los Estados y Municipios que les garantiza la Constitución.

2. *La inconstitucional eliminación mediante ley, de órganos democráticos de representación local, con la recreación del desaparecido "Distrito Federal" sin autonomía política ni gobierno democrático local en la organización del Distrito capital; y con la eliminación de las Juntas Parroquiales*

La Constitución de 1999, además de regular al Poder Público Municipal, como una de las ramas del Poder Público, con su propio gobierno democrático local a cargo de Consejos Legislativos y Alcaldes electos, aseguró definitivamente la existencia de un régimen de gobierno local descentralizado y democrático tanto en el régimen político de la ciudad capital,

---

[77] En particular, conforme al artículo 61 de la Ley Orgánica de las Comunas, se dispone que "todos los órganos y entes del Poder Público comprometidos con el financiamiento de proyectos de las comunas y sus sistemas de agregación, priorizarán aquéllos que impulsen la atención a las comunidades de menor desarrollo relativo, a fin de garantizar el desarrollo territorial equilibrado.

[78] Esta misma norma se repite en la Ley Orgánica de las Comunas (art. 64). El 31 de diciembre de 2010, aún estaba pendiente en la Asamblea Nacional la segunda discusión del proyecto de Ley Orgánica del Sistema de Transferencia de Competencias y atribuciones de los Estados y Municipios a las organizaciones del Poder Popular.

Caracas, garantizando en el mismo la autonomía municipal y la participación política de las diversas entidades que componen la ciudad; como en el nivel sub-municipal de las Parroquias.

En cuanto al gobierno municipal en Caracas, la Constitución estableció un gobierno metropolitano a dos niveles, con órganos electos democráticamente mediante sufragio universal directo y secreto, eliminando definitivamente la figura vieja y tradicional figura territorial del "Distrito Federal" que había quedado como vestigio decimonónico del esquema tradicional de las federaciones, en el cual la ciudad capital carecía de autogobierno.

Con la rechazada reforma constitucional de 2007, sin embargo, de acuerdo con el modelo centralista que la caracterizó, en esta materia de régimen político de la capital, Caracas, se propuso volver al mismo esquema del siglo XIX, restableciendo el Distrito Federal sin garantía alguna de la autonomía municipal o territorial ni sistema democrático y participativo de gobierno, cuyas autoridades se pretendía quedaran totalmente sujetas y controladas por el Poder Nacional y, en particular, por el Presidente de la República a quien se buscaba atribuir la designación y remoción de sus autoridades. La reforma constitucional rechazada, además, buscaba "nacionalizar" totalmente las competencias públicas respecto de todos los asuntos que concernieran a la ciudad capital, asignándose al "Poder Nacional por intermedio del Poder Ejecutivo" (con la colaboración y participación de todos los entes del Poder Público Nacional, Estadal y Municipal, así como del Poder Popular) la competencia para disponer "todo lo necesario para el reordenamiento urbano, reestructuración vial, recuperación ambiental, logros de niveles óptimos de seguridad personal y pública, fortalecimiento integral de la infraestructura del hábitat de las comunidades, sistemas de salud, educación, cultura, deporte y recreación, recuperación total de su casco y sitios históricos, construcción de un sistema de pequeñas y medianas ciudades a lo largo de sus ejes territoriales de expansión". Es decir, todo lo que era propio de los gobiernos locales, se pretendía asignar al Ejecutivo Nacional.

De nada sirvió sin embargo, el rechazo popular a dicha reforma constitucional de 2007, pues mediante la Ley Especial Sobre la Organización y Régimen del Distrito Capital[79], lejos de haber establecido una organización democrática de una entidad política de la Republica, se implementó inconstitucionalmente la reforma y se reguló dicho Distrito Capital como una dependencia del Poder Nacional, con ámbito territorial según se indica en el artículo 4, igual al que "correspondían al extinto Distrito Federal a la fecha de entrada en vigencia de la Constitución de la República Bolivariana de Venezuela y que comprende el territorio del actual Municipio Bolivariano Libertador."

Por otra parte, en cuanto al régimen del gobierno municipal, en la Constitución de 1999 en el marco de regulación de la autonomía municipal y de los diversos entidades locales, en su artículo 173, además del Municipio, reguló expresamente a las "parroquias" como entidades locales, en el nivel territorial sub-municipal, que aún se regulaban ampliamente en la Ley Orgánica del Poder Público Municipal de 2009.

En el modelo centralista de la rechazada reforma constitucional de 2007, sin embargo, con motivo de la propuesta de estructuración del Estado Comunal, montado sobre órganos no

[79]   *Gaceta Oficial* N° 39.156 de 13 de abril de 2009. Véase sobre esta Ley, Allan R. Brewer-Carías, Manuel Rachadell, Nelson Socorro, Enrique Sánchez Falcón, Juan Carmona Borjas, Tulio Álvarez, *Leyes sobre el Distrito Capital y el Área Metropolitana de Caracas*, Colección Textos Legislativos N° 45, Editorial Jurídica Venezolana. Caracas 2009, 209 pp.

electos popularmente como son los Consejos Comunales, se propuso formalmente eliminar como entidad local territorial, dentro del ámbito municipal, a las parroquias y por tanto a las juntas parroquiales que eran tradicionalmente electas popularmente.

Dicha reforma constitucional rechazada, sin embargo, ha sido inconstitucionalmente implementada mediante la reforma de la Ley Orgánica de Régimen del Poder Público Municipal de 2010,[80] de cuya normativa simplemente desapareció toda mención a la existencia de las parroquias y de las juntas parroquiales (las cuales, en las Disposiciones Transitorias se dispuso su cesación) habiendo legalmente desaparecido de la organización territorial del país, habiéndose atribuido a las Comunas (art. 19) integradas por "voceros" no electos las funciones y competencias de aquéllas, en lesión abierta a la democracia representativa local que buscaba garantizar la Constitución.

3.   *La inconstitucional implementación de las reformas constitucionales al sistema económico para establecer un sistema de economía socialista*

Uno de los componentes normativos esenciales de toda Constitución contemporánea, es la llamada *Constitución Económica* que deriva de los principios constitucionales que guían el régimen de las relaciones económicas y el papel que, en las mismas, corresponde a la iniciativa privada y al propio Estado, y que conforme al constitucionalismo desarrollado desde mitades del siglo pasado, está montada sobre un modelo económico de economía mixta, basado en el principio de la libertad como opuesto al de economía dirigida, similar al que existe en todos los países occidentales. Este sistema económico, por tanto, se fundamenta en la libertad económica, la iniciativa privada y la libre competencia, pero con la participación del Estado como promotor del desarrollo económico, regulador de la actividad económica, y planificador con la participación de la sociedad civil.

Conforme a esa orientación, la Constitución de 1999 establece un sistema económico de economía mixta, es decir, de economía social de mercado que se fundamenta en la libertad económica, pero que debe desenvolverse conforme a principios de justicia social, que requiere de la intervención del Estado. Ese régimen socioeconómico, conforme al artículo 299 de la Constitución de 1999, se fundamenta en los siguientes principios: justicia social, democratización, eficiencia, libre competencia, protección del ambiente, productividad y solidaridad, a los fines de asegurar el desarrollo humano integral y una existencia digna y provechosa para la colectividad. Por ello, el mismo artículo constitucional dispone expresamente que el Estado, "conjuntamente con la iniciativa privada", debe promover "el desarrollo armónico de la economía nacional con el fin de generar fuentes de trabajo, alto valor agregado nacional, elevar el nivel de vida de la población y fortalecer la soberanía económica del país, garantizando la seguridad jurídica, solidez, dinamismo, sustentabilidad, permanencia, equidad del crecimiento de la economía, para garantizar una justa distribución de la riqueza mediante una planificación estratégica democrática, participativa y de consulta abierta".

Como lo precisó la Sala Constitucional del Tribunal Supremo de Justicia en sentencia N° 117 de 6 de febrero de 2001, se trata de "un sistema socioeconómico intermedio entre la economía de libre mercado (en el que el Estado funge como simple programador de la economía, dependiendo ésta de la oferta y la demanda de bienes y servicios) y la economía interventora (en la que el Estado interviene activamente como el "empresario mayor")", conforme al cual, el texto constitucional promueve "expresamente la actividad económica conjunta del Estado y de la iniciativa privada en la persecución y concreción de los valores su-

---

[80]   Véase en *Gaceta Oficial* N° 6.015 Extraordinario del 28 de diciembre de 2010.

premos consagrados en la Constitución"; persiguiendo "el equilibrio de todas las fuerzas del mercado y la actividad conjunta del Estado e iniciativa privada". Conforme a este sistema, dijo además la Sala Constitucional en esa sentencia, la Constitución: "propugna una serie de valores normativos superiores del régimen económico, consagrando como tales la libertad de empresa en el marco de una economía de mercado y fundamentalmente el del Estado Social de Derecho (*Welfare State*, Estado de Bienestar o Estado Socialdemócrata), esto es un Estado social opuesto al autoritarismo"[81].

Ahora bien, con el rechazado proyecto de reforma constitucional de 2007, se pretendió cambiar radicalmente este modelo, transformándolo en un sistema de economía estatal, de planificación centralizada, propia de un Estado y economía socialista, donde desaparecía la libertad económica y el derecho de propiedad como derechos constitucionales. Para ello se propuso, sin más, la eliminación del artículo 112 de la Constitución que regula el derecho y la libertad económica, sustituyéndola por otra en la cual lo que se establecía era una definición de la política estatal para promover "el desarrollo de un modelo económico productivo, intermedio, diversificado e independiente, fundado en los valores humanísticos de la cooperación y la preponderancia de los intereses comunes sobre los individuales, que garantice la satisfacción de las necesidades sociales y materiales del pueblo, la mayor suma de estabilidad política y social y la mayor suma de felicidad posible"; proponiéndose agregar que el Estado, asimismo, "fomentará y desarrollará distintas formas de empresas y unidades económicas de propiedad social, tanto directa o comunal como indirecta o estatal, así como empresas y unidades económicas de producción o distribución social, pudiendo ser estas de propiedad mixta entre el Estado, el sector privado y el poder comunal, creando las mejores condiciones para la construcción colectiva y cooperativa de una economía socialista".

Con ello, se buscaba eliminar el derecho al libre ejercicio de las actividades económicas y la propia libertad económica y, además, eliminar la garantía de la reserva legal para establecer las limitaciones o restricciones al mismo, abriendo la posibilidad de limitaciones mediante decretos reglamentarios del Ejecutivo.

Además, con la rechazada reforma constitucional respecto del artículo 299, se buscaba eliminar de la Constitución, como fundamentos del sistema económico, los principios de justicia social, libre competencia, democracia y productividad y en su lugar se buscaba establecer, entre otros, los principios socialistas, antiimperialistas, humanistas, a los fines asegurar el desarrollo humano integral y una existencia digna y provechosa para la colectividad.

En cuanto al derecho de propiedad regulado en el 115 de la Constitución, cuya regulación también está signada por el principio de la reserva legal y la garantía de la expropiación "sólo por causa de utilidad pública o interés social, mediante sentencia firme y pago oportuno de justa indemnización", la misma también se buscó cambiar radicalmente, eliminándose como derecho constitucional, y reduciéndolo sólo respecto de "bienes de uso, consumo y medios de producción legítimamente adquiridos, quedando por tanto minimizada y marginalizada en

---

[81] Esos valores aludidos conforme a la doctrina de la Sala Constitucional "se desarrollan mediante el concepto de libertad de empresa, que encierra, tanto la noción de un derecho subjetivo "a dedicarse libremente a la actividad económica de su preferencia", como un principio de ordenación económica dentro del cual se manifiesta la voluntad de la empresa de decidir sobre sus objetivos. En este contexto, los Poderes Públicos, cumplen un rol de intervención, la cual puede ser directa (a través de empresas) o indirecta (como ente regulador del mercado)". Véase en *Revista de Derecho Público*, N° 85-88, Editorial Jurídica Venezolana, Caracas, 2001, pp. 212-218.

relación con la propiedad pública[82]. Además, se pretendía eliminar con la rechazada reforma constitucional la garantía de la propiedad al proponerse eliminar la exigencia de que "sólo" mediante expropiación podía extinguirse la propiedad como se ha establecido siempre en el ordenamiento constitucional, lo que abría la vía para que por ley se pudiera establecer otras formas de extinción de la propiedad.

Ante el rechazo de la reforma constitucional para cambiar de raíz el sistema económico de economía mixta montado sobre las garantías de la libertad económica y la propiedad privada, la misma comenzó a ser inconstitucionalmente implementada mediante diversas leyes destinadas a regular las bases de un sistema socialista, progresivamente regulando poderes exorbitantes del Estado en los diversos sectores de la economía que materialmente eliminaron toda libertad económica, estableciendo además mecanismos de ocupación y apropiación administrativa de la propiedad privada, sin la garantía constitucional de la expropiación. Ello comenzó a ocurrir a partir de 2008, mediante los decretos leyes dictados en uso de la delegación legislativa (ley habilitante) de 2007, justo después del rechazo de la reforma constitucional de 2007, entre ellos, el Decreto Ley N° 6.130 de 2008, contentivo de la Ley para el Fomento y Desarrollo de la Economía Popular.[83]

Todo ese proyecto de establecer un sistema económico socialista, se completó posteriormente, al margen de la Constitución, con la regulación del Sistema Económico Comunal, mediante la Ley Orgánica del Sistema Económico Comunal (LOSEC),[84] dictada con la finalidad, entre otras, de "impulsar el sistema económico comunal a través de un modelo de gestión sustentable y sostenible para el fortalecimiento del desarrollo endógeno (art. 3.2); "fomentar el sistema económico comunal en el marco del modelo productivo *socialista*, a través de diversas formas de organización socio-productiva, comunitaria y comunal en todo el terri-

---

[82]   Sobre esto, el magistrado Jesús Eduardo Cabrera en el Voto salvado a la sentencia No. 2042 de la Sala Constitucional de 2 de noviembre de 2007 en la cual se declaró inadmisible un amparo constitucional ejercido contra el Presidente de la República y la Asamblea Nacional, con motivo de la inconstitucional "reforma constitucional", sostuvo lo siguiente:"El artículo 113 del Proyecto, plantea un concepto de propiedad, que se adapta a la propiedad socialista, y que es válido, incluso dentro del Estado Social; pero al limitar la propiedad privada solo sobre bienes de uso, es decir aquellos que una persona utiliza (sin especificarse en cual forma); o de consumo, que no es otra cosa que los fungibles, surge un cambio en la estructura de este derecho que dada su importancia, conduce a una transformación de la estructura del Estado. Los alcances del Derecho de propiedad dentro del Estado Social, ya fueron reconocidos en fallo de esta Sala de 20 de noviembre de 2002, con ponencia del Magistrado Antonio García García". Véase Caso *Néstor Luis Ramírez* en http://www.tsj.gov.ve/decisiones/scon/Noviembre/2042-021107-07-1374.htm

[83]   La Ley derogó expresamente la Ley la Ley para el Fomento y Desarrollo de la Economía Popular, publicado en la *Gaceta Oficial de la República Bolivariana de Venezuela* N° 5.890 Extraordinario de fecha 31 de julio de 2008. Véase sobre dicha Ley, Alfredo Morles Hernández, "El nuevo modelo económico del socialismo del siglo XXI y su reflejo en el contrato de adhesión," en *Revista de Derecho Público*, No. 115, Editorial Jurídica Venezolana, Caracas 2008, pp. 229 y ss.e

[84]   Véase en *Gaceta Oficial* N° 6.011 Extraordinario del 21 de diciembre de 2010. Véase mis comentarios sobre esta Ley Orgánica, en Allan R. Brewer-Carías, "Sobre la Ley Orgánica del Sistema Económico Comunal o de cómo se implanta en Venezuela un sistema económico comunista sin reformar la Constitución," en *Revista de Derecho Público*, No. 124, (octubre-diciembre 2010), Editorial Jurídica Venezolana, Caracas 2010, pp. 102-109; y Jesús María Alvarado Andrade, "La 'Constitución económica' y el sistema económico comunal *(*Reflexiones Críticas a propósito de la Ley Orgánica del Sistema Económico Comunal)," en *Leyes Orgánicas sobre el Poder Popular y el Estado Comunal (Los Consejos Comunales, Las Comunas, La Sociedad Socialista y el Sistema Económico Comunal)*, Colección Textos Legislativos N° 50, Editorial Jurídica Venezolana, Caracas 2011, pp. 375 ss.

torio nacional (art. 3.3); e "incentivar en las comunidades y las comunas los valores y principios *socialistas* para la educación, el trabajo, la investigación, el intercambio de saberes y
conocimientos, así como la solidaridad, como medios para alcanzar el bien común.(art. 3.8).
Para ello, el sistema de economía comunal se lo define en el artículo 2, como:

> "el conjunto de relaciones sociales de producción, distribución, intercambio y consumo de
> bienes y servicios, así como de saberes y conocimientos, desarrolladas por las instancias del
> Poder Popular, el Poder Público o por acuerdo entre ambos, a través de organizaciones socio-
> productivas bajo formas de propiedad social comunal."

Se trata, por tanto, de la regulación legal de un sistema económico que contraría el establecido en la Constitución, que se desarrolla exclusivamente "a través de organizaciones
socio-productivas bajo formas de propiedad social comunal" que conforme a dicha Ley son
solamente las empresas del Estado Comunal creadas por las instancias del Poder Público, las
empresas públicas creadas por los órganos que ejercen del Poder Público, las unidades productivas familiares o los grupos de trueque, donde está excluida toda iniciativa privada y la
propiedad privada de los medios de producción y comercialización de bienes y servicios.

Con ello, mediante ley, se ha establecido un sistema económico socialista, contrario
completamente el sistema de economía mixta que garantiza la Constitución basado, al contrario, en la libertad económica, la iniciativa privada, y la libertad de trabajo, empresa, comercio, industria, "sin perjuicio de su facultad para dictar medidas para planificar, racionalizar y
regular la economía e impulsar el desarrollo integral del país;" (art. 112), así como en el
derecho de propiedad privada (art. 115), limitándose este último materialmente sólo sobre los
bienes de uso y de consumo, así como de los medios de producción estrictamente familiar.

Una reforma constitucional de esa naturaleza, sin duda, sólo podría realizarse mediante
la convocatoria de una Asamblea Constituyente (ni siquiera mediante reforma o enmienda
constitucional), pues simplemente, elimina el sistema constitucional de economía mixta,
sustituyéndolo por un sistema económico estatista o controlado por el Estado, mezclado con
previsiones propias de sociedades primitivas y lugareñas que presuponen la miseria como
forma de vida, como regular y justificar el trueque como sistema, o la llamada "moneda
comunal" como medio de intercambio de bienes y servicios. Por ello es que este sistema
económico comunal se lo concibe como la "herramienta fundamental para construcción de la
nueva sociedad," que supuestamente debe regirse sólo "por los principios y valores socialistas" que en esta LOSEC también se declara que supuestamente se inspira en la doctrina de
Simón Bolívar (art. 5). A tal efecto, la propiedad privada se reduce a la mínima expresión,
regulándose en sustitución un sistema económico comunal basado en la "propiedad social"
como derecho de la "sociedad" (art. 6.15), pero montado casi exclusivamente en la propiedad
pública, del Estado (dominio del Estado), sobre los medios de producción, de manera que en
la práctica, no se trata de ningún derecho "de la sociedad," sino del aparato Estatal, cuyo
desarrollo, regido por un sistema de planificación centralizada, elimina toda posibilidad de
libertad económica e iniciativa privada, y convierte a las "organizaciones socio-productivas"
en meros apéndices del aparato estatal. El sistema omnicomprensivo que se regula, al contrario está basado en la "propiedad social comunal" y que debe ser desarrollada tanto por el
Estado Constitucional (los órganos del Poder Público) como por el Estado Comunal (instancias del Poder Popular), como se dijo, exclusivamente a través de "organizaciones socio-
productivas bajo formas de propiedad comunal."

En este contexto socialista, la Ley Orgánica define el "modelo productivo socialista"
como el

"modelo de producción basado en la *propiedad social*, orientado hacia la *eliminación de la división social del trabajo* propio del modelo capitalista. El modelo de producción socialista está dirigido a la satisfacción de necesidades crecientes de la población, a través de nuevas formas de generación y apropiación así como de la *reinversión social del excedente.*" (art. 6.12)

Se trata en consecuencia, de una Ley mediante la cual se ha cambiado de raíz el sistema capitalista y se lo ha sustituido a la fuerza por un sistema socialista, imponiendo un sistema comunista, para lo cual sus redactores, pura y simplemente han parafraseado lo que escribieron Carlos Marx y Federico Engels, en 1845 y 1846, sobre la sociedad comunista, en su libro *La Ideología Alemana*, refiriéndose a la sociedad primitiva de la época, en muchas partes aún esclavista y en todas, preindustrial,[85] y basándose en los clásicos principios utópicos comunistas de la "propiedad social de los medios de producción," la "eliminación de la división social del trabajo" y la "reinversión social del excedente," los cuales se han copiado en la Ley para implantar en Venezuela el sistema comunista como contrario al sistema capitalista.

APRECIACIÓN FINAL

Todo ello, sin duda, podría hacerse pero sólo reformando la Constitución conforme al procedimiento de convocatoria de una Asamblea Constituyente establecido en el artículo 347 de la Constitución. Como incluso lo advirtió uno de los Magistrados de la Sala Constitucional, Jesús Eduardo Cabrera, quien con sus ponencias durante años había sido uno de los que más había contribuido a asegurar el afianzamiento del régimen autoritario en Venezuela, expresando en un Voto salvado a la sentencia N° 2042 de la Sala Constitucional de 2 de noviembre de 2007 (Caso *Néstor Luis Romero*)[86] que decidió la "inadmisibilidad" de una acción de amparo contra la "reforma constitucional" de 2007, lo siguiente:

"En criterio de quien disiente, un sistema de organización social o económico basado en la propiedad y administración colectiva o estatal de los medios de producción, como lo es básicamente el socialista, en sus distintas concepciones, cual es el propuesto en el Proyecto de Reforma, chocaría con lo que quien suscribe, y la propia Sala, era considerado Estado Social, y ello -en criterio del disidente- puede afectar toda la estructura y los principios fundamentales del Texto Constitucional, hasta el punto que un nuevo ordenamiento jurídico tendría que ser creado para desarrollar la construcción del socialismo.

No es que Venezuela no puede convertirse en un Estado Socialista. Si ello lo decide el pueblo, es posible; pero a juicio del voto salvante, tal logro sería distinto al que la Sala ha sostenido en el fallo de 24 de enero de 2002 (Caso: *Créditos Indexados*) y ello conduciría no a una reforma de la Constitución sino a una nueva Constitución, la cual debería ser votada por el Poder Constituyente Originario. Al menos, en nuestro criterio esto es la consecuencia del fallo N° 85 de 24 de enero de 2002."[87]

---

[85] Véase en Karl Marx and Frederich Engels, "The German Ideology", en *Collective Works*, Vol. 5, International Publishers, New York 1976, p. 47. Véanse además los textos pertinentes en http://www.educa.madrid.org/cms_tools/files/0a24636f-764c-4e03-9c1d-6722e2ee60d7/Texto%20Marx%20y%20 Engels.pdf

[86] Véase sentencia del Tribunal Supremo de Justicia en Sala Constitucional N° 2042 del 2 de Noviembre de 2007, *Caso Néstor Luis Romero Méndez* en http://www.tsj.gov.ve/decisiones/scon/Noviembre/2042-021107-07-1374.htm

[87] *Idem.*

En esta apreciación, el Magistrado disidente no se equivocó, pues evidentemente que una reforma constitucional que trastocara todo el ordenamiento y estructura del Estado, conforme a la Constitución venezolana, sólo podía hacerse mediante la convocatoria de una Asamblea Constituyente.

Sin embargo, como hemos visto, y ello es precisamente la consecuencia de haber contribuido a afianzar el autoritarismo en Venezuela, no sólo la reforma constitucional de 2007 se sancionó contrariándose el procedimiento constitucional pautado, sino que luego del rechazo popular, fue impunemente implementada mediante leyes y decretos leyes, es decir, mediante una inconstitucional legislación ordinaria, y mediante ilegítimas mutaciones constitucionales efectuadas por la propia Sala Constitucional del Tribunal Supremo. Para que ello fuera posible, por supuesto, la propia Sala Constitucional, violando la misma Constitución, renunció a ejercer el control de la constitucionalidad de los actos de los poderes constituidos cumplidos para llevar adelante la "reforma constitucional" de 2007 y, en particular, del acto del Presidente de la República de presentación del anteproyecto de reforma ante la Asamblea Nacional el 15 de agosto de 2007; del acto definitivo de ésta de sanción del proyecto de reforma de la Constitución del día 2 de noviembre de 2007, y de la convocatoria a referendo por parte del Consejo Nacional Electoral el mismo día, todo conforme al procedimiento de "reforma constitucional regulado en los artículos 342 y siguientes de la Constitución", cuando por las trasformaciones fundamentales que contenía el proyecto debía haberse sometido al procedimiento de la Asamblea Nacional Constituyente conforme al artículo 347 y siguientes del texto fundamental. Y luego, después de que el pueblo rechazó el proyecto de reforma constitucional en el "referendo aprobatorio" del 2 de diciembre de 2007, en el cual dicho proyecto sólo recibió el voto favorable del 28% de los votantes inscritos en el Registro Electoral, la misma Sala Constitucional renunció a ejercer el control de constitucionalidad de las diversas leyes y decretos leyes que implementaron la reforma constitucional, y además, procedió ella misma a implementar aspectos de la misma mediante mutaciones constitucionales ilegítimas.

Todo ello demuestra cómo en un sistema donde no hay control del poder, no puede haber Estado de derecho ni democracia; y cómo, cuando quien está llamado a controlar el poder que es la Jurisdicción Constitucional, está controlada políticamente y está al servicio del mismo, de nada valen los principios de la Constitución, ni su supremacía ni su rigidez, que pasan a ser pura retórica, como actualmente ocurre en Venezuela.

Comentarios Monográficos

¿EN QUÉ MEDIDA EL PROCESO DE INTEGRACIÓN DE LA COMUNIDAD ANDINA DE NACIONES (CAN) PUEDE AFECTAR LA GARANTÍA DE LOS DERECHOS HUMANOS Y CONSTITUCIONALES?

Pamela Aguirre, Juliana Aguirre Castro[*]
Pablo Andrés Alarcón Peña[**]

Resumen: *El objeto del presente trabajo es demostrar el papel que los derechos humanos y los derechos constitucionales deben tener dentro del proceso de integración y cooperación de la Comunidad Andina de Naciones. Es un hecho conocido, que los procesos de integración regional de nuestros países afectan a los derechos humanos en diferentes áreas, tales como el derecho medio ambiental, propiedad intelectual, derecho de trabajo, y la protección legal de los derechos humanos, en especial aquellos contemplados en el reconocimiento de los derechos económicos, sociales y culturales. De hecho, los derechos humanos deben ser la piedra fundamental de los procesos de integración en la región, pues ellos proveen la legitimidad necesaria para promover y consolidar este proceso en la Comunidad Andina de Naciones. En este ámbito, el desarrollo de los derechos humanos en nuestra región ha traído importante cambios en el sistema constitucional de nuestros países, por ejemplo, el Derecho Internacional de los derechos humanos establecido por convenios y ratificados por los países de la región ha sido reconocido como parte de la Constitución, lo que les ha otorgado mayor jerarquía que otras leyes en el sistema de fuentes de algunos países de la región; otro importante avance es el reconocimiento de los "nuevos derechos" en nuestros sistemas constitucionales. Estos principios no deben ser omitidos in el proceso de integración de la Comunidad Andina, al contrario deben ser respetados y promovidos como valores entre los Estados y requerimientos que sirvan como límites del proceso de integración. Es por este motivo, que debe promoverse la Carta Andina de Promoción y Protección de los Derechos Humanos, como fuente de inspiración e interpretación del Tribunal Andino de Justicia y la Comunidad Andina de Naciones.*

Palabras Clave: *Derechos humanos, derechos constitucionales, Comunidad Andina de Naciones, procesos regionales de integración, protección legal de los derechos humanos, reconocimiento de derechos económicos, sociales y culturales, promover y consolidar los procesos de integración, principios y valores para promover los procesos de integración, Carta Andina de Promoción y Protección de Derechos Humanos, Tribunal Andino de Justicia.*

Abstract: *The objective of the present paper is to show the role that human rights and constitutional rights must play in the Andean Community of Nations' integration and cooperation process. It is a well known fact that regional processes of integration in our countries affect human rights in different areas, such as environmental rights, intellectual property law, labor rights, and legal protection of human rights, especially the one based on the recognition of economic, social and cultural rights. Indeed, the inclusion of human rights in the integration process is the fundamental stone needed to provide the legitimacy required to promote and consolidate the integration process in the Andean Community of Nations. As a matter of fact, the development of human rights in our region has brought important changes in the constitutional system of our countries, it is the case that international human rights law established by Convention and ratified by the States is* *recognized as a part of the Constitution in some Latin-American States, which gives them superior hierarchy than other laws that are part of their legal system; another important improvement is the recognition of "new rights" in the constitutional system of our countries. These principles should not be omitted in the integration process of the Andean Community, but they must be respected as values that must be promoted among States and requirements such as the limits of the integration process. In this matter, it is necessary to promote the Andean Charter for the Promotion and Protection of Human Rights as a source of inspiration and interpretation for the Andean Tribunal of Justice and the Andean Community of Nations.*

Key words: *Human rights, constitutional rights, Andean Community of Nations, regional processes of integration, legal protection of human rights, recognition of economic, social and cultural rights, promote and consolidate the integration process, principles and values to promote the integration process, Andean Charter for the Promotion and Protection of Human Rights, Andean Tribunal of Justice.*

INTRODUCCIÓN

Los derechos humanos son un invento del ser humano para impedir catástrofes que amenazan la vida humana[1], en tal virtud su reconocimiento ha sido uno de los grandes logros del siglo XX que no puede ser desconocido a ningún nivel del ejercicio de poder, ni aún a pretexto de procesos supranacionales de orden económico.

Los diferentes procesos de integración regional en las distintas latitudes al momento de su nacimiento no han tenido como una de sus preocupaciones la defensa de los derechos

*   Abogada de los Tribunales de la República del Ecuador por la Universidad del Azuay, mejor egresada promoción 2007, Presea Honorato Vázquez, Diploma Superior en Derecho Constitucional, y Magíster en Derecho, con mención Derecho Tributario, por la Universidad Andina Simón Bolívar, sede Ecuador, Magíster en Argumentación Jurídica por la Universidad de Alicante, Candidata a Doctora en Derecho (PHD) Universidad Andina Simón Bolívar Sede Ecuador. Actualmente se desempeña como Secretaría Técnica Jurisdiccional de la Corte Constitucional del Ecuador y profesora invitada de la Universidad Andina Simón Bolívar, sede Ecuador y docente del Área de Derecho de la Universidad Andina Simón Bolívar, Sede Ecuador y Universidad Católica Santiago de Guayaquil, Guayaquil Ecuador. Profesora de las materias: derechos de protección y garantías constitucionales, argumentación jurídica, interpretación y argumentación penal, garantías jurisdiccionales de los derechos. Se pueden contactar con la profesora al mail pame_aguirre@hotmail.com

**   Baccalaureus Artium en Ciencias Jurídicas Universidad San Francisco de Quito; Abogado Universidad San Francisco de Quito; Diploma Superior en Derecho, mención derecho constitucional Universidad Andina Simón Bolívar, Sede Ecuador; Magister en Derecho, mención derecho constitucional Universidad Andina Simón Bolívar, Sede Ecuador; Candidato a Doctor en Derecho (PHD) Universidad Andina Simón Bolívar Sede Ecuador. Actualmente se desempeña como Asesor de Presidencia de la Corte Constitucional del Ecuador y docente del Área de Derecho de la Universidad Andina Simón Bolívar, Sede Ecuador y Universidad de Especialidades Espíritu Santo, Guayaquil – Ecuador. Profesor de las materias: Sistemas Jurídicos Comparados, Sistemas de Fuentes del Derecho, Garantías Constitucionales, Sistemas de Protección de los Derechos Constitucionales, Metodología de la Investigación. Entre sus publicaciones destacan: La mal llamada jurisdicción del Tribunal Supremo Electoral del Ecuador (Quito, 2006); Las resoluciones del Tribunal Supremo Electoral como objeto de la acción de amparo constitucional (Quito, 2006); La protección de los derechos sociales en la jurisprudencia constitucional ecuatoriana (Quito, 2009); Residualidad: elemento generador de la ordinarización de la acción de protección. (Quito, 2010); Exenciones tributarias: un derecho constitucional de las personas con discapacidad, (Quito, 2011). Se pueden contactar con el profesor al mail palarconpe@gmail.com

[1]   Véase Calos Santiago Nino, *Ética y derechos humanos*, Buenos Aires, Astrea, 1984.

constitucionales y humanos, la finalidad económica hizo que el objeto de los Estados contratantes se aleje de la protección de los derechos humanos, sin embargo, es el propio desarrollo de estos procesos, en el marco de un sistema democrático, el que demanda la inclusión y desarrollo de estos derechos.

El déficit democrático que sufren los procesos de integración regional se hace evidente en virtud del principio de primacía de los derechos humanos y constitucionales frente a los compromisos asumidos por los Estados en los tratados fundacionales y posteriormente en el desarrollo del derecho comunitario derivado. La incidencia de estos procesos en materia de derechos humanos se hace notoria en campos como el laboral, ambiental, propiedad intelectual, mecanismos procesales de tutela de los derechos, derechos económicos, sociales y culturales, entre otros.

Es conocido que los procesos de integración comportan la transferencia del ejercicio de competencias estatales a instancias supranacionales con lo cual se crea un orden jurídico propio, denominado derecho comunitario[2], mismo que goza de eficacia directa y aplicación directa, es así que las repercusiones de los procesos de integración no se limitan a determinados sectores productivos, sino pretende vincular globalmente las economías de los países miembros, que en ocasiones trasciende a la esfera de lo social y político[3].

---

[2]   No es el tema del artículo pero vale la aclaración que en la Comunidad Andina se ha utilizado indistintamente los términos de cesión, atribución, transferencia parcial, para denominar el traslado de competencia a los órganos supranacionales; así en BOLIVIA el artículo 257 establece como exigencia de la participación directa del pueblo para la aprobación mediante referendo popular vinculante previo a la ratificación de los tratados internacionales que implique: *"1. Cuestiones limítrofes. 2. Integración monetaria. 3. Integración económica estructural. 4. Cesión de competencias institucionales a organismos internacionales o supranacionales, en el marco de procesos de integración.".* En PERÚ la posibilidad de trasladar ámbitos competenciales estatales a instancias externas se encuentra implícita en dos de sus disposiciones, las contenidas de los artículos 56 numeral 2 y 57. La primera de ellas ordena que los tratados deben ser aprobados por el Congreso previo a su ratificación por el Presidente de la República, siempre que se ocupen de algunas materias, entre ellas, de la soberanía; en tanto que la segunda manifiesta, entre otras cuestiones, lo siguiente: *"Cuando el tratado afecte disposiciones constitucionales debe ser aprobado por el mismo procedimiento que rige la reforma de la Constitución, antes de ser ratificado por el Presidente de la República."* En ECUADOR el artículo 419 numeral 7 determina que para la ratificación o denuncia de los tratados internacionales se requerirá la aprobación previa de la Asamblea Nacional cuando *"7. Atribuyan competencias propias del orden jurídico interno a un organismo internacional o supranacional.".* Finalmente en COLOMBIA la Constitución por medio del artículo 150 numeral 16, autoriza al Congreso de la República para la expedición de leyes que aprueben tratados, por medio de las cuales opere *una **transferencia parcial de determinadas atribuciones o competencias** a organizaciones internacionales*, dentro de las cuales puede encontrarse las que persiguen la promoción y consolidación de la integración económica con otros estados. (El énfasis nos pertenece)

[3]   Así el Art. 423 de la Constitución dispone "La integración, en especial con los países de Latinoamérica y el Caribe será un objetivo estratégico del Estado. En todas las instancias y procesos de integración, el Estado ecuatoriano se comprometerá a:

1. *Impulsar la integración económica, equitativa, solidaria y complementaria; la unidad productiva, financiera y monetaria; la adopción de una política económica internacional común; el fomento de políticas de compensación para superar las asimetrías regionales; y el comercio regional, con énfasis en bienes de alto valor agregado.*

2. *Promover estrategias conjuntas de manejo sustentable del patrimonio natural, en especial la regulación de la actividad extractiva; la cooperación y complementación energética sustentable; la conservación de la biodiversidad, los ecosistemas y el agua; la investigación, el desarrollo científico y*

En este orden de ideas, la incorporación de los derechos humanos y sus garantías es un punto neurálgico en el proceso CAN, toda vez que por medio de este mecanismo se propenderá a consolidar la integración, con la introducción precisamente de un elemento éticojurídico, el cual le proporcionará legitimidad y ofrecerá sólidas bases para la intensificación de la integración.

I. DESARROLLO

1. *Desarrollo de los derechos constitucionales y humanos en América Latina*

Uno de los dos elementos peculiares que se ha desarrollado en el constitucionalismo latinoamericano y relacionados con nuestro tema de estudio es la constitucionalización de las tendencias del derecho internacional de los derechos humanos[4] y la ampliación de la carta de derechos constitucionales, independientemente de su consagración formal; procesos que han conllevado importantes cambios tanto en la parte orgánica y sobre todo en la parte dogmática de las Constituciones latinoamericanas.

En los ordenamientos constitucionales latinoamericanos más recientes (Ecuador y Bolivia, miembros de la CAN) se observa una vigorosa tendencia hacía el reconocimiento de la supremacía del derecho internacional, respecto de las normas internas, incluidas las constitucionales, no referidas a derechos constitucionales. Hasta tal punto llega esta transformación en la jerarquía de las fuentes del derecho, que en algunas constituciones las normas internacionales sobre derechos humanos establecidas convencionalmente y ratificadas por cada uno de los Estados, se incorporan directamente al orden constitucional, con una jerarquía superior al resto del ordenamiento, mediante su inclusión en lo que la doctrina denomina *"bloque de constitucionalidad"*.

En esta dirección encontramos por ejemplo el artículo 93 de la Constitución colombiana de 1991[5], al igual que la disposición final cuarta de la Constitución peruana de 1993[6], que

---

el intercambio de conocimiento y tecnología; y la implementación de estrategias coordinadas de soberanía alimentaria.

3. Fortalecer la armonización de las legislaciones nacionales con énfasis en los derechos y regímenes laboral, migratorio, fronterizo, ambiental, social, educativo, cultural y de salud pública, de acuerdo con los principios de progresividad y de no regresividad.

4. Proteger y promover la diversidad cultural, el ejercicio de la interculturalidad, la conservación del patrimonio cultural y la memoria común de América Latina y del Caribe, así como la creación de redes de comunicación y de un mercado común para las industrias culturales.

5. Propiciar la creación de la ciudadanía latinoamericana y caribeña; la libre circulación de las personas en la región; la implementación de políticas que garanticen los derechos humanos de las poblaciones de frontera y de los refugiados; y la protección común de los latinoamericanos y caribeños en los países de tránsito y destino migratorio.

6. Impulsar una política común de defensa que consolide una alianza estratégica para fortalecer la soberanía de los países y de la región.

7. Favorecer la consolidación de organizaciones de carácter supranacional conformadas por Estados de América Latina y del Caribe, así como la suscripción de tratados y otros instrumentos internacionales de integración regional."

[4]   Véase Rodrigo Uprimy, *Las transformaciones constitucionales recientes en América Latina: tendencias y desafíos*, Inédito, 2010.

[5]   El Art. 93 de la Constitución colombiana establece "Los tratados y convenios internacionales ratificados por el Congreso, que reconocen los derechos humanos y que prohíben su limitación en los

establecen la prevalencia absoluta de los tratados y convenios internacionales que versan sobre derechos humanos y la obligatoriedad de la interpretación sistemática de la parte dogmática de la constitución de conformidad con los instrumentos de derecho internacional ratificados por cada uno de esos países.

El segundo elemento peculiar del nuevo constitucionalismo latinoamericano, que afecta tanto a la teoría general de los derechos fundamentales como la hermenéutica constitucional, es la ampliación de la carta de derechos con la incorporación de *"nuevos derechos"*, entre los que podemos citar, con un propósito exclusivamente enunciativo, aquellos que resguardan al ciudadano frente a los abusos de poder causados por el mal uso de la tecnología (*habeas data*)[7], los derechos de titularidad colectiva o difusa, entre los que debemos destacar el derecho al medio ambiente sano que incluye el derecho al equilibrio ecológico, la protección a la diversidad biológica, derecho a la ciudad[8], disposiciones regulatorias del uso del genoma de los seres vivos[9], el novedoso derecho a la paz[10] o finalmente los derechos que protegen las particularidades étnicas y culturales diferenciadas de los pueblos indígenas[11].

---

estados de excepción, prevalecen en el orden interno. Los deberes y derechos consagrados en esta Carta se interpretarán en conformidad con los tratados internacionales sobre derechos humanos ratificados por Colombia"

[6]   La disposición final cuarta de la Constitución dispone "Las normas relativas a los derechos y a las libertades que la Constitución reconoce se interpretan de conformidad con la Declaración Universal de Derechos Humanos y con los tratados y acuerdos internacionales sobre las mismas materia ratificados por el Perú"

[7]   El Art. 15 de la Constitución Colombiana de 1991 establece "Todas las personas tienen derecho a su intimidad personal y familiar y a su buen nombre, y el Estado debe respetarlos y hacerlos respetar. De igual modo tiene derecho a conocer, actualizar y rectificar las informaciones que se haya recogido sobre ellas en bancos de datos y en archivos de entidades públicas y privadas. En la recolección, tratamiento y circulación de datos se respetarán la libertad y demás garantías consagradas en la Constitución. La correspondencia y demás formas de comunicación privada son inviolables. Sólo pueden ser interceptadas o registradas mediante orden judicial, en los casos y con las formalidades que establezca la ley. Para efectos tributarios o judiciales y para los casos de inspección, vigilancia e intervención del Estado podrá exigirse la presentación de libros de contabilidad y demás documentos privados, en los términos que señale la ley". Por su parte el artículo Art. 92 de la Constitución ecuatoriana preceptúa "Toda persona, por sus propios derechos o como representante legitimado para el efecto, tendrá derecho a conocer de la existencia y a acceder a los documentos, datos genéticos, bancos o archivos de datos personales e informes que sobre sí misma, o sobre sus bienes, consten en entidades públicas o privadas, en soporte material o electrónico. Asimismo tendrá derecho a conocer el uso que se haga de ellos, su finalidad, el origen y destino de información personal y el tiempo de vigencia del archivo o banco de datos.

Las personas responsables de los bancos o archivos de datos personales podrán difundir la información archivada con autorización de su titular o de la ley. La persona titular de los datos podrá solicitar al responsable el acceso sin costo al archivo, así como la actualización de los datos, su rectificación, eliminación o anulación. En el caso de datos sensibles, cuyo archivo deberá estar autorizado por la ley o por la persona titular, se exigirá la adopción de las medidas de seguridad necesarias. Si no se atendiera su solicitud, ésta podrá acudir a la jueza o juez. La persona afectada podrá demandar por los perjuicios ocasionados."

[8]   Véase Art. 31 de la Constitución ecuatoriana.

[9]   Véase Art. 127 de la Constitución venezolana.

[10]   Véase Art. 22 de la Constitución colombiana.

[11]   Véase Capítulo VIII, artículo 119 a 126 de la Constitución venezolana.

En este aspecto es importante anotar que estos modelos constitucionales incorporan las denominadas cláusulas de apertura de los derechos, es decir, existe el carácter no taxativo de las declaraciones de derechos incorporadas en las constituciones. Así por medio de este tipo de prescripciones constitucionales se permite dar una protección reforzada a situaciones jurídicamente relevantes, presentes o futuras, que no obstante haber sido excluidas de la enumeración constitucional de los derechos constitucionales, debido a su conexidad con la dignidad de la persona, merecen ser garantizados a través de su reconocimiento como derechos, disposición que además facilita la interpretación dinámica de la Constitución conforme a las distintas realidades que pudiesen llegar a presentarse[12].

Es así que podemos observar, que tanto la tutela de los derechos humanos y logros alcanzados en materia de derechos constitucionales en América Latina es un resultado de la constante lucha social y del debate que se ha originado en estas latitudes, garantías que no puede encontrar su vía de escape en el derecho comunitario andino, es decir, no puede aceptarse que bajo el pretexto de integración desaparezcan los logros básicos de libertad, igualdad y democracia alcanzados en estos últimos años.

2.   *El rol que desempeñan los derechos constitucionales y humanos en los procesos de integración*

Múltiples y trascendentales son las funciones que los derechos constitucionales y humanos desempeñan dentro de procesos de integración comunitaria, en esta línea y para guiar mejor nuestro estudio mencionaremos cuatro dimensiones, siguiendo la descripción propuesta por Jesús María Casal[13], en las cuales los derechos humanos y constitucionales adquieren importancia dentro de los procesos de integración.

A.   *Como fundamentos o bases del proceso de integración*

Los derechos humanos y constitucionales representan uno de los pilares sobre los que descansa los procesos de integración, por constituir un acervo de valores compartidos por los Estados miembros, sin embargo, esto no se traduce en que la protección de los derechos constitucionales y humanos figure entre los objetivos de los procesos de integración económica, toda vez que su fin reside en el desarrollo de ámbitos productivos.

Sin embargo de lo anotado, en las frases introductorias del Acuerdo de Cartagena, los Estados parte afirman que actuarán *"Fundados en los principios de igualdad, justicia, paz, solidaridad y democracia"*, valores que sin lugar a duda comprenden a los derechos constitucionales y humanos, en esta contexto el artículo 1 del mismo cuerpo normativo determina que los *"objetivos* (que se persiguen por medio del proceso de integración) *tienen la finalidad de procurar un mejoramiento persistente en el nivel de vida de los habitantes de la Subregión"*, con lo cual podríamos colegir que dentro de la Comunidad se persigue, conjuntamente con el desarrollo económico la efectiva vigencia de los derechos económicos, sociales y culturales.

---

[12]   Véase Art. 94 de la Constitución colombiana, Art. 11 numeral 7 de la Constitución ecuatoriana.

[13]   Véase Jesús María Casal H., "Desafíos de los procesos de integración en materia de derechos humanos", en *V Curso Regional Andino de Derechos Humanos organizado por la Comisión Andina de Juristas y publicado por el Consejo Consultivo Laboral Andino en el marco del Proyecto de Consolidación de los Órganos Técnicos del CCLA* que financia la AECI y la Fundación Paz y Solidaridad de España, Perú, 2006.

Adicionalmente, una exigencia que en el proceso CAN se han impuesto los Estados parte es el de la democracia, en efecto con la aprobación del Protocolo Adicional sobre el *"Compromiso de la Comunidad Andina por la Democracia"* en 1998, se presupone a ésta como uno de los elementos básicos que permite la eficacia de los derechos humanos y constitucionales dentro de los Estados miembros de la comunidad.

    B.   *Principios cuya preservación permite la incorporación o mantenimiento de un Estado en el acuerdo de integración*

Una importante expresión de la relevancia de los derechos humanos en los procesos de integración es la observancia a los mismos como una condición para el ingreso de un Estado a la organización o para su permanencia en ella. La incorporación de esta condición en los respectivos tratados se asemeja a la llamada cláusula democrática contemplada en varios instrumentos internacionales.

Como quedo anotado en el punto anterior, con la aprobación del Protocolo Adicional al Acuerdo de Cartagena denominado *"Compromiso por la Democracia"* en la CAN se ha enfatizado la importancia en la vigencia de las instituciones democráticas dentro de los países miembros y terceros que deseen ingresar, y es en este sentido que lo preceptuado en el Art. 1 del prenombrado instrumento establece *"La plena vigencia de las instituciones democráticas y el estado de derecho son condiciones esenciales para la cooperación política y el proceso de integración económica, social y cultural en el marco del Acuerdo de Cartagena y demás instrumentos del Sistema Andino de Integración"*.

La ruptura del carácter de las *"condiciones esenciales"* en la vigencia de las *"instituciones democráticas"* de los Estados miembros, da lugar a la medidas contempladas en el Art. 4, entre las cuales consta la suspensión de la participación del Estado en determinados órganos, proyectos o ámbitos de acción de la Comunidad, hasta incluso llegar a la suspensión de los derechos del Estado derivados del Acuerdo de Cartagena[14].

Ahora bien, es de señalar que los requisitos para el ingreso a la CAN se encuentran contemplados en el Art. 133 del Acuerdo de Cartagena, sin que en dicho precepto convencional exista mención expresa al *respeto de las instituciones democráticas, ni de los derechos*

---

[14]   *"Art. 4.- Si el resultado de las consultas mencionadas en el Artículo anterior así lo estableciera, se convocará el Consejo de Ministros de Relaciones Exteriores, el cual determinará si los acontecimientos ocurridos constituyen una ruptura del orden democrático, en cuyo caso adoptará medidas pertinentes para propiciar su pronto restablecimiento.*

Estas medidas conciernen especialmente a las relaciones y compromisos que se derivan del proceso de integración andino. Se aplicarán en razón de la gravedad y de la evolución de los acontecimientos políticos en el país afectado y comprenderán:

a. La suspensión de la participación del País Miembro en alguno de los órganos del Sistema Andino de Integración;

b. La suspensión de la participación en los proyectos de cooperación internacional que desarrollen los Países Miembros;

c. La extensión de la suspensión a otros órganos del Sistema, incluyendo la inhabilitación para acceder a facilidades o préstamos por parte de las instituciones financieras andinas;

d. Suspensión de derechos derivados del Acuerdo de Cartagena y concertación de una acción externa en otros ámbitos; y,

e. Otras medidas y acciones que de conformidad con el Derecho Internacional se consideren pertinentes."

humanos, sin embargo, el mismo precepto establece que las condiciones para el ingreso serán definidas por la Comisión, con lo cual se deja abierta la posibilidad que sea la Comisión quien imponga los requisitos antes enunciados.

Con relación a la anuencia sobre la condición de miembro asociado a países ajenos al proceso, en la Decisión 613 del Consejo Andino de Ministros de Relaciones Exteriores, del 7 de julio de 2005, por medio de la cual se confirió tal condición a los países del MERCOSUR, se estableció que: *"Los Miembros Asociados deberán adherir al Protocolo Adicional al Acuerdo de Cartagena 'Compromiso de la Comunidad Andina por la Democracia' y a la Carta Andina para la Promoción y Protección de los Derechos Humanos"*. Es decir, gracias a este precepto se desprende que el compromiso por la vigencia de las instituciones democráticas y de los derechos humanos se convierte en requisito forzoso para la vinculación a la Comunidad Andina en calidad de miembro asociado, lo que nos lleva a reflexionar que debe ser un requerimiento forzoso para un Estado que desea formar parte del proceso CAN.

C.   *Como valores que deben ser promovidos*

Sin lugar a duda, los derechos humanos deben ser considerados y promovidos dentro del diseño y ejecución de las políticas comunitarias, y es en este sentido que el Art. 8 del Protocolo Adicional al Acuerdo de *Cartagena "Compromiso de la Comunidad Andina por la Democracia"* dispone *"La Comunidad Andina procurará incorporar una cláusula democrática en los acuerdos que suscriba con terceros, conforme a los criterios contenidos en este Protocolo."*

En este contexto, la Decisión 485 del Consejo de Ministros de Relaciones Exteriores de 25 de mayo de 1999, atinente a los *"Lineamientos de la Política Exterior Común"*, consagra a los derechos humanos entre los principios que han de guiar la política exterior de la Comunidad y contempla su promoción y respeto como uno de sus objetivos[15], haciendo de esta forma visible el objetivo de respeto de los derechos humanos. En el mismo sentido la Decisión 587 de 10 de julio de 2004, relativa a los *"Lineamientos de la Política de Seguridad Externa Común Andina"*, se refiere a la *"promoción y protección de los derechos humanos"*[16] como uno de los principios en que ha de basarse dicha política.

D.   *Como exigencias que deben ser respetadas*

Uno de los temas que ha ocasionado mayor debate en la actualidad es el referido al límite efectivo que los derechos constitucionales y humanos deben ejercer dentro de los procesos de integración. No hay lugar a discusión que los derechos humanos son barreras de respeto en el ejercicio de las competencias de las instituciones comunitarias y de la actuación estatal cobijada en el Derecho comunitario, en este orden de ideas los sistemas de integración deben cumplir un rol de respeto de los derechos humanos.

Este deber de respeto de los derechos humanos dentro del sistema andino de integración se deduce de instrumentos como el ya mencionado Protocolo Adicional al Acuerdo de Cartagena *"Compromiso de la Comunidad Andina por la Democracia"*, Tratado constitutivo del Parlamento Andino de 1979, así como su Protocolo Adicional, de 1997, en los cuales se señala que uno de los propósitos del Parlamento Andino es *"Velar por el respeto de los dere-*

---

[15]   Véase Arts. 1 numeral I literales d) y e).

[16]   Véase Art. 1 numeral II.

chos humanos dentro del marco de los instrumentos internacionales vigentes sobre la materia para todas las Partes Contratantes"[17].

Resulta evidente entonces, que la obligación de respeto de los derechos humanos no puede ser ajena a las propias instituciones del sistema de integración, cuyo cumplimiento debe evaluarse en base a los instrumentos internacionales sobre derechos humanos comunes, en de los cuales los Estados parte del proceso CAN son signatarios, tenemos por ejemplo: la Convención Americana sobre Derechos Humanos, el Pacto Internacional de Derechos Civiles y Políticos, el Pacto Internacional de Derechos Económicos, Sociales y Culturales, entre otros.

Finalmente, en la Carta Andina de Promoción y Protección de los Derechos Humanos, aun con la discrepancia existente acerca de su fuerza jurídica, tema que será abordado más adelante, consta una expresa declaración de la importancia que le asignan los Estados parte a la observancia de los derechos humanos, pues

> *Reconocen que **todos los derechos humanos deben ser exigibles y reafirman su compromiso de respetar y hacer respetar los derechos humanos y las libertades fundamentales consagrados en los instrumentos internacionales, y en las leyes nacionales**, y de adoptar todas las medidas legales y administrativas necesarias para prevenir e investigar los hechos que puedan constituir violaciones de los derechos humanos, asegurar la eficacia de los recursos constitucionales y judiciales, juzgar y sancionar a los responsables de éstas y reparar integralmente a las víctimas, de conformidad con la ley*[18]. (El énfasis nos corresponde)

3. *Tutela otorgada los derechos humanos y constitucionales dentro de los procesos de integración*

A. *En la Unión Europea*

Una primera aclaración antes de analizar lo principal en este punto. En este apartado nos referiremos a derechos fundamentales, toda vez que en Europa existe la distinción entre los derechos fundamentales y constitucionales, por los distintos niveles de exigibilidad existente, lo que no ocurre en nuestra realidad constitucional en virtud del mandato contenido en el Art. 11 numeral 6 de la Constitución ecuatoriana que prescribe *"Todos los principios y los derechos son inalienables, irrenunciables, indivisibles, interdependientes y de igual jerarquía"*.

Una vez realizada la aclaración, al punto central de nuestro análisis. Con la profundización de la integración europea surge la conciencia sobre la necesidad de articular formas de tutela de los derechos humanos y fundamentales dentro de la Comunidad, así podemos mencionar al caso *Stauder* de 1969, como el caso hito en la tutela de derechos humanos dentro de la Unión Europea, y es que por medio de la resolución de este proceso que el Tribunal de Justicia de la Comunidades Europeas (en adelante TJCE) se consideró competente para controlar el respeto de los derechos humanos y fundamentales en la aplicación y ejecución del derecho comunitario por parte de las instituciones supranacionales, argumentando principalmente que estos derechos constituyen *"principios generales del derecho comunitario"*. Este

---

[17]   Art. 12 literal c) del Tratado constitutivo del Parlamento Andino y Art. 11 c) del Protocolo Adicional del Tratado constitutivo del Parlamento Andino.

[18]   Art. 2 de la Carta Andina para la promoción y protección de los Derechos Humanos, suscrita el 26 de julio del 2002, en Guayaquil – Ecuador.

control se extendió posteriormente a los actos de los Estados miembros dictados dentro de las competencias del derecho comunitario desde 1989[19].

Aunque es un gran paso en materia de tutela de derechos fundamentales y humanos que de ninguna manera debe ser menospreciado, la consideración que estos derechos se constituyan en *"principios generales del derecho comunitario"* impide que sean

"...protegidos o desarrollados por los órganos políticos, que se han de limitar a respetarlos; son normas no escritas, que sólo los jueces pueden definir y utilizar para basar en ellas su decisión, aunque deban ser tenidas en cuenta por las instancias normativas para no infringirlas con sus propias decisiones. Son normas de control, no de apoderamiento o mandato y, en consecuencia, como principios generales sólo pueden valer Derechos susceptibles de garantía judicial"[20]

Es decir, gracias a esta interpretación los derechos humanos y fundamentales no son fuente inmediata del derecho comunitario europeo, sino tan solo fuente mediata vía *principios generales del derecho.*

Ahora bien, aún con la categoría de *"principios generales del derecho comunitario"* el Tribunal de Comunidades Europeas abrió paso al notable desarrollo jurisprudencial[21], al asumir el control de la normativa comunitaria desde la observancia de los derechos fundamentales y humanos. Así el TJCE consolidó por esta vía el monopolio la interpretación de la normativa comunitaria y primacía sobre las Constituciones de cada Estado[22] impidiendo de esta manera que cada Tribunal Constitucional estatal tutele los derechos humanos y fundamentales cuando se trate de normas y actos comunitarios.

---

[19] Véase Jesús María Casal H., "Desafíos de los procesos de integración en materia de derechos humanos", en V Curso Regional Andino de Derechos Humanos organizado por la Comisión Andina de Juristas y publicado por el Consejo Consultivo Laboral Andino en el marco del Proyecto de Consolidación de los Órganos Técnicos del CCLA que financia la AECI y la Fundación Paz y Solidaridad de España, Perú, 2006, p. 9 y 10.

[20] Francisco Rubio Llorente, "Mostrar los derechos in destruir la unión", en Eduardo García de Enterría, *La encrucijada constitucional de la Unión Europea,* Madrid, Civitas S.A., 2002, p. 144

[21] Derechos como: dignidad humana (sentencia Casagrande de 1974), principio de igualdad (asunto Klöckner-Werke AG de 1976), principio de no discriminación (asunto Defrenne/Sabena de 1976), libertad de asociación (sentencias Confédération syndicale, Massa de 1974), libertad de religión y creencias (sentencia Prais de 1976), protección de la vida privada (sentencia National Panasonic de 1980), secreto médico (asunto Comisión /República Federal de Alemania de 1992), derecho a la propiedad (sentencia Hauer de 1979), libertad profesional (sentencia Hauer de 1979), libertad de comercio (sentencia Intern. Handelsgesellschaft de 1970), libertad económica (sentencia Usinor de 1984), libertad de competencia (sentencia Francia de 1985), respeto de la vida familiar (asunto Comisión/Alemania de 1989), derecho a la tutela judicial eficaz y a un procedimiento equitativo (sentencia Johnson/Chief Constable of the Royal Ulster Constabulary de 1986; sentencia Pecastaing/Bélgica de 1980), inviolabilidad del domicilio (sentencia Hoescht AG/Comisión de 1989), libertad de opinión y de publicación (sentencia VBVB,VBBB de 1984). Véase http://europea.eu.int/scadplus/leg/es/lvb/l33021.htm. 08-09-2011.

[22] Véase Francisco Rubio Llorente, "Mostrar los derechos in destruir la unión", en Eduardo García de Enterría, *La encrucijada constitucional de la Unión Europea,* Madrid, Civitas S.A., 2002, p. 143.

En esta lógica, los derechos así configurados por el TJCE han sido funcionalmente garantizados en relación con los bienes y actividades de la Unión Europea, por lo que podemos decir entonces, que no existe una protección absoluta de los derechos fundamentales y humanos, sino solo aquellos que tienen relación con la función de la Unión Europea. Es decir, el TJCE se hace cargo de la tutela de derechos en tanto tengan relación con las competencias asumidas por la UE. Sin embargo, y valer resaltar que en el proceso comunitario europeo al no constar las materias cuyo ejercicio se transfiere a la comunidad expresamente definidas, y en virtud de la expansión progresiva del proceso, la tutela de los derechos vía pretoriana por parte del TJCE también deberá irse ampliando.

Es importante señalar en este aspecto, que el desarrollo de los derechos humanos y fundamentales dentro del ordenamiento comunitario europeo surge a partir de la resistencia de los Tribunales Constitucionales europeos, en especial el alemán e italiano, a no abdicar en su función de protección de los derechos fundamentales y humanos. Y es en este sentido que en la sentencia del Tribunal Constitucional Federal alemán de 29 de mayo de 1974 (en la que se instaura la tesis denominada Solange I), declaró que en tanto careciese las Comunidades Europeas de *"un catálogo codificado de derechos fundamentales"* que dotase de seguridad jurídica a la protección de los derechos fundamentales y *"mientras que esta certeza jurídica, que no se garantiza meramente por las sentencias del TJCE aunque éstas hayan sido favorables a los derechos fundamentales, no se alcanza en el curso de la futura integración de la Comunidad"*, el Tribunal Constitucional alemán se reserva su propia competencia, para controlar la constitucionalidad de las normas comunitaria que afecten a los derechos fundamentales[23].

Es con esta decisión hito que el Tribunal Constitucional Federal alemán instauró los siguientes principios en relación de la tutela de derechos humanos y fundamentales en el derecho comunitario:

> *"1. Que ante una oposición entre derechos fundamentales y derecho comunitario debían prevalecer los primeros.*
>
> *2. Que quien tenía que reparar la vulneración era el Tribunal de Justicia de las Comunidades.*
>
> *3. Que, si dicha reparación no prosperaba, debían actuar los tribunales alemanes*
>
> *4. Que, dichos tribunales, incluido el Tribunal Constitucional Federal, sólo podían inaplicar la norma comunitaria, sin declarar su invalidez"*[24]

Lo que pretendió el Tribunal Constitucional Federal alemán fue tutelar el principio fundamental de una protección jurídica efectiva, es decir, asumir la competencia de tutela de los derechos humanos y fundamentales ante el vacío del sistema comunitario en esta materia. Es en esta línea que el Tribunal Federal Alemán declaró posteriormente que *"existe ya 'un nivel de protección mínimo de los derechos fundamentales que satisface en principio las exigencias desde el punto de vista del Derecho Comunitario' nivel que no debe ser idéntico al interno sino 'equivalente'. Concluye el Tribunal Constitucional Federal alemán indicando que, mientras se dispense esa protección no llevará a cabo control alguno del Derecho Comuni-*

---

[23]   Álvaro Rodríguez Berejo, "El valor jurídico de la carta de los derechos fundamentales", en Eduardo García de Enterría, *La encrucijada constitucional de la Unión Europea*, Madrid, Civitas S.A., 2002, p. 203.

[24]   Pablo Pérez Tremps, *Constitución Española y Comunidad europea*, Madrid, Civitas S.A., 1994, p. 152.

tario"[25], con lo cual, el Tribunal considero que la tutela que otorga en materia de derechos humanos y fundamentales es subsidiaria, es decir, opera solo ante el inexistente control por parte del TJCE.

La exigencia que la protección a nivel comunitario sea *"equivalente"* a la protección de los derechos constitucionales y humanos otorgada dentro de los sistemas internos, fue interpretada como que no puede traducirse en identidad de protección, pues ello implicaría que el ordenamiento comunitario sea el mismo que los ordenamientos nacionales, lo cual supondría la anulación de la idea misma de integración (reconocimiento de diversidad de ordenamientos) y conduciría a otra forma de consolidación política, la federal. Esta *"equivalencia de protección"* el Tribunal Federal alemán la ha entendido en el sentido que la protección de los derechos fundamentales debe ser similar, aunque las técnicas varíen, es decir, el requisito de equivalencia se cumple cuando existe tutela de derechos humanos y fundamentales aun cuando los mecanismos entre los ordenamientos comunitario y nacionales disímiles, lo que a nuestra consideración no podría variar es el nivel de protección, tema que resulta por demás conflictivo y que no ha sido resuelto todavía por parte del TJCE, ni por la justicia constitucional de los Estados parte.

Por su parte, la Corte Constitucional italiana desde su decisión SCCI 183/1973, denominado caso *Frontini* ha mantenido como límite al proceso de integración los *"derechos inalienables de la persona humana"* correspondiéndole por lo tanto el control que éste límite no sea rebasado por el derecho comunitario (SCCI 232/1975, caso *Industrie Chimiche Italia Centrale).* Posteriormente, en esta misma línea con la decisión SCCI 170/1984 la Corte Constitucional posibilitó a que los jueces y tribunales ordinarios no apliquen normas nacionales contrarias al derecho comunitario, manteniendo como límite para su aplicación los derechos inalienables de la persona humana y los principios fundamentales del ordenamiento constitucional italiano[26].

La falta de un cuerpo normativo que establezca de una manera clara y precisa el catálogo de derechos fundamentales de la Comunidad Europea ha llevado a pensar la opción teórica de procurar la adhesión de la Unión Europea al Convenio Europeo para la Protección de los Derechos Humanos y las Libertades Fundamentales (CEDH), de manera que la última palabra en materia de derechos humanos la tenga siempre el Tribunal de Estrasburgo (TJCEDH), incluso cuando el acto cuestionado por vulnerar derechos humanos provenga exclusivamente de la aplicación del derecho comunitario, previo agotamiento de los recursos que ofrece el ordenamiento jurídico comunitario.

Así en un principio parecía éste el criterio que el TJCE iba a manejar, toda vez que en la sentencia sobre el asunto denominado *Nold,* de 14 de mayo de 1975, el TJCE se pronunció precisando que no sólo serán las tradiciones comunes estatales, *principios generales del derecho comunitario,* las que inspiren su labor en la tutela de los derechos humanos y fundamentales, sino que también podrán acudir a *"los tratados internacionales para la protección de los derechos humanos en los que los Estados miembros han colaborado o de los que sean signatarios"*, dejando entrever con este pronunciamiento, la singular función que cumple el

---

[25]   Véase Pablo Pérez Tremps, *op.cit.*, p. 153.

[26]   Véase *Ibídem.* p. 154

CEDH en la garantía de un estándar mínimo europeo en la protección de los derechos humanos dentro del proceso comunitario[27].

Sin embargo este criterio no se mantuvo pues posteriormente tanto de la jurisprudencia del TJCE, así como de la del TJCEDH se pudo deducir que la regulación de la CEDH no tiene más que un carácter eminentemente inspirador dentro del proceso comunitario europeo. De la jurisprudencia del primero, TJCE, se puede hacer mención a la sentencia denominada *Johnston,* de 15 de mayo de 1986, número 222/84, por medio de la cual se declara que la CEDH es un texto que *"conviene tener en cuenta",* pero que *"no vincula a la Comunidad en cuanto tal y no constituye un elemento de Derecho comunitario"*[28]. En tanto que en la jurisprudencia del TJCEDH podemos mencionar el caso *Bosphorus Airways* vs. Irlanda resuelto mediante sentencia de 30 de junio de 2005, en el cual, ante la denuncia de violación de derechos humanos originada por la estricta ejecución de autoridades irlandesas de normas comunitarias, el TJCEDH abordó la problemática de las relaciones entre la protección comunitaria de estos derechos y la que tiene encomendada con base en el Convenio Europeo de Derechos Humanos, estableciendo que si la Unión Europea ofrece en términos generales una protección de los derechos humanos equivalente a la asegurada por el Convenio, no entrará a controlar las decisiones o normativas comunitarias, ni los actos estatales de estricta aplicación, a menos que en el caso concreto se observe una insuficiencia manifiesta en la tutela del derecho[29].

Solventar la pregunta ¿cuando resulta manifiesta la tutela del derecho?, no es una cuestión pacífica de solucionar, y el panorama se complica más si la protección dispensada a nivel comunitario no debe ser idéntica a la de los sistemas jurídicos nacionales sino tan sólo equivalente. Finalmente sobre este aspecto es de anotar que la solución que la Unión Europea se adhiera al CEDH ha sido rechazada por el TJCE en 1996, para lo cual se argumentó que de acuerdo con los tratados de la Comunidad Europea el Tribunal, el TJCE carecía de competencias para celebrar un tratado internacional[30].

Ante la ausencia de un catálogo de derechos, la Carta de Derechos Fundamentales de la Unión Europea promulgada en diciembre del año 2000, conocida como Carta de Niza, colmo el vacío de los tratados constitutivos de la Comunidad Europea sobre una *"Declaración de Derechos"* aplicables ante las eventuales vulneraciones de los derechos fundamentales por las instituciones y órganos comunitarios, haciendo visible la conciencia de la necesidad de articular la protección comunitaria de los derechos humanos y fundamentales.

La Carta de los Derechos Fundamentales de la Unión Europea es proclamada en la ciudad de Niza conjuntamente por el Consejo Europeo, la Comisión y el Parlamento Europeo, sin que se le haya otorgado un valor jurídico obligatorio. Sin embargo de ello, y a pesar de no poseer valor jurídico vinculante para las instituciones comunitarias, la Carta sirve de guía para la interpretación de los derechos fundamentales para el TJCE. La denominación que se le da a la esta Carta es variado pero el sentido esencial se mantiene como una *"fuente de inspiración"* en tanto una codificación de los derechos y valores de las tradiciones constitu-

---

[27]   Véase Marco Aparicio Wilhelmi, *Implicaciones constitucionales del proceso de integración europea. El Art. 93 de la Constitución española como cláusula de apertura en la interrelación ordinamental en un marco pluralista,* Universitat Autónoma de Barcelona, tesis doctoral, capitulo II, 2002.

[28]   Véase *Ibídem.*

[29]   Véase Jesús María Casal H., *op. cit.*

[30]   Véase Jesús María Casal H., *op. cit.*

cionales comunes de los Estados miembros, o como *"documento interpretativo"* en la aplicación de los actos de las instituciones comunitarias[31].

B.   *En la Comunidad Andina*

Para partir al análisis de la protección de los derechos humanos y constitucionales a nivel de la Comunidad Andina, en primer lugar haremos referencia al grado de integración existente en este proceso, para lo cual nos apoyaremos en los conceptos de derecho comunitario.

Caloggero Pizzolo realiza una distinción entre derecho de integración y derecho comunitario en el sentido que al derecho de integración le es aplicable las normas del derecho internacional general, éste nunca dotado de autonomía que le permita obtener identidad fuera de él, de tal modo que la denominación derecho de integración hace referencia a un tipo de proceso de integración jurídicamente regulado por el derecho internacional general, es decir un tipo de asociación y cooperación. En tanto que derecho comunitario es una especie de los procesos de integración, el comunitario se encuentra determinado por principios diversos jurídicamente, regulados por él mismo[32].

Pérez Tremps considera que debe partirse de la distinción entre el derecho de la integración, como género, más cercano al derecho internacional, pero particularizado en función del marco en el que se produce y de los objetivos a los que atiende, y el Derecho comunitario, como especie a la que tiende a evolucionar el género, ordenamiento jurídico propio dotado de autonomía frente al derecho internacional, gracias a los principios de efecto directo y primacía de sus normas, así como por los procedimientos de adopción de decisiones[33].

Queda claro entonces, a partir de esta distinción de tipo terminológico, que integración guarda alusión con un proceso de cooperación, no así con el derecho comunitario autónomo. En esa línea, las clausulas constitucionales que se refieren a *"integración"* no tienen relación con el derecho comunitario, y por consiguiente la lectura sistemática de los textos constitucionales latinoamericanos darían lugar a la interpretación que respecto al control de los tratados de integración es plenamente procedente el control de constitucionalidad previsto para el caso del derecho internacional general.

Ahora bien, la óptica de la real voluntad de integración de los Estados parte reflejada, en primer lugar, por en el grado de cesión del ejercicio de competencias soberanas, y en segundo lugar, por su libertad para responder a los compromisos comunitarios, son los elementos que denotan que un proceso se sitúe en un plano de integración o un proceso comunitario. Es decir, el derecho comunitario sería un sistema jurídico que nace del derecho de integración, pero que por su desarrollo adquiere autonomía del derecho internacional. La cesión paulatina del ejercicio de competencias estatales nos lleva a la conclusión que la integración es un fenómeno gradual y dinámico, en el que coexisten distintos grados de evolución, tanto en su planteamiento inicial como en su desarrollo ulterior.

La Comunidad Andina con la estructura supraestatal de la que se encuentra dotada, rebaso el nivel de la integración, sin embargo, no ha llegado a los niveles comunitarios euro-

---

[31]   Véase Álvaro Rodríguez Bereijo, *op. cit.*

[32]   Véase Caloggero Pizzolo, *Globalización e integración. Ensayo de una teoría general*, Buenos Aires, Ediart, 2002, p. 86-87

[33]   Véase Pablo Pérez Tremps, *op. cit.*

peos, por lo que podríamos decir, que el proceso de integración andino se encuentra en un nivel intermedio entre la integración en el sentido del derecho internacional general y el derecho comunitario, lo cual no ha permitido que el debate de la garantía de los derechos humanos y constitucionales sea una cuestión primordial a resolver.

Y es así que a diferencia de lo ocurrido en el proceso comunitario europeo, el Tribunal de Justicia de la Comunidad Andina (en adelante TJCAN) en su operar ha sido pasivo en relación a la tutela de los derechos constitucionales y humanos, limitándose a las fuentes que comprende el ordenamiento comunitario conforme lo determina el Art. 1 del Tratado de Creación del Tribunal de Justicia de la Comunidad Andina[34]. Así lo demuestra por ejemplo el fallo de 20 de febrero de 2002, proceso 56-DL-2001, en el cual se alegaba vulneraciones a derechos humanos por parte de las instituciones comunitarias, sin embargo el TJCAN resolvió el caso sin necesidad de pronunciarse sobre su competencia para examinar violaciones a derechos humanos cometidas por instancias comunitarias[35].

No obstante lo anotado en el punto anterior, el TJCAN si ha recurrido a los *principios generales,* en igual sentido que el TJCE para realizar la interpretación e integración del derecho comunitario andino, así por ejemplo tenemos los fallos en los procesos: 4-N-92 de 28 de enero de 1993 en el cual el TJCAN declaró en relación con el derecho a la defensa y al debido proceso que la solución recogida en la Resolución impugnada *"resultaría contraria a los principios generales del derecho, al principio de legalidad, al derecho de defensa y al principio del debido proceso"*. En la sentencia del proceso 2-AI-96 de 13 de agosto de 1997 el Tribunal aplica el principio de inmutabilidad de la sentencia con autoridad de cosa juzgada y se sustenta para ello en la categoría de los *principios generales del derecho.* En el proceso 116-AI-2003, sentencia de 21 de abril de 2004 el TJCAN invoca, con igual fundamentación, el principio de admisibilidad del desistimiento en todo estado del proceso mientras no se haya pronunciado el fallo definitivo, con la misma categoría de *principios generales*[36]. Finalmente la sentencia del proceso 90-IP-2008 de 22 de agosto del 2008 determina que:

> *"Más allá de los fines meramente empresariales, de eficiencia y productividad, la normativa comunitaria en esta materia debe interpretarse siempre teniendo en cuenta los derechos de primer orden enunciados, ya que **la libertad empresarial debe desarrollarse dentro del marco de los derechos humanos y los derechos fundamentales** y, por lo tanto, no es un derecho absoluto que no tenga límites. Es por lo anterior, que todos los artículos que componen la Decisión 197 deben observarse a la luz de este principio en conjunción con el objetivo principal del desarrollo de la ganadería y la agroindustria en la región"* (El énfasis nos pertenece)

---

[34] *"Artículo 1.- El ordenamiento jurídico de la Comunidad Andina comprende:*

a) El Acuerdo de Cartagena, sus Protocolos e Instrumentos adicionales;

b) El presente Tratado y sus Protocolos Modificatorios;

c) Las Decisiones del Consejo Andino de Ministros de Relaciones Exteriores y la Comisión de la Comunidad Andina;

d) Las Resoluciones de la Secretaría General de la Comunidad Andina; y,

e) Los Convenios de Complementación Industrial y otros que adopten los Países Miembros entre sí y en el marco del proceso de la integración subregional andina."

[35] Véase Jesús María Casal H., *op. cit.*

[36] Véase *Ibídem.*

Podemos decir entonces, que los derechos humanos y constitucionales han tenido una presencia tenue en la aplicación del Derecho Comunitario por parte del TJCAN.

Una reflexión con respecto a este tema, consideramos que lo prescrito en el Art. 1 del Tratado de Creación del Tribunal de Justica de la Comunidad Andina, atinente a las fuentes del ordenamiento jurídico comunitario, no opera en el vacío, es decir el Tribunal de Justicia de la Comunidad Andina puede y debe requerir en su actividad hermenéutica de la base que sustenta a dichas fuentes normativas comunitarias y en ese sentido que operan los derechos humanos y constitucionales. La existencia de un *"ordenamiento jurídico comunitario"* implica la vigencia de, a más de las disposiciones normativas comunitarias, de un conjunto de principios jurídicos que fundamenten el proceso de integración –Constituciones de los Estados parte-, Normas Supremas que responden a un sistema de protección y garantía de derechos humanos y constitucionales. Las Constituciones, así como los instrumentos de Derechos Humanos que han suscrito los Estados Parte del proceso de la CAN son los instrumentos que se encuentran subyacentes a la normativa comunitaria, consecuentemente las instituciones comunitarias se encuentren vinculadas a estos derechos como límites en su gestión.

A nivel de la Comunidad Andina, al igual que en el caso de la Unión Europea ante la ausencia de una Carta de Derechos Fundamentales, se promulgó la Carta Andina para la Promoción y Protección de los Derechos Humanos (en adelante CADH) como puerta de ingreso de los derechos humanos y constitucionales en el derecho comunitario. Ésta fue aprobada el año 2002 por el Consejo Presidencial Andino, y en el mismo sentido que la Carta europea, no constituye fuente inmediata de derecho comunitario. La Carta está llamada a *"inspirar"* las fuentes inmediatas del derecho comunitario andino. Y es en este contexto que el Art. 96 de la CADH determina que *"El carácter vinculante de esta Carta será decidido por el Consejo Andino de Ministros de Relaciones Exteriores en el momento oportuno"*, sin que hasta la fecha exista un pronunciamiento del Consejo Andino de Ministros de Relaciones Exteriores sobre este asunto.

Y en el mismo sentido que la Carta de Niza, la Carta Andina orienta la labor de identificación de los derechos que deben ser tratados como *"principios generales del derecho comunitario andino"* por parte del TJCAN, adicionalmente, puede guiar la actuación de todas las instituciones de la Comunidad, aun cuando no posea un carácter vinculante directo y general. Así la Decisión 613, ya mencionada en puntos anteriores de este estudio, conforme lo prescrito en el Art. 3 supedita la incorporación de los países del MERCOSUR en calidad de asociados de la Comunidad Andina, a la adhesión de los mismos a la Carta Andina de Derechos Humanos. Por lo que podemos concluir, que aún sin valor jurídico determinado por el órgano competente, la praxis comunitaria le está dotando de un valor referencial de observancia, pues, su respeto se constituye en condición indispensable para que un país pueda ser asociado de la Comunidad.

Finalmente, vale mencionar que la actual relación entre el derecho comunitario andino y el derecho internacional de derecho humanos es de exclusión, es decir, el derecho comunitario andino, se encuentra al margen del control correspondiente a los organismos internacionales de protección de los derechos humanos como la Comisión Interamericana de Derechos Humanos y la Corte Interamericana de Derechos Humanos. Sin embargo, las instituciones supranacionales comunitarias, facultadas para dictar normas aplicables directa y preferentemente en el ordenamiento jurídico de los países parte, pueden sin embargo llegar a vulnerar derechos humanos tutelados por el Sistema Interamericano de Derechos Humanos, frente a lo cual, en nuestro criterio, deben articularse mecanismos adecuados de protección.

En efecto, es preciso recordar que las obligaciones de respeto y garantía de los Estados atinentes a los de derechos humanos no terminan en virtud de su incorporación a acuerdos de integración supranacional y de la cesión del ejercicio de competencias. Las obligaciones internaciones con relación a la observancia de los derechos humanos siguen vigentes incluso en relación con actuaciones efectuadas en ejecución de normas comunitarias, de ahí que si el sistema comunitario andino no tiene los mecanismos de protección adecuada de los derechos humanos los Estados podrían ser censurados por incumplimiento de sus compromisos internacionales de acuerdo a lo dispuesto en el Art. 1.1 de la Convención Americana sobre Derechos Humanos[37]

III. SOLUCIONES QUE PUEDEN PLANTEARSE A NIVEL COMUNITARIO PARA EL RECONOCIMIENTO DE LOS DERECHOS HUMANOS Y CONSTITUCIONALES

Al igual que ocurrió en Europa, los Tribunales y Cortes Constitucionales deben asumir, aunque sea de una manera subsidiaria, la tutela de los derechos humanos y constitucionales, a manera de presión hasta tanto se reconozca el carácter vinculante de la Carta Andina de Derechos Humanos, tal como sucedió en la teoría *Solange I* alemana. En el caso ecuatoriano en particular podríamos pensar que las garantías jurisdiccionales de los derechos eventualmente tendrían cabida en cuanto a la responsabilidad atinentes a la vulneración de derechos, pues, como hemos ya mencionado, el formar parte de un proceso de integración no le exime al Estado de las responsabilidades asumidas, tanto a nivel internacional en materia de derechos humanos, como a nivel nacional.

El TJCAN en la misma línea que el TJCE debe desarrollar el reconocimiento de los derechos humanos y constitucionales, asumiendo que las fuentes determinadas del derecho comunitario andino tienen su sustento en las Constituciones Andinas, así como en el Derecho Internacional de los Derechos Humanos, aun cuando los fines de los procesos de integración sean eminentemente económicos existe claras relaciones con la efectiva vigencia de los derechos constitucionales, especialmente los DESC. En esta misma línea la labor hermenéutica del Tribunal Andino puede apoyarse en la Carta como fuente de *inspiración* o documento de *interpretación.*

El vacío en la protección de los derechos humanos y constitucionales por parte del sistema comunitario andino hace que éste carezca de las bases democráticas materiales. En este contexto, consideramos que los órganos comunitarios también deben preocuparse en buscar mecanismos de protección equivalente en materia de derechos humanos y constitucionales, al existente en los de los ordenamientos jurídicos nacionales. En este orden de ideas, el ordenamiento comunitario andino debe ofrecer al menos una *equivalencia* en la protección de los derechos humanos y constitucionales que los ordenamientos nacionales de los Estado parte brinda.

Con el fin de no desvirtuar la naturaleza misma del proceso de integración andino, a lo que debe propenderse es en encontrar la compatibilidad entre el ordenamiento supranacional y los ordenamientos nacionales con el fin que las soluciones que se ofrezcan sean realmente las que beneficien a los ciudadanos andinos. Así los mecanismos que se activen para la tutela

---

[37] *"Artículo 1. Obligación de Respetar los Derechos. 1. Los Estados Partes en esta Convención se comprometen a respetar los derechos y libertades reconocidos en ella y a garantizar su libre y pleno ejercicio a toda persona que esté sujeta a su jurisdicción, sin discriminación alguna por motivos de raza, color, sexo, idioma, religión, opiniones políticas o de cualquier otra índole, origen nacional o social, posición económica, nacimiento o cualquier otra condición social."*

de los derechos humanos y constitucionales deben ser aquellos que ofrece el sistema comunitario, en virtud de los principios de primacía del derecho comunitario y aplicación preferente de la norma comunitaria.

BIBLIOGRAFÍA

Aparicio Wilhelmi, Marco, *Implicaciones constitucionales del proceso de integración europea. El Art. 93 de la Constitución española como cláusula de apertura en la interrelación ordinamental en un marco pluralista*, Universitat Autónoma de Barcelona, tesis doctoral, 2002, capitulo II.

Casal H., Jesús María, "Desafíos de los procesos de integración en materia de derechos humanos", en *V Curso Regional Andino de Derechos Humanos organizado por la Comisión Andina de Juristas* y publicado por el Consejo Consultivo Laboral Andino en el marco del Proyecto de Consolidación de los Órganos Técnicos del CCLA que financia la AECI y la Fundación Paz y Solidaridad de España, Perú, 2006.

Nino, Calos Santiago, *Ética y derechos humanos*, Buenos Aires, 1984.

Pérez Tremps, Pablo, *Constitución Española y Comunidad europea*, Madrid, Civitas S.A., 1994.

Pizzolo, Caloggero, *Globalización e integración. Ensayo de una teoría general*, Buenos Aires, Ediart, 2002.

Quindimil López, Jorge Antonio, *Instituciones y Derecho de la Comunidad Andina*, Universidade da Coruña, Valencia, 2006.

Rodríguez Bereijo, Alvaro "El valor jurídico de la carta de los derechos fundamentales", en Eduardo García de Enterría, *La encrucijada constitucional de la Unión Europea*, Madrid, Civitas S.A., 2002.

Rubio Llorente, Francisco, "Mostrar los derechos in destruir la unión", en Eduardo García de Enterría, *La encrucijada constitucional de la Unión Europea*, Madrid, Civitas S.A., 2002.

Uprimy, Rodrigo, *Las transformaciones constitucionales recientes en América Latina: tendencias y desafíos,* Inédito, 2010.

LEGISLACIÓN

Información Legislativa

LEYES, DECRETOS NORMATIVOS, REGLAMENTOS Y RESOLUCIONES DE EFECTOS GENERALES DICTADOS DURANTE EL PRIMER TRIMESTRE DE 2014

Recopilación y selección
por Carlos Reverón Boulton
Abogado

SUMARIO

I. **ORDENAMIENTO ORGÁNICO DEL ESTADO**

1. *Régimen del Poder Público Nacional.* A. Administración Central. a. Órganos Desconcentrados de las Regiones Estratégicas de Desarrollo Integral (REDI). b. Comisión Presidencial.

II. **RÉGIMEN DE LA ADMINISTRACIÓN GENERAL DEL ESTADO**

1. *Sistema Financiero.* A. Ley de Reforma Parcial de la Ley de Timbre Fiscal B. Emisión de bonos de la deuda pública nacional. C. Emisión de Letras del Tesoro. 2. *Sistema Impositivo.* A. Ajuste de la Unidad Tributaria. B. Impuesto al Valor Agregado: Exoneraciones.

III. **RÉGIMEN DE POLÍTICA, SEGURIDAD Y DEFENSA**

1. *Política de Relaciones Exteriores*: *Tratados, acuerdos y convenios.* A. Leyes Aprobatorias. B. Memorándum de Entendimiento. C. Publicación de Acuerdos y Convenios. D. Entrada en vigor de los Acuerdos, Convenios y Memorándum de Entendimiento. 2. *Seguridad y defensa: Seguridad Ciudadana.*

IV. **RÉGIMEN DE LA ECONOMÍA**

1. *Régimen Cambiario.* A. Convenios Cambiarios. B. Adquisición de divisas. C. Contrato de fiel cumplimiento para operaciones cambiarias. D. Operaciones de corretaje en el mercado de divisas. 2. *Régimen de los Bancos y Otras Instituciones Financieras.* A. Carteras de Créditos. B. Encaje Legal. C. Normas que regulan a los corresponsales no bancarios. D. Pago de Cuota de Contribución que deben efectuar las instituciones sometidas a la Supervisión y Control de la Superintendencia de Instituciones del Sector Bancario (SUDEBAN). 3. *Régimen del comercio interno: Producción y comercialización de productos.* 4. *Régimen de la Energía Eléctrica: Habilitaciones Administrativas.* 5. *Régimen de la Actividad Aseguradora.* 6. *Régimen del Comercio Exterior.* A. Procedimiento para la exportación de productos. B. Prohibiciones. 7. *Régimen Regulatorio.*

V. **RÉGIMEN DEL DESARROLLO SOCIAL**

1. *Régimen de la Salud.* A. Prevención de Enfermedades. B. Control de Medicamentos. 2. *Régimen de la Vivienda.* A. Control de los Arrendamientos: Oferta de venta de inmuebles dedicados al arrendamiento. 3. *Régimen del Trabajo.* A. Salario Mínimo. 4. *Régimen del Turismo.*

I. ORDENAMIENTO ORGÁNICO DEL ESTADO

1. *Régimen del Poder Ejecutivo Nacional*

   A. *Administración Central*

      a. *Órganos Desconcentrados de las Regiones Estratégicas de Desarrollo Integral (REDI)*

Decreto N° 753 de la Presidencia de la República, mediante el cual se incluye al Estado Yaracuy en el espacio geográfico de la Región Estratégica de Desarrollo Integral Occidental. *G.O.* N° 40.342 de 27-01-2014.

      b. *Comisión Presidencial*

Decreto N° 723 de la Presidencia de la República, mediante el cual se crea la Comisión Presidencial para la Celebración de las Actividades Bicentenarias de la República Bolivariana de Venezuela, correspondientes al año 2014, a las fechas patrióticas que cumplen 200 años. *G.O.* N° 40.327 del 06-01-2014.

Decreto N° 841 de la Presidencia de la República, mediante el cual se crea la Comisión Presidencial, con carácter permanente denominada Comisión Presidencial para la Protección, el Desarrollo y Promoción Integral de la Actividad Minera Lícita en la Región Guayana. *G.O.* N° 40.376 del 20-03-2014.

II. RÉGIMEN DE LA ADMINISTRACIÓN GENERAL DEL ESTADO

1. *Sistema Financiero*

   A. *Ley de Reforma Parcial de la Ley de Timbre Fiscal*

Ley de Reforma Parcial de la Ley de Timbre Fiscal. *G.O.* N° 40.335 de 16-01-2014.

   B. *Emisión de bonos de la deuda pública nacional*

Decreto N° 760 de la Presidencia de la República, mediante el cual se procede a la septingentésima trigésima séptima emisión (737°) de bonos de la deuda pública nacional, constituidos de empréstitos internos hasta por la cantidad de Bs. 45.068.069.692,00 destinados al financiamiento del servicio de la deuda pública interna y externa. *G.O.* N° 40.344 de 29-01-2014.

Decreto N° 761 de la Presidencia de la República, mediante el cual se procede a la septingentésima trigésima octava emisión (738°) de bonos de la deuda pública nacional, constituidos de empréstitos internos hasta por la cantidad de Bs. 29.650.365.831,67 destinados al refinanciamiento o reestructuración de la deuda pública. *G.O.* N° 40.344 de 29-01-2014.

Decreto N° 762 de la Presidencia de la República, mediante el cual se procede a la septingentésima trigésima novena emisión (739°) de bonos de la deuda pública nacional, constituidos de empréstitos internos hasta por la cantidad de Bs. 28.000.000.000,00 destinados al financiamiento de la gestión fiscal del ejercicio económico financiero 2014. *G.O.* N° 40.344 de 29-01-2014.

Decreto N° 763 de la Presidencia de la República, mediante el cual se procede a la septingentésima cuadragésima emisión (740°) de bonos de la deuda pública nacional, constituidos de empréstitos internos hasta por la cantidad de Bs. 2.500.000.000,00 destinados al aporte local de los proyectos contemplados en los artículos 2 y 4 de la Ley Especial de Endeudamiento Anual para el Ejercicio Fiscal 2014. *G.O.* N° 40.344 de 29-01-2014.

C. *Emisión de Letras del Tesoro*

Decreto N° 764 de la Presidencia de la República, mediante el cual se realiza la septuagésima sexta emisión (76°) de Letras del Tesoro, hasta un máximo en circulación al cierre del ejercicio fiscal 2014, de Bs. 13.100.000.000,00 de acuerdo a lo previsto en el artículo 14 de la Ley Especial de Endeudamiento Anual para el Ejercicio Fiscal 2014. *G.O.* N° 40.344 de 29-01-2014.

2. *Sistema Impositivo*

A. *Ajuste de la Unidad Tributaria*

Providencia N° SNAT/2014-0008 del Servicio Nacional Integrado de Administración Aduanera y Tributaria (SENIAT), mediante la cual se reajusta la Unidad Tributaria a Bs. 127,00. *G.O.* N° 40.349 de 19 del 19-02-2014.

B. *Impuesto al Valor Agregado: Exoneraciones*

Decreto N° 726 de la Presidencia de la República, mediante el cual se exonera del pago del Impuesto al Valor Agregado, a las importaciones definitivas realizadas por los Órganos y Entes de la Administración Pública Nacional, de doce mil (12.000) Vehículos Marca Chery. *G.O.* N° 40.328 de 07-01-2014.

Decreto N° 694 de la Presidencia de la República, mediante el cual se exonera del pago del Impuesto al Valor Agregado, y se aplicará la alícuota del 2% ó 0% *ad valorem*, según corresponda, a las importaciones definitivas de bienes muebles de capital, bienes informática y telecomunicaciones, sus partes, piezas y accesorios. *G.O.* N° 40.337 de 20-01-2014.

Decreto N° 765 de la Presidencia de la República, mediante el cual se exonera del pago del Impuesto al Valor Agregado, en los términos y condiciones previstos en este Decreto, a las importaciones definitivas de bienes muebles corporales realizadas por los Órganos y Entes de la Administración Pública Nacional, destinados exclusivamente para la Reparación y Mantenimiento de Vehículos Tácticos del Sistema Dragroon. *G.O.* N° 40.344 de 29-01-2014.

Providencia N° SNAT/2014-0005 del Servicio Nacional Integrado de Administración Aduanera y Tributaria (SENIAT), mediante la cual se establecen las formalidades para el disfrute del beneficio de exoneración del Impuesto al Valor Agregado dentro del programa "Transporte Público de Personas". *G.O.* N° 40.348 de 04-02-2014.

Decreto N° 858 de la Presidencia de la República, mediante el cual se exonera del pago del Impuesto al Valor Agregado, a las importaciones definitivas de bienes muebles corporales realizadas por los Órganos o Entes de la Administración Pública Nacional. *G.O.* N° 40.379 del 25-03-2014.

III. RÉGIMEN DE POLÍTICA, SEGURIDAD Y DEFENSA

1. *Política de Relaciones Exteriores: Tratados, acuerdos y convenios*

A. *Leyes Aprobatorias*

Ley Aprobatoria del Acuerdo para la Implementación de Programas de Cooperación en Materia de Seguridad y Soberanía Alimentaria entre la República Bolivariana de Venezuela y la República del Paraguay. *G.O.* N° 40.358 del 18-02-2014.

Ley Aprobatoria del Protocolo Facultativo del Pacto Internacional de Derechos Económicos, Sociales y Culturales. *G.O.* N° 40.358 del 18-02-2014.

B.   *Memorándum de Entendimiento*

Resolución DM N° 052 del Ministerio del Poder Popular para Relaciones Exteriores, mediante la cual se suscribe el "Memorándum de Entendimiento sobre cooperación entre el Gobierno de la República Bolivariana de Venezuela y el Gobierno del Reino de los Países Bajos". *G.O.* N° 40.359 del 19-02-2014.

Resolución DM N° 053 del Ministerio del Poder Popular para Relaciones Exteriores, mediante la cual se suscribe el "Memorándum de Entendimiento de cooperación operacional entre la República de Colombia y la República Bolivariana de Venezuela para la lucha contra el Contrabando y el Comercio Ilícito". *G.O.* N° 40.359 del 19-02-2014.

C.   *Publicación de Acuerdos y Convenios*

Resolución DM N° 020 del Ministerio del Poder Popular para Relaciones Exteriores, mediante la cual se ordena la publicación del "Acuerdo entre el Gobiernos de la República Bolivariana de Venezuela y el Gobierno de la República de Indonesia para la Exención de Visado para los Titulares de Pasaportes Diplomáticos o de Servicio". *G.O.* N° 40.349 de 05-02-2014.

D.   *Entrada en vigor de los Acuerdos, Convenios y Memorándum de Entendimiento*

Resolución DM N° 016 del Ministerio del Poder Popular para Relaciones Exteriores, mediante la cual se informa la entrada en vigor del "Tercer Protocolo de Enmienda al Acuerdo entre el Gobierno de la República Bolivariana de Venezuela y el Gobierno de la República Popular China sobre el Fondo de Financiamiento Conjunto China- Venezuela", suscrito en la ciudad de Beijing, República Popular China. *G.O.* N° 40.349 de 05-02-2014.

Resolución DM N° 017 del Ministerio del Poder Popular para Relaciones Exteriores, mediante la cual se informa la entrada en vigor del "Memorando de Entendimiento en Materia Deportiva entre el Gobierno de la República Bolivariana de Venezuela y el Gobierno de la República Portuguesa", suscrito en la ciudad de Lisboa, República Portuguesa. *G.O.* N° 40.349 de 05-02-2014.

Resolución DM N° 018 del Ministerio del Poder Popular para Relaciones Exteriores, mediante la cual se informa la entrada en vigor del "Acuerdo entre la República Bolivariana de Venezuela y el Estado de Palestina sobre la supresión del requerimiento de visas para portadores de pasaportes diplomáticos o de servicio", suscrito en la ciudad de Caracas, República Bolivariana de Venezuela. *G.O.* N° 40.349 de 05-02-2014.

Resolución DM N° 019 del Ministerio del Poder Popular para Relaciones Exteriores, mediante la cual se informa la entrada en vigor del "Acuerdo de supresión de Visas en Pasaportes Ordinarios entre el Gobierno de la República Bolivariana de Venezuela y el Gobierno del Estado de Palestina", suscrito en la ciudad de Caracas, República Bolivariana de Venezuela. *G.O.* N° 40.349 de 05-02-2014.

Resolución DM N° 057 del Ministerio del Poder Popular para Relaciones Exteriores, mediante la cual se informa la entrada en vigor del "Acuerdo de Cooperación en Materia de Hidrocarburos, Petroquímica y Minera, entre el Gobierno de la República Bolivariana de Venezuela y el Gobierno de la República Popular China", suscrito en la ciudad de Caracas, República Bolivariana de Venezuela. *G.O.* N° 40.363 de 25-02-2014.

Resolución DM N° 060 del Ministerio del Poder Popular para Relaciones Exteriores, mediante la cual se informa la entrada en vigor del "Convenio de Cooperación entre el Gobierno de la República Bolivariana de Venezuela y el Gobierno de la República Dominicana en materia de Prevención del Consumo Indebido y la Represión del Tráfico Ilícito de Estupefacientes, Sustancias Psicotrópicas y Precursores Químicos, así como los Delitos Conexos", suscrito en la ciudad de Santo Domingo, República Dominicana. *G.O.* N° 40.365 de 05-03-2014.

2. *Seguridad y defensa: Seguridad Ciudadana*

Resolución Conjunta N° 52 y N° 3899 de los Ministerios del Poder Popular para Relaciones Interiores, Justicia y Paz y para la Defensa, mediante la cual se suspende de manera temporal el porte de armas de fuego y armas blancas en el Estado Táchira, como parte de las medidas para garantizar la seguridad ciudadana. *G.O.* N° 40.359 de 19-02-2014.

IV. RÉGIMEN DE LA ECONOMÍA

1. *Régimen Cambiario*

A. *Convenios Cambiarios*

Convenio Cambiario N° 25 del Ministerio del Poder Popular de Economía, Finanzas y Banca Pública y el Banco Central de Venezuela (BCV). *G.O.E* N° 6.122 del 23-01-2014.

Convenio Cambiario N° 26 del Ministerio del Poder Popular de Economía, Finanzas y Banca Pública y el Banco Central de Venezuela (BCV), mediante el cual se establece que las subastas especiales de divisas llevadas a cabo a través del Sistema Complementario de Administración de Divisas (SICAD), serán administradas y dirigidas por el Centro Nacional de Comercio Exterior (CENCOEX). *G.O.E* N° 6.125 del 10-02-2014.

Convenio Cambiario N° 27 del Ministerio del Poder Popular de Economía, Finanzas y Banca Pública y el Banco Central de Venezuela (BCV). *G.O.* N° 40.368 del 10-03-2014.

B. *Adquisición de divisas*

Providencia N° 123 de la Comisión de Administración de Divisas (CADIVI), mediante la cual se establecen los requisitos y el trámite para la Autorización de Adquisición de Divisas destinadas a operaciones de remesas a familiares residenciados en el extranjero. *G.O.E* N° 6.122 del 23-01-2014.

Providencia N° 124 de la Comisión de Administración de Divisas (CADIVI), mediante la cual se establecen los requisitos y el trámite para la Autorización de Adquisición de Divisas destinadas a las empresas de transporte aéreo internacional. *G.O.E* N° 6.122 del 23-01-2014.

Providencia N° 125 de la Comisión de Administración de Divisas (CADIVI), mediante la cual se establecen los requisitos, controles y trámites para la solicitud de Autorización de Adquisición de Divisas destinadas al pago de consumos en el extranjero. *G.O.E* N° 6.122 del 23-01-2014.

Providencia N° 126 de la Comisión de Administración de Divisas (CADIVI), mediante la cual se suspende la tramitación para la autorización de operación de divisas, destinados a operaciones de remesas a familiares residenciados en el extranjero. *G.O.E* N° 6.24 del 07-02-2014.

Aviso Oficial del Banco Central de Venezuela (BCV), mediante el cual se informa que las Instituciones Operadoras del Sistema Cambiario Alternativo de Divisas (SICAD II), así como los bancos microfinancieros, podrán cobrar a sus clientes y/o usuarios por las operaciones de compra y venta de divisas, únicamente hasta el 0,25% del monto en bolívares de cada operación, por concepto de comisión, tarifa y/o recargo. *G.O.* N° 40.378 del 24-03-2014.

Aviso Oficial del Banco Central de Venezuela (BCV), mediante el cual se informa que el tipo de cambio de compra aplicable a las operaciones de venta de divisas efectuadas por las personas naturales no residentes en el país o que ingresen a territorio venezolano, será el tipo de cambio de referencia del Sistema Cambiario Alternativo de Divisas (SICAD II), que regirá para la fecha de la respectiva operación, reducido en un cero coma veinticinco por ciento (0,25%). *G.O.* N° 40.378 del 24-03-2014.

C. *Contrato de fiel cumplimiento para operaciones cambiarias*

Providencia Administrativa N° 002 del Centro Nacional de Comercio Exterior, mediante la cual se autoriza el modelo de contrato de fiel cumplimiento para operaciones cambiarias en la República Bolivariana de Venezuela. *G.O.* N° 40.349 del 05-02-2014.

D. *Operaciones de corretaje en el mercado de divisas*

Resolución N° 14-03-01 del Ministerio del Poder Popular de Economía, Finanzas y Banca Pública, mediante la cual, se establece que los bancos universales y los bancos comerciales en proceso de transformación de acuerdo con lo previsto en las Disposiciones Transitorias del Decreto con Rango, Valor y Fuerza de Ley de Reforma Parcial de la Ley de Instituciones del Sector Bancario, así como los bancos microfinancieros autorizados por el Directorio del Banco Central de Venezuela (BCV) y el Ministerio del Poder Popular de Economía, Finanzas y Banca Pública, la Bolsa Pública de Valores Bicentenaria y operadores de mercado de valores autorizados, podrán realizar operaciones de corretaje en el mercado de divisas, tanto en efectivo como en títulos valores denominados en moneda extranjera, emitidos por la República, sus entes descentralizados o por cualquier otro ente, público o privado, nacional o extranjero, en los términos dispuestos en el Decreto con Rango, Valor y Fuerza de Ley del Régimen Cambiario y sus Ilícitos, únicamente a través del Sistema Cambiario Alternativo de Divisas (SICAD II), de conformidad con lo previsto en el Convenio Cambiario N° 27. *G.O.E.* N° 6.128 del 17-03-2014.

2. *Régimen de los Bancos y Otras Instituciones Financieras*

A. *Carteras de Créditos*

Resolución N° 018 del Ministerio del Poder Popular para el Turismo, mediante la cual se establece que los bancos universales destinarán para el año 2014, el 4,25% sobre el promedio de los cierres de la cartera de crédito bruta al 31 de diciembre de 2012 y al 31 de diciembre de 2013, para el financiamiento de las operaciones y proyectos de carácter turístico. *G.O.* N° 40.373 del 17-03-2014.

Resolución N° 16 del Ministerio del Poder Popular para la Vivienda y Hábitat, mediante el cual se establece en un veinte por ciento (20%) el porcentaje mínimo de la cartera de crédito bruta anual, que con carácter obligatorio deben colocar con recursos propios las instituciones del sector bancario obligadas a conceder créditos nuevos hipotecarios destinados a la construcción, adquisición y autoconstrucción de vivienda principal. *G.O.* N° 40.375 del 19-03-2014.

Resolución Conjunta N° 035 y N° 012 de los Ministerios del Poder Popular de Economía, Finanzas y Banca Pública y para la Agricultura y Tierras, mediante la cual se establecen las bases, condiciones, términos y porcentaje mínimo obligatorio de la cartera de créditos que cada una de las entidades de la banca universal, así como la banca comercial que se encuentre en proceso de transformación, tanto pública como privada, deberá destinar al sector agrario durante el Ejercicio Fiscal 2014. *G.O.* N° 40.376 del 20-03-2014.

B. *Encaje Legal*

Resolución N° 14-03-02 del Banco Central de Venezuela (BCV), mediante la cual se dictan las Normas que Regirán la Constitución del Encaje. *G.O.* N° 40.382 del 28-03-2014.

C. *Normas que regulan a los corresponsales no bancarios*

Resolución N° 033-2014 de la Superintendencia de Instituciones del Sector Bancario (SUDEBAN), mediante la cual se regulan regularán las condiciones, características y ámbito de aplicación del ofrecimiento al público de Servicios Financieros por parte de instituciones financieras; a través de acuerdos operativos de corresponsabilidad con entidades y/o establecimientos comerciales establecidos en las que esas últimas adoptarán la figura de Corresponsales no Bancarios. *G.O.* N° 40.376 del 20-03-2014.

D. *Pago de Cuota de Contribución que deben efectuar las instituciones sometidas a la Superintendencia de Instituciones del Sector Bancario (SUDEBAN)*

Providencia N° 005-2014 de la Superintendencia de Instituciones del Sector Bancario (SUDEBAN), mediante la cual se dictan las instrucciones relativas al pago de la cuota de contribución que deben efectuar las instituciones sometidas a la supervisión y control de ese organismo, así como, los bancos sometidos a leyes especiales. *G.O.* N° 40.335 de 16-01-2014.

3. *Régimen del comercio interno*

A. *Producción y comercialización de productos*

Resolución Conjunta N° 022 y N° 018 de los Ministerios del Poder Popular de Economía, Finanzas y Banca Pública y para Industrias, mediante la cual se establece el procedimiento simplificado para la nacionalización de las mercancías que ingresan al país y agilizar los trámites administrativos para el otorgamiento de registros, licencias y demás requisitos establecidos en el Arancel de Aduanas. *G.O.* N° 40.349 de 05-02-2014.

Providencia Administrativa N° 003/2014 de la Superintendencia Nacional para la Defensa de los Derechos Socioeconómicos (SUNDDE), por medio de la cual se fijan los criterios contables generales para la determinación de precios justos. *G.O.* N° 40.351 de 07-02-2014.

Resolución Conjunta N° 47, N° 127 y N° 002 de los Ministerios del Poder Popular para la Energía Eléctrica, para el Comercio y para Industrias, mediante la cual se establece de forma progresiva la prohibición de la producción, importación, distribución y comercialización de lámparas incandescentes de tipo convencional en todo el país. *G.O.* N° 40.370 de 12-03-2014.

B. *Régimen de regulación de precios (precios justos)*

Decreto N° 600 de la Presidencia de la República, mediante el cual se dicta el Decreto con Rango, Valor y Fuerza de Ley Orgánica de Precios Justos. *G.O.* N° 40.340 de 23-01-2014.

4. *Régimen de la Energía Eléctrica: Habilitaciones Administrativas*

Resolución N° 026 del Ministerio del Poder Popular para la Energía Eléctrica, mediante la cual se dictan las normas para el otorgamiento de habilitación administrativa de autogeneración para instalaciones con una capacidad igual o superior a 2 megavatios (2mw). *G.O.* N° 40.369 de 11-03-2014.

5. *Régimen de la Actividad Aseguradora*

Providencia N° FSAA-000030 de la Superintendencia de la Actividad Aseguradora, mediante la cual se aprueba con carácter general y uniforme las Condiciones Generales y Particulares, que conforman el texto de la Fianza de Fiel Cumplimiento que deben utilizar las empresas de seguro para garantizar el fiel, cabal y oportuno cumplimiento de las obligaciones derivadas del Contrato de Fiel Cumplimiento para Operaciones Cambiarias. *G.O.* N° 40.343 del 28-01-2014.

6. *Régimen del Comercio Exterior*

     A. *Procedimiento para la exportación de productos*

Resolución N° 026/2014 del Ministerio del Poder Popular para Industrias, mediante la cual se e regula el procedimiento referido a la solicitud y emisión del Permiso de Importación o Exportación de las materias primas para el Sector Metalúrgico, previstas en los Artículos 21 y 22 del Régimen Legal N° 4 del Arancel de Aduanas vigente. *G.O.* N° 40.368 de 10-03-2014.

     B. *Prohibiciones*

Decreto N° 782, de la Presidencia de la República, mediante el cual se prohíbe temporalmente el envío y traslado, desde la República Bolivariana de Venezuela hacia la República de Colombia, por medio de encomiendas particulares, bien sea a través del operador postal público o de operadores postales privados, empresas dedicadas a actividades de encomiendas o correos, o empresas de transporte de personas o de cargas de los productos que en él se señalan. *G.O.* N° 40.351 de 07-02-2014.

V. RÉGIMEN DEL DESARROLLO SOCIAL

1. *Régimen de la Salud*

     A. *Prevención de Enfermedades*

Resolución N° DM/145/2013 Ministerio del Poder Popular para la Agricultura y Tierras, mediante la cual se dictan las normas para la vigilancia, prevención, control y erradicación de la Fiebre Aftosa en el Territorio Nacional. *G.O.* N° 40.330 de 09-01-2014.

Resolución N° 009 Ministerio del Poder Popular para la Salud, mediante la cual se aprueba la Guía para la Atención, Diagnóstico y Manejo Clínico de la Enfermedad de Chagas en Venezuela. *G.O.* N° 40.335 de 16-01-2014.

Resolución N° 014 Ministerio del Poder Popular para la Salud, mediante la cual entran en vigencia las medidas de Vigilancia y Control para la prevención de Fiebre Amarilla. *G.O.* N° 40.337 de 20-01-2014.

B. *Control de Medicamentos*

Resolución N° 131 del Ministerio del Poder Popular para la Salud, mediante la cual se aprueba la 5ta. Edición de la Guía de Tratamiento Antirretroviral de las personas que viven con VIH/Sida en Venezuela, correspondiente al período 2014-2016. *G.O.* N° 40.374 del 18-03-2014.

2. *Régimen de la Vivienda*

A. *Control de los Arrendamientos: Oferta de venta de inmuebles dedicados al arrendamiento*

Providencia Administrativa N° 00042 de la Superintendencia Nacional de Arrendamiento de Vivienda, mediante la cual se publicaron las normas para que los propietarios y arrendadores de edificios que tengan 20 años o más dedicados al arrendamiento los oferten en venta a sus arrendatarios. *G.O.* N° 40.382 del 28-03-2014.

3. *Régimen del Trabajo*

A. *Salario Mínimo*

Decreto N° 725 de la Presidencia de la República, mediante el cual se fija un aumento del diez por ciento (10%) del salario mínimo mensual obligatorio en todo el Territorio Nacional, para los Trabajadores y las Trabajadoras que presten servicios en los sectores público y privado, quedando a partir del 06 de enero de 2014 en la cantidad que en él se indica. (Bs. 3.270,30). *G.O.* N° 40.327 de 06-01-2014.

4. *Régimen del Turismo*

Resolución N° 008 del Ministerio del Poder Popular para el Turismo, mediante la cual se dicta las Normas para la adquisición de un plan de cobertura de servicios médicos para viajeros y de pérdida, hurto o robo del equipaje. *G.O.* N° 40.349 de 05-02-2014.

Resolución N° 13 del Ministerio del Poder Popular para el Turismo, mediante la cual se establecen los requisitos técnicos y legales para la tramitación de la Factibilidad Socio-técnica y Conformidad Turística en todo el Territorio Nacional. *G.O.* N° 40.355 del 13-02-2014.

Resolución N° 14 del Ministerio del Poder Popular para el Turismo, mediante la cual se establecen los requisitos técnicos y legales para la tramitación de las Condiciones de Desarrollo y Autorización del Territorio en las Zonas de Interés Turístico. *G.O.* N° 40.355 del 13-02-2014.

Resolución N° 15 del Ministerio del Poder Popular para el Turismo, mediante la cual se modifica el contenido de los artículos 14, 15 y disposición final única de la Resolución N° 008 del Ministerio del Poder Popular para el Turismo, mediante la cual se dicta las Normas para la adquisición de un plan de cobertura de servicios médicos para viajeros y de pérdida, hurto o robo del equipaje que fuera publicada en la *Gaceta Oficial de la República Bolivariana de Venezuela* N° 40.349 de 05-02-2014. *G.O.* N° 40.355 del 13-02-2014.

Resolución N° 056 del Ministerio del Poder Popular para Relaciones Interiores, Justicia y Paz, mediante la cual se establecen las normas de seguridad y uso adecuado de las piscinas, embalses de uso público, pozos y demás estanques y similares destinados al baño, a la natación, recreación, o a otros ejercicios y deportes acuáticos, o de usos medicinales o terapéuticos, en clubes, residencias privadas, condominios o centros de esparcimiento públicos o privados, entre otros, durante los períodos festivos, de asueto, vacacionales y otros establecidos en todo el territorio nacional, en el marco de la Gran Misión A Toda Vida Venezuela y dentro de las políticas del Plan Patria Segura. *G.O.E.* N° 6.127 del 26-02-2014.

Resolución N° 058 del Ministerio del Poder Popular para Relaciones Interiores, Justicia y Paz, mediante la cual se activa el Plan Nacional Integral de Seguridad, Prevención y Atención en Períodos Festivos, Asuetos y Vacacional "Dispositivo Carnavales Seguros 2014". (Se limita la distribución, expendio y consumo de bebidas alcohólicas a partir del 28 de febrero hasta el 04 de marzo 2014, ambas fechas inclusive). *G.O.E.* N° 6.127 del 26-02-2014.

Resolución N° 021 del Ministerio del Poder Popular para el Turismo, mediante la cual se suspende la Resolución N° 008 del Ministerio del Poder Popular para el Turismo, mediante la cual se dicta las Normas para la adquisición de un plan de cobertura de servicios médicos para viajeros y de pérdida, hurto o robo del equipaje que fuera publicada en la *Gaceta Oficial de la República Bolivariana de Venezuela* N° 40.349 de 05-02-2014. *G.O.* N° 40.381 del 27-03-2014.

VI. RÉGIMEN DEL DESARROLLO FÍSICO Y ORDENACIÓN DEL TERRITORIO

1.   *Régimen de protección del medio ambiente y los recursos naturales*

Resolución conjunta DM/N°002/2014, DM/N°032/2014, S/N, DM/N°017/2014, y S/N de los Ministerios del Poder Popular para la Agricultura y Tierras, para Relaciones Interiores, Justicia y Paz, para la Defensa, para Industrias y de Petróleo y Minería, mediante la cual se establecen los mecanismos de control a transportistas y usuarios finales de abonos minerales o químicos en el Territorio Nacional. *G.O.* N° 40.347 de 03-02-2014.

2.   *Régimen del transporte y tránsito: Transporte y Tráfico Aéreo y Marítimo*

Providencia Conjunta N° SNAT/2014-0003 y PRE-CJU-ODEA-034-14 del Servicio Nacional Integrado de Administración Aduanera y Tributaria (SENIAT) y del Instituto Nacional de Aeronáutica Civil (INAC), mediante la cual se prorroga hasta el 01 de agosto de 2014, la entrada en vigencia de la Providencia Conjunta N° SNAT/2013/0078 y PRE-CJU-479-13, de los mismos órganos, publicada en la *Gaceta Oficial de la República Bolivariana de Venezuela* N° 40.318 del 18 de diciembre de 2013, mediante la cual se establecen las Normas para la emisión de facturas, boletos aéreos y otros documentos por la prestación de servicios de transporte aéreo de pasajeros. *G.O.* N° 40.347 de 03-02-2014.

Decreto N° 769 de la Presidencia de la República, mediante el cual se reconoce a la Empresa del Estado Corporación Venezolana de Navegación, S.A. (VENAVEGA), como principal medio de transporte de carga marítima para todos los órganos y entes de la Administración Pública Nacional. *G.O.* N° 40.349 de 05-02-2014.

Resolución N° 010 del Ministerio del Poder Popular para Transporte Acuático y Aéreo, mediante la cual se establece e implementa el sistema de tarifas aeroportuarias aplicables por el uso de instalaciones y servicios proporcionados a las personas naturales y jurídicas, en las áreas del dominio público de los aeropuertos nacionales e internacionales actualmente administrados por Bolivariana de Aeropuertos (BAER) S.A. *G.O.* N° 40.368 de 10-03-2014.

JURISPRUDENCIA

Información Jurisprudencial

Jurisprudencia Administrativa y Constitucional (Tribunal Supremo de Justicia y Cortes de lo Contencioso Administrativo): Primer Trimestre de 2014

Selección, recopilación y notas
por Mary Ramos Fernández
Abogado
Secretaria de Redacción de la Revista

Marianella Villegas Salazar
Abogado Asistente

SUMARIO

I.   DERECHOS Y GARANTÍAS CONSTITUCIONALES

1. *Derechos Políticos:* A. Derecho a la participación política: Consulta popular de las leyes. B. Derecho al sufragio activo y pasivo de los trabajadores afiliados a un sindicato.

II.   EL ORDENAMIENTO ORGÁNICO DEL ESTADO

1. *La Administración Pública Nacional: Organización Administrativa.* 2. *El Poder Legislativo Nacional.* A. Régimen de los Diputados de la Asamblea Nacional: Incompatibilidades para el ejercicio de otros cargos.

III. EL ORDENAMIENTO ECONÓMICO DEL ESTADO

1. *Derechos Económicos.*

IV. LA JURISDICCIÓN CONTENCIOSO ADMINISTRATIVA

1. *El Contencioso Administrativo de Anulación.* A. Medidas Cautelares: Instrumentalidad. 2. *El Contencioso Administrativo Especial.* A. El Contencioso Administrativo Funcionarial. a. Órganos: Juzgados Superiores Estadales de la Jurisdicción Contencioso Administrativa.

V   LA JUSTICIA CONSTITUCIONAL

1. *Demandas de protección de derechos e intereses colectivos y difusos.* A. Competencia. B. Legitimación. C. Admisibilidad 2. *Acción de Inconstitucionalidad: Admisibilidad.* 3. *Acción de Amparo Constitucional.* A. Admisibilidad. B. Amparo Cautelar. C. Improponibilidad de la oposición al amparo cautelar. D. Extensión de los efectos de un mandamiento de amparo cautelar a las partes en otros procesos. E. El régimen procesal del desacato al mandamiento de amparo, el poder sancionatorio penal asumido por la Sala Constitucional para la revocación de mandatos populares

I.   DERECHOS Y GARANTÍAS CONSTITUCIONALES

1.   *Derechos Políticos*

A.   *Derecho a la participación política: Consulta popular de las leyes*

TSJ-SC (203)   **25-3-2014**

Magistrada Ponente: Luisa Estella Morales Lamuño

Caso: Impugnación del Decreto con Rango, Valor y Fuerza de Ley Orgánica de la Administración Pública, publicado en la *Gaceta Oficial* N° 5.890 Extraordinario de 31-7-2008.

En cuanto al derecho a la participación ciudadana en la formulación de los proyectos de leyes, establecido en el artículo 211 de la Constitución, la Sala Constitucional determina que ese imperativo se encuentra dirigido al órgano legislativo de acuerdo con sus funciones naturales –formación de leyes-, y no al Presidente de la República cuando promulga leyes mediante habilitación legislativa. En estos casos, señala la Sala Constitucional, que el ejercicio de dicho derecho se desarrolla en atención a uno de los principios fundamentales que rige el sistema democrático como es la publicidad.

En primer lugar, alegaron los accionantes la violación del derecho a la participación política, consagrado en los artículos 62 y 70 de la Constitución de la República Bolivariana de Venezuela y en el artículo 23 de la Convención Americana sobre Derechos Humanos, por cuanto el Decreto impugnado fue publicado sin haber sido sometido a una consulta pública o popular.

Al efecto, es de destacar que el derecho a la participación política se encuentra establecido dentro de los derechos políticos de los ciudadanos, como mecanismo de participación directa de éstos en la gestión pública, mediante el ejercicio del voto o a través de los diferentes medios de participación establecidos en el artículo 70 del Texto Constitucional, los cuales se consagran como una progresiva ampliación de la consciencia y actividad política de los ciudadanos en la actuación social y política de la ciudadanía en ejercicio del principio de soberanía popular –Artículo 5 de la Constitución de la República Bolivariana de Venezuela–.

Ello es un reflejo de lo consagrado en la Exposición de Motivos de la Constitución de la República Bolivariana de Venezuela, cuando expone:

"(...) la consagración amplia del derecho a la participación en los asuntos públicos de todos los ciudadanos y ciudadanas, ejercido de manera directa, semidirecta o indirecta.

Este derecho no queda circunscrito al derecho al sufragio, ya que es entendido en un sentido amplio, abarcando la participación en el proceso de formación, ejecución y control de la gestión pública.

Como contrapartida el Estado y la sociedad deben facilitar la apertura de estos espacios para que la participación ciudadana, así concebida, se pueda materializar.

Esta regulación responde a una sentida aspiración de la sociedad civil organizada que pugna por cambiar la cultura política generada por tantas décadas de paternalismo estatal y del dominio de las cúpulas partidistas que mediatizaron el desarrollo de los valores democráticos.

De esta manera, la participación no queda limitada a los procesos electorales, ya que se reconoce la necesidad de la intervención del pueblo en los procesos de formación, formulación y ejecución de las políticas públicas, lo cual redundaría en la superación de los déficits de gobernabilidad que han afectado nuestro sistema político debido a la carencia de sintonía entre el Estado y la sociedad.

Concebir la gestión pública como un proceso en el cual se establece una comunicación fluida entre gobernantes y pueblo, implica modificar la orientación de las relaciones entre el Estado y la sociedad, para devolverle a esta última su legítimo protagonismo. Es precisamente este principio consagrado como derecho, el que orienta este Capítulo referido a los derechos políticos".

Como materialización de lo anterior, el artículo 62 de la Constitución ha consagrado el derecho de todos los ciudadanos y ciudadanas a participar libremente en los asuntos públicos, directamente o por medio de sus representantes legales, es decir, el derecho fundamental a la participación política, el cual establece que:

"Artículo 62. Todos los ciudadanos y ciudadanas tienen el derecho de participar libremente en los asuntos públicos, directamente o por medio de sus representantes elegidos o elegidas.

La participación del pueblo en la formación, ejecución y control de la gestión pública es el medio necesario para lograr el protagonismo que garantice su completo desarrollo, tanto individual como colectivo. Es obligación del Estado y deber de la sociedad facilitar la generación de las condiciones más favorables para su práctica".

En este sentido, se aprecia que este derecho tiene su génesis como se encuentra expuesto en la Exposición de Motivos, en el principio de soberanía popular, según el cual le corresponde al pueblo expresar las orientaciones fundamentales que habrán de emprenderse en la procura de los intereses públicos, sin prejuzgar por ello, de modo estricto o rígido cuáles son estas formas de expresión. (*Vid.* Alessandro Pizzorusso, *Lecciones de Derecho Constitucional*, Centro de Estudios Constitucionales, 1984, p. 104).

Así cabe, afirmar que dentro de nuestro derecho constitucional se consagra un sistema dual de ejercicio de la participación política mediante el desarrollo de una democracia indirecta –a través de los órganos del Estado– y la otra de manera directa ejercida junto al gobierno –referendo, iniciativa legislativa–, sin que ello conlleve afirmar que ninguna de éstas, pueda ostentar un grado de jerarquía superior o solapamiento en su ejercicio, en cuanto a la oportunidad y la pertinencia en el desarrollo y ejecución del gobierno democrático.

Ambos mecanismos se complementan siempre y cuando uno no implique la negación de otro mediante su ejercicio arbitrario y restrictivo, ya que el sistema democrático envuelve la conjunción de los principios de representación y el principio de participación, asegurando de manera eficaz su protección a un nivel local de la sociedad organizada y del núcleo individual del ejercicio de los derechos de los ciudadanos.

Asimismo, es de destacar que dentro de estos mecanismos de participación –directa o indirecta- igualmente cabría reflexionar en cuanto a los efectos consecuenciales de su ejercicio, pudiendo distinguirse entre una participación activa o pasiva, siendo la primera aquella a través de la cual *"(...) los ciudadanos concretos o representantes de grupos sociales expresan sus pretensiones con un alcance que va más allá de la mera manifestación de opiniones ante un elenco mayor o menor de destinatarios, para convertirse en un acto de integración de un procedimiento que concluirá con la emanación de una medida dotada de efectos jurídicos"*, de aquellos como la participación pasiva *"(...) en la cual la manifestación expresada sirven al ente u órgano ante el que se dirigen para identificar más concretamente las exigencias o intereses por los cuales debe velar"* (*Vid.* Alessandro Pizzorusso, *Lecciones de Derecho Constitucional*, Centro de Estudios Constitucionales, 1984, p. 110).

En congruencia a lo expuesto, interesa destacar que adicionalmente a la consagración de éste como un derecho político, pues considera al individuo en tanto que miembro de una comunidad política determinada, con miras a tomar parte en la formación de una decisión pública o de la voluntad de las instituciones públicas, igualmente se trata, como un derecho del ciudadano *"en el Estado"*, diferente de los derechos de libertad *"frente al Estado"* y de los derechos sociales y prestacionales (*cf.* Carl Schmitt; *Teoría de la Constitución*, Madrid, Alianza, 1982, p. 174). (*vid.* Sentencia de esta Sala N° 23/2003).

No obstante su consagración abarca un ámbito de análisis y examen superior porque el mismo se contempla igualmente como un principio constitucional dentro de un Estado de Derecho Constitucional moderno, en el cual los principios democráticos forman parte del pleno ejercicio del derecho a la libertad y de desarrollo y ejecución del principio de soberanía popular ya que dentro del sistema democrático el ejercicio de los poderes públicos solo se encuentra destinado a satisfacer el gobierno de los ciudadanos por estos mismos directamente o en ejercicio de sus representantes.

Pero a su vez, en este complejo entramado político y jurídico de la participación así como la inclusión en la adopción y ejecución de las políticas públicas, existe otro principio fundamental en el desarrollo de los postulados democráticos que deben regir un Estado de Derecho, el cual es el principio de publicidad de sus actuaciones, ya que es a través del conocimiento público de sus actos, lineamientos y directrices en las políticas públicas, que los ciudadanos pueden ejercer cabalmente su derecho a la participación política por medio del ejercicio efectivo de los diferentes medios de participación según sea ésta, activa o pasiva, en la intervención en el sistema político, económico, social y jurídico que reviste al Estado.

En consecuencia, debe existir una indisoluble unión entre el sistema democrático y los medios de participación como desarrollo del dogma de la soberanía popular, si se quiere asegurar la efectividad del sistema democrático, al efecto interesa resaltar lo expuesto por Bobbio quien ha manifestado la necesidad de que la multiplicidad de centros de poder que caracterizan a las sociedades pluralistas sirvan como cauce y estímulo para la participación política de los ciudadanos (*Vid.* Norberto Bobbio; *Diccionario de Política*, Madrid, 1983, pp. 1209-1210).

Expresado el esbozo esquelético del ámbito de ejercicio y protección de dicho derecho, cabría preguntarse en qué deriva la constitucionalidad de una determinada actuación del Poder Público; en respeto y ejercicio del derecho a la participación política, en cuanto a la recepción de la manifestación de una democracia directa y su consideración, o en el acatamiento de la voluntad popular.

En este sentido, se aprecia que la sanción de la consulta se refiere efectivamente a la búsqueda e integración de la participación ciudadana en la formulación de los proyectos de leyes, sin embargo, la ejecución de dicho derecho por parte de los ciudadanos deviene de un ejercicio facultativo de los ciudadanos en la presentación de las observaciones al igual a lo que ocurre en la iniciativa legislativa, por ende su falta de ejercicio no acarrea sanción alguna por su inejecución por parte de los ciudadanos.

Así, se aprecia que el presente Decreto con Rango, Valor y Fuerza de Ley Orgánica de la Administración Pública, fue dictado en el marco de la vigencia de una ley habilitante publicada en la *Gaceta Oficial* N° 38.617 del 1 de febrero de 2007, en la cual según su artículo 1, se autorizó al Presidente de la República para que, en Consejo de Ministros, dictase Decreto con Rango, Valor y Fuerza de Ley, de acuerdo con las directrices, propósitos y marco de las materias delegadas, de conformidad con lo establecido en el artículo 203 y 236.8 de la Constitución de la República Bolivariana de Venezuela, por un lapso de dieciocho meses para su ejercicio contado desde la publicación de la Ley en la *Gaceta Oficial* –artículo 3–.

En este escenario procedimental, se advierte que a diferencia del procedimiento legislativo establecido en el artículo 211 del Texto Constitucional, el supuesto fáctico de la aplicación de la norma así como el sujeto pasivo difieren palmariamente entre ambos, ya que en el caso del precitado artículo se establece

"La Asamblea Nacional o las Comisiones Permanentes, durante el procedimiento de discusión y aprobación de los proyectos de leyes, consultarán a los otros órganos del Estado, a los ciudadanos y ciudadanas y a la sociedad organizada su opinión sobre los mismos",

por lo que, el imperativo se encuentra dirigido al órgano legislativo de acuerdo con sus funciones naturales –formación de leyes–, ya que el supuesto de la ley habilitante es un supuesto excepcional en el proceso legislativo.

Lo anterior, no implica como erradamente se podría pretender que el Presidente de la República no está sujeto a la apertura de los mecanismos de participación cuando hace uso de las potestades legislativas previamente aprobadas, sino que en virtud de la excepcionalidad que implica la habilitación legislativa, el procedimiento de formación difiere estructural y funcionalmente del procedimiento en el órgano legislativo por lo que su incidencia varía en cuanto a su formación, no solo en cuanto a la representatividad de los funcionarios encargados de su discusión y aprobación sino en cuanto a los lapsos para su ejercicio; por lo que el ejercicio de dicho derecho se desarrolla en atención a uno de los principios fundamentales que rige el sistema democrático como es la publicidad.

Visto que el procedimiento establecido en el artículo 211 de la Constitución de la República Bolivariana de Venezuela, no podría ser exigido al Presidente de la República por carecer de especificidad el procedimiento de formación de leyes dentro del marco de una ley habilitante, así como la imposibilidad de aplicar el procedimiento establecido en la Ley Orgánica de la Administración Pública, por ser ésta la ley impugnada y en atención al grado de jerarquía de los actos normativos, sin embargo, no es menos cierto que cuando se promulga dicha habilitación existe una notoriedad en cuanto a la potestad conferida así como en atención a la publicidad otorgada y la obligatoriedad de la ley desde su publicación en la *Gaceta Oficial* –artículo 1 del Código Civil–, en razón de lo cual, la participación puede ser realizada por parte de las comunidades organizadas con la finalidad de formular propuestas y opiniones.

Un aspecto diferencial en cuanto a la inaplicación deviene igualmente en cuanto al procedimiento de discusión ante la Cámara en el cual se maneja un proyecto legislativo, a diferencia de la presentación y promulgación de Decretos los cuales responden a una excepcionalidad o a una urgencia en cuanto a su realización, por ende, se aprecia que mal puede exigirse la aplicación del artículo 211 de la Constitución de la República Bolivariana de Venezuela en el caso de marras, ya que aunado a las consideraciones expuestas; el derecho a la participación política no se vio conculcado o restringido en virtud que en función del conocimiento público y notorio de la promulgación de la Ley Habilitante los ciudadanos pueden presentar o formular proyectos sobre la discusión de las materias delegadas al Ejecutivo Nacional, para garantizar el ejercicio del derecho a la participación política.

Por tanto, esta Sala concluye que el Decreto impugnado no contrarió elementos esenciales de validez formal previstos en la Constitución de la República Bolivariana de Venezuela referente a la violación del derecho a la participación política, consagrado en los artículos 62 y 70 de la Constitución de la República Bolivariana de Venezuela. Así se decide.

B.   *Derecho al sufragio activo y pasivo de los trabajadores afiliados a un sindicato*

TSJ-SE (33)   **18-3-2014**

Magistrado Ponente: Malaquías Gil Rodríguez

Caso: Unión de Obreros y Empleados de Teléfonos del Distrito Bermúdez y de Presidente de la Asociación de Trabajadores Jubilados y Pensionados de la C.A.N.T.V. Carúpano Paria-Estado Sucre, vs. Comisión Electoral.

La inclusión de los trabajadores jubilados en los sindicatos es legítima, y a los efectos de admitir su participación en los procesos de escogencia de las autoridades de este tipo de organizaciones, los requisitos a examinar son: su afiliación al sindicato y que la misma sea anterior al cierre del registro de afiliados. Tal aseveración tiene base en lo dispuesto en el artículo 5 de las Normas para Garantizar los Derechos Humanos de los Trabajadores y Trabajadoras en las Elecciones Sindicales, contenidas en la Resolución N° 090528-0265 del 28 de mayo de 2009, emanada del Consejo Nacional Electoral.

A los efectos de resolver la controversia planteada, la Sala observa que en el desarrollo del debate oral quedó claro que a un grupo de jubilados que forman parte del sindicato, no se les permite participar en el proceso de escogencia de las autoridades de dicha organización.

Tal situación, no resulta cónsona con los criterios sostenidos por la Sala Electoral Véase en *Revista de Derecho Público* N° 89-90/91-92, Caracas, 2002 en pp. 152 y ss.) y 72 del 20 de julio de 2011, en las cuales, a partir de una interpretación progresiva del derecho al sufragio, se establece que a los jubilados que formen parte de un sindicato, deben reconocérsele los derechos al sufragio y a la participación en los procesos electorales para la escogencia de la dirigencia en igualdad de condiciones con los trabajadores activos.

En efecto, de dichas decisiones pueden extraerse una serie de premisas que ponen en evidencia que la aludida exclusión de los jubilados que forman parte del sindicato, del registro electoral, resulta lesiva de los derechos al sufragio y a la participación:

1.- La finalidad de la jubilación no es extinguir las relaciones existentes entre el trabajador y el patrono, sino garantizar condiciones de vida óptimas a trabajadores que, por el paso del tiempo, se presume han visto disminuir sus aptitudes o capacidades, y que esto en nada modifica el sentido de *"pertenencia"* del trabajador jubilado con su empresa o institución, por lo que se puede afirmar que la referida *"separación"*, lejos de indicar una ruptura en el vínculo jurídico entre trabajador y patrono, sólo puede referirse a la finalización de las actividades del primero y no puede, en consecuencia, entenderse a la jubilación como una *"separación del trabajo"* que acarree la exclusión de los afiliados a un sindicato.

2.- Tratándose la actividad sindical o defensa de los intereses de los trabajadores –como una forma de asociación– de *"...una necesidad inherente a la naturaleza humana y un derecho primordial del hombre..."* (*Cfr.* Walker Linares, F. *Nociones Elementales de Derecho del Trabajo*. 4ª edición. Editorial Nacimiento. Santiago de Chile, 1947, p. 354); ésta debe dar cabida a la totalidad de los trabajadores, incluyendo claro está, a los trabajadores jubilados, verdaderos agentes de la actividad laboral y conocedores como ningún otro –debido a su experiencia– de su funcionamiento y necesidades.

3.- La inclusión de los trabajadores jubilados en los sindicatos es legítima, y a los efectos de admitir su participación en los procesos de escogencia de las autoridades de este tipo de organizaciones, los requisitos a examinar son: su afiliación al sindicato y que la misma sea anterior al cierre del registro de afiliados. Tal aseveración tiene base en lo dispuesto en el artículo 5 de las Normas para Garantizar los Derechos Humanos de los Trabajadores y Trabajadoras en las Elecciones Sindicales, contenidas en la Resolución N° 090528-0265 del 28 de mayo de 2009, emanada del Consejo Nacional Electoral, el cual establece textualmente lo siguiente:

"Electores y Electoras

Artículo 5. Todos los trabajadores afiliados y trabajadoras afiliadas a una organización sindical tienen derecho a elegir y reelegir a sus representantes sindicales, así como de postularse y ser elegidos o elegidas como representantes sindicales, en condiciones de igualdad y sin discriminación alguna. Podrán participar como electores y electoras en el proceso electoral sindical los trabajadores afiliados y trabajadoras afiliadas que se encuentren en el Registro Electoral Definitivo.

El incumplimiento de los trabajadores afiliados y trabajadoras afiliadas de los aportes, cuotas sindicales o cualquier otra deuda de naturaleza laboral no impedirá el ejercicio del derecho al sufragio".

Como puede verse, el artículo transcrito consagra claramente el derecho al sufragio activo y pasivo de los trabajadores afiliados a un sindicato, estableciéndose como requisito su inclusión en el Registro Electoral Definitivo que vaya a ser empleado en un proceso comicial en concreto.

4.- De acuerdo con lo que dispone el artículo 365 del Decreto con Rango, Valor y Fuerza de Ley Orgánica del Trabajo, los Trabajadores y las Trabajadoras, las organizaciones sindicales tienen por objeto el estudio, defensa, desarrollo y protección del proceso social de trabajo, la protección y defensa de la clase trabajadora, del conjunto del pueblo, de la independencia y soberanía nacional conforme a la Constitución de la República Bolivariana de Venezuela, así como la defensa y promoción de los intereses de sus afiliados y afiliadas. Asimismo, cabe invocar en este punto, las atribuciones y finalidades de las organizaciones sindicales, a las que hace referencia el artículo 357 del citado decreto ley.

5.- El artículo 370 del Decreto con Rango, Valor y Fuerza de Ley Orgánica del Trabajo, los Trabajadores y las Trabajadoras, establece textualmente lo siguiente: *"Las personas en situación de desempleo, pensionados, pensionadas, jubilados o jubiladas podrán afiliarse a organizaciones sindicales de trabajadores y trabajadoras, si así lo establecen sus estatutos, pero no podrán constituir organizaciones sindicales propias. Lo establecido en el presente artículo no impide que las personas en situación de desempleo, pensionados, pensionadas, jubilados o jubiladas creen asociaciones u otro tipo de organizaciones colectivas para la defensa de sus intereses".*

Por todo lo expuesto, la Sala concluye que ha quedado demostrada la violación de los derechos al sufragio y a la participación, en razón de la no inclusión de algunos miembros del Sindicato, específicamente los trabajadores jubilados, en el padrón electoral

En consecuencia, resulta forzoso declarar con lugar la acción de amparo interpuesta y a los efectos del restablecimiento de la situación jurídica infringida se ordena la reposición del proceso electoral a la etapa de *"Publicación del Registro Electoral Preliminar"*, con la advertencia expresa de que deben formar parte del padrón electoral, los trabajadores jubilados y afiliados al mismo. Así se declara.

Asimismo, se exhorta a la organización sindical a reformar el artículo 78 de los Estatutos de la Unión de Obreros y Empleados del Teléfono del Distrito Bermúdez, en lo atinente a la limitación de participación en el proceso electoral a los trabajadores jubilados, a los fines de su armonización con los postulados constitucionales de los derechos al sufragio y a la participación. Así se declara.

III. EL ORDENAMIENTO ORGÁNICO DEL ESTADO

1.   *La Administración Pública Nacional: Organización Administrativa*

TSJ-SC (203)   **25-3-2014**

Magistrada Ponente: Luisa Estella Morales Lamuño

Caso: Impugnación del Decreto con Rango, Valor y Fuerza de Ley Orgánica de la Administración Pública, publicado en la *Gaceta Oficial* N° 5.890 Extraordinario de 31-7-2008.

Así pues, debe destacarse que conforme a la potestad organizativa, establecida en los artículos 236.20 de la Constitución de la República Bolivariana de Venezuela, así como los artículos 15, 16, 58 y 91 del Decreto con Rango Valor y Fuerza de Ley Orgánica de la Administración Pública, el Presidente puede incorporar dentro de la estructura jerárquica los órganos de la Administración Pública que se consideren pertinentes para la ejecución de las funciones políticas, económicas, administrativas, sociales, necesarias para la realización de la planificación nacional.

En relación a la inconstitucionalidad de los artículos 44 y 70 exponen que los accionantes que los referidos artículos violan lo establecido en el artículo 225 del Texto Constitucional en virtud que "(…) *supone una reforma en la estructura de la Administración Pública Central diferente a la prevista en la actual Constitución de la República Bolivariana de Venezuela de 1999, cuyos funcionarios írritos los equipara a la de Presidente de la República, Vicepresidente Ejecutivo y Ministros, lo que contradice a todas luces lo previsto en el Texto Fundamental*".

Asimismo, expone "(…) *que no se puede añadir órganos superiores a la Administración Pública a las enunciadas en la Constitución de la República Bolivariana de Venezuela, si bien se pueden incorporar otros órganos, estos (sic) deben ser de inferior jerarquía, ya que si ello se hace se contraria (sic) la estructura constitucional de la Administración Pública Central dispuesta en el texto constitucional*".

En atención a lo expuesto, esta Sala aprecia que el artículo 225 del Texto Constitucional dispone que:

"*El Poder Ejecutivo se ejerce por el Presidente o Presidenta de la República, el Vicepresidente Ejecutivo o Vicepresidenta Ejecutiva, los Ministros o Ministras y demás funcionarios o funcionarias que determinen esta Constitución y la ley*".

En este sentido, se observa que en primer lugar el Constituyente estableció los funcionarios que integran constitucionalmente el Poder Ejecutivo sin restringir el número de éstos, ya que forma parte como se expuso previamente de la potestad organizativa del Poder Ejecutivo, conforme a la facultad establecida en el artículo 236.20 de la Constitución de la República Bolivariana de Venezuela.

En efecto, el artículo precitado establece una reserva legal en materia de organización administrativa del Poder Público Nacional, en razón de lo cual, de ello se desprende, en primer lugar, que no puede ser ejercido el Poder Ejecutivo por órgano alguno que no esté determinado en la Constitución y en la ley, y en segundo lugar, es que tanto la creación del órgano o ente administrativo como su funcionamiento debe estar establecido previamente en la Ley.

En congruencia con lo expuesto, se puede advertir que en el contenido del artículo 225 de la Constitución de la República Bolivariana de Venezuela, se establecen un número mínimo de funcionarios los cuales solo pueden ser reformados mediante la modificación del Texto Constitucional, ya que la supresión de alguno de éstos vulneraría la estructura del Poder Público Nacional.

Sin embargo, la cláusula abierta establecida permite la incorporación de nuevos funcionarios adscritos a dicho Poder con facultades propias conforme a las atribuciones legislativas y en franco respeto de los valores, principios y derechos del Texto Constitucional.

La norma en cuestión como se expuso no estableció un *numerus clausus*, por la mutabilidad y operatividad no solo funcional sino temporal en el ejercicio de la función pública y la ejecución de políticas públicas asignadas constitucionalmente, sino que dejó un margen de libertad para la creación y formación de diversos órganos y entes con sus respectivas competencias, pudiendo ser éstas concurrentes o exclusivas, para el ejercicio de las políticas públicas gubernamentales dependiendo jerárquicamente del Jefe del Ejecutivo Nacional, tal como lo establece el artículo 226 del Texto Constitucional.

Así pues, debe destacarse que conforme a la potestad organizativa, establecida en los artículos 236.20 de la Constitución de la República Bolivariana de Venezuela, así como los artículos 15, 16, 58 y 91 del Decreto con Rango Valor y Fuerza de Ley Orgánica de la Administración Pública, el Presidente puede incorporar dentro de la estructura jerárquica los órganos de la Administración Pública que se consideren pertinentes para la ejecución de las funciones políticas, económicas, administrativas, sociales, necesarias para la realización de la planificación nacional.

En tal sentido, se aprecia que el establecimiento de las Autoridades Regionales en los artículos 44 y 70 del Decreto con Rango, Valor y Fuerza de Ley Orgánica de la Administración Pública, disponen lo siguiente:

"Artículo 44. Son órganos superiores de dirección del nivel central de la Administración Pública Nacional, la Presidenta o Presidente de la República, la Vicepresidenta Ejecutiva o Vicepresidente Ejecutivo, el Consejo de Ministros, las ministras o ministros, las viceministras o viceministros; y las autoridades regionales.

Es órgano superior de coordinación y control de la planificación centralizada la Comisión Central de Planificación.

Son órganos superiores de consulta del nivel central de la Administración Pública Nacional, la Procuraduría General de la República, el Consejo de Estado, el Consejo de Defensa de la Nación, las juntas sectoriales y las juntas ministeriales.

Artículo 70. La Presidenta o Presidente de la República podrá designar autoridades regionales, las cuales tendrán por función la planificación, ejecución, seguimiento y control de las políticas, planes y proyectos de ordenación y desarrollo del territorio aprobados conforme a la planificación centralizada, así como, las demás atribuciones que le sean fijadas de conformidad con la ley, asignándoles los recursos necesarios para el eficaz cumplimiento de su objeto".

En primer lugar, se observa que el artículo 44 de la Ley Orgánica distingue tres tipos de órganos superiores de la Administración Pública Nacional, a saber: i) órganos superiores de dirección (Administración Pública Nacional, la Presidenta o Presidente de la República, la Vicepresidenta Ejecutiva o Vicepresidente Ejecutivo, el Consejo de Ministros, las Ministras o Ministros, las Viceministras o Viceministros; y las Autoridades Regionales, ii) órganos superiores de coordinación y control de la planificación centralizada (Comisión Central de Planificación) y iii) órganos superiores de consulta (Procuraduría General de la República, el Consejo de Estado, el Consejo de Defensa de la Nación, las juntas sectoriales y las juntas ministeriales).

Seguidamente, en el artículo 70 de la ley, se establece y desarrolla la potestad organizativa en cuanto a la designación de las autoridades regionales, teniendo dichas Autoridades la función de *"planificación, ejecución, seguimiento y control de las políticas, planes y proyectos de ordenación y desarrollo del territorio aprobados conforme a la planificación centralizada, así como, las demás atribuciones que le sean fijadas de conformidad con la ley, asignándoles los recursos necesarios para el eficaz cumplimiento de su objeto".*

Así se advierte, que a diferencia de lo expuesto por el solicitante, los artículos impugnados no establecen un sistema de jerarquía, que permita convalidar la argumentación expuesta, por el contrario su interpretación debe ser coordinada y concatenada con el artículo 44 de la Ley y el artículo 136 de la Constitución de la República Bolivariana de Venezuela, en virtud que estas autoridades son órganos de coordinación y planificación de la Administración Pública Nacional, y dentro de ellas solo se establece al Presidente de la República como Jefe del Estado y del Ejecutivo Nacional (*Vid.* Artículo 226 de la Constitución de la República Bolivariana de Venezuela).

Al efecto, se aprecia que las Autoridades Regionales no dejan de ser mecanismos de coordinación y planificación de la políticas públicas nacionales en la ejecución por las diferentes regiones del país, en cuanto a los objetivos aprobados por el Gobierno Nacional sin que ello implique un menoscabo de las actividades propias de los Gobiernos Estadales y Municipales, sino por el contrario una actividad coordinada entre tales funciones lo cual conlleva a un acercamiento al gobierno local de manera de garantizar un mejor funcionamiento en el desempeño y funciones de la Administración Pública.

Así, es plena y claramente identificable la diferenciación no sólo en cuanto a la personalidad propia de estas Autoridades y su estructura orgánica respecto a los Poderes Municipales y Estadales sino que a su vez existe una clara atribución en cuanto a las competencias de dirección entre ambos, sin que entre ellas exista una jerarquía o dependencia jerárquica en cuanto a sus potestades exclusivas conforme a las normas atributivas de competencia.

En coherencia con lo expuesto, debe esta Sala reafirmar que conforme al artículo 4 de la Constitución de la República Bolivariana de Venezuela, la República Bolivariana de Venezuela es un Estado Federal Descentralizado y se rige por los principios de integridad territorial, cooperación, solidaridad, concurrencia y corresponsabilidad, por lo que congruente con lo establecido en el artículo 136 *eiusdem*, existen más de una Administración, siendo éstas la: i) nacional, ii) estadal y iii) municipal. En consecuencia, cabe concluir que la consagración de las Autoridades Regionales dentro de la Administración Pública Nacional en nada contradice los postulados constitucionales, ya que ello forma parte de la potestad autorganizativa del Presidente de la República Bolivariana de Venezuela en ejecución de su condición de Jefe del Ejecutivo Nacional y en nada colide con las potestades municipales o estadales atribuidas en el texto constitucional, la cual igualmente no fueron expuestas en el presente escrito de nulidad.

Tal concepción integradora en la nueva interrelación político-social que existe entre el Estado y sus ciudadanos, en funciones de control y ejecución de las políticas públicas derivadas de la Administración Pública sea ésta por medio de los diversos órganos de la Administración Pública de manera coordinada y concatenada entre los diversos integrantes del Poder Público en sus distintos niveles territoriales, puede desprenderse de lo consagrado en la Exposición de Motivos del Decreto con Rango, Valor y Fuerza de Ley Orgánica de la Administración Pública, que dispone:

"A tal efecto, se establece que la Administración Pública está al servicio de las personas, y su actuación estará dirigida a la atención de sus requerimientos y la satisfacción de sus necesidades, brindando especial atención a las de carácter social, debiendo asegurar a todas las personas la efectividad de sus derechos cuando se relacionen con ella (…).

…omissis…

Con el objeto de acercar la Administración Pública Nacional a toda la población sin importar su ubicación territorial, garantizar la atención oportuna, eficaz y eficiente de la población, y la armonía de las políticas públicas nacionales en las distintas regiones del territorio nacional, se prevé la figura de las Autoridades Regionales como funcionarios designados por la Presidenta o el Presidente de la República que tendrán por función la planificación, ejecución, seguimiento y control de las políticas, planes y proyectos de ordenación y desarrollo del territorio aprobados conforme a la planificación centralizada".

Es consecuencia, se aprecia que con el establecimiento de las Autoridades Regionales en los artículos 44 y 70 del Decreto con Rango, Valor y Fuerza de Ley Orgánica de la Administración Pública, no se verifican las violaciones constitucionales denunciadas, por lo que resulta improcedente la denuncia formulada. Así se decide.

TSJ-SC (203)   **25-3-2014**

Magistrada Ponente: Luisa Estella Morales Lamuño

Caso: Impugnación del Decreto con Rango, Valor y Fuerza de Ley Orgánica de la Administración Pública, publicado en la *Gaceta Oficial* N° 5.890 Extraordinario de 31-7-2008.

Al ser las Misiones programas sociales que son ejecutados por el Gobierno Nacional en ejecución de la potestad organizativa consagrada en el artículo 236.20 de la Constitución de la República Bolivariana de Venezuela y en los artículos 15, 16, 58 y 131 del Decreto con Rango, Valor y Fuerza de Ley Orgánica de la Administración Pública, las mismas no violentan disposición constitucional alguna ni vulneran el principio de soberanía popular, ya que éstas son el desarrollo de una potestad constitucional, siendo creadas previa consagración de su órgano de adscripción o dependencia, forma de financiamiento, funciones y conformación del nivel directivo que la integra, garantizando así el principio de legalidad y la racionalidad en la ejecución de las actividades administrativas.

Al efecto, respecto a la inconstitucionalidad del artículo 131 de la ley impugnada expusieron que ésta colide con lo establecido en los artículos 5, 7, 141 y 225 de la Constitución de la República Bolivariana de Venezuela, en virtud que se está estableciendo un administración paralela

"(…) con la incorporación de las misiones de los órganos descentralizados funcionalmente, cuando esto responde verdaderamente a programas de educación que deben ser asumidos por el Ministerio del Poder Popular para la Educación (…)", y al efecto, denuncian que "(…) con la jerarquía impuesta de la ley impugnada es ir desmantelando los órganos y entes que han sido concebidos en la Constitución (…)".

Asimismo, invocaron que la misma constituye "(…) *un flagrante violación al artículo 5 de la Constitución de la República Bolivariana de Venezuela, referido al ejercicio de la soberanía del pueblo, cuya actuación el día 02 de diciembre de 2007, fue trascendente, ya que rechazo (sic) la propuesta de un nuevo texto constitucional, manteniéndose así el texto fundamental de 1999, es decir, se mantiene incólume la estructura del Poder Nacional el cual fue aprobado por el pueblo mediante referendo llevado a cabo el 15 de diciembre de 1999 y cualquier introducción de aquellos artículos desaprobado no debe tener efectos en el orden jurídico, toda vez que se constituye una burla de quienes creen en el respecto (sic) de la participación ciudadana con su resultado".*

En este sentido, debe esta Sala en primer lugar, citar el artículo 131 del Decreto con Rango, Valor y Fuerza de Ley Orgánica de la Administración Pública, el cual dispone:

"La Presidenta o Presidente de la República en Consejo de Ministros, cuando circunstancias especiales lo ameriten, podrá crear misiones destinadas a atender a la satisfacción de las necesidades fundamentales y urgentes de la población, las cuales estarán bajo la rectoría de las políticas aprobadas conforme a la planificación centralizada.

El instrumento jurídico de creación de la respectiva misión determinará el órgano o ente de adscripción o dependencia, formas de financiamiento, funciones y conformación del nivel directivo encargado de dirigir la ejecución de las actividades".

Al efecto, la norma prevista consagra la facultad del Presidente de la República en ejercicio de su potestad organizativa, expuesta ampliamente y conforme a la facultad establecida en el artículo 236.20 de la Constitución de la República Bolivariana de Venezuela, la competencia de crear misiones destinadas a atender la satisfacción de las necesidades fundamentales y urgentes de la población, las cuales estarán bajo la rectoría de las políticas aprobadas conforme a la planificación centralizada.

Las misiones por su parte son programas sociales que ejerce la Administración Pública Nacional con la finalidad de asegurar o procurar la satisfacción de las necesidades fundamentales y urgentes de la población, siendo el instrumento jurídico que regule su creación, el que determinará el órgano o ente de adscripción o dependencia, formas de financiamiento, funciones y conformación del nivel directivo encargado de dirigir la ejecución de las actividades.

Es de destacar que del contexto normativo constitucional así como de las disposiciones que consagran su creación en la Ley Orgánica de la Administración Pública, no se advierten de sus competencias que las Misiones y precedentemente las Autoridades Regionales, se hayan concebido para vaciar las estructuras del Estado Constitucional y de las competencias municipales y estadales sino para reforzar la participación y desarrollo a nivel nacional, estadal y municipal de la gestión pública, sin que la actuación de los integrantes de la Administración Nacional impida el ejercicio de las actividades municipales y estadales conforme a la consagración de la República Bolivariana de Venezuela como un Estado Federal Descentralizado, donde pueden existir la concurrencia de diversas competencias sin que alguna de ella solape el ejercicio de la otra, lo cual aunado a lo expuesto, no fue argumentado de manera individualizada y específica por parte de la accionante, cuestión que podría ser examinada su constitucionalidad en caso de existir una usurpación de funciones que implique el impedimento de las competencias constitucionales consagradas a los diversos órganos y entes de la Administración Pública en sus distintos niveles de ejecución.

En este sentido, interesa destacar como punto previo a la revisión de la vulneración del principio de soberanía popular que, las Misiones se constituyen en un instrumento, así como los órganos y entes que integran el entramado organizacional que forman la Administración Pública, que busca garantizar el fin último y objeto primordial del Estado (*ex* artículo 3 de la Constitución de la República Bolivariana de Venezuela), el cual es el desarrollo del ser humano y la consecución de una prosperidad social, siendo éste su núcleo de protección, por lo que para su ejecución deben disponerse y ejecutarse todas aquellas medidas necesarias y relevantes para la propensión del mismo, en caso contrario, estaríamos afirmando la existencia y creación de un ser innatural, inocuo e ineficaz de contenido y acción.

En este punto, debe resaltarse que la función y ejecución de este fin implica que los integrantes de los Poderes Públicos en el ámbito de sus competencias ejecuten sus potestades para la búsqueda o aseguramiento de tales fines, que en el caso del Poder Ejecutivo se ejerce a través de las diferentes potestades que revisten a la Administración y a los límites constitucionales así como al ejercicio de sus potestades constitucionales las cuales no pueden verse suspendidas en el tiempo ni restringido su ejercicio por cuanto la violación constitucional no solo podría ser contemplada por la vulneración de los postulados constitucionales sino igualmente por la omisión en el ejercicio de estos que acarrea el padecimiento de otros en igual, menor o mayor medida en la satisfacción de sus consecuentes derechos.

Es por ello, que la consecución de esos valores y bienes mínimos de resguardo para el ser humano justifican la actividad humana de una nación y de su pueblo, representada a través del Estado, en este sentido debe citarse lo expuesto por José María Guix Ferreres: "*La actividad humana procede del hombre. Por consiguiente, no puede orientarse a otro objetivo último que el mismo hombre. La creación de riquezas, el dominio del universo, la misma organización de la vida social no son más que objetivos intermedios y subordinados; el fin último, en el plano natural, es el desarrollo y perfeccionamiento del hombre tanto en sus facultades personales como en sus relaciones sociales. El hombre (y lo mismo podemos decir de la sociedad) vale más por lo que es y por lo que se hace con su actividad que por las cosas que posee*". (*Vid.* Guix Ferreres, José María, citado por Sarmiento García, Jorge; *Derecho Público*, Ediciones Ciudad Argentina, 1997, p. 45).

De estos postulados y finalidades del Estado, los cuales son asumidos por la mayoría de las Constituciones modernas, y son concebidos no sólo como un mero número de normas rectoras de las Instituciones Políticas del Estado, sino como un conjunto efectivo de normas jurídicas contentivas de deberes y derechos de los ciudadanos, las cuales se incorporan y confluyen en un juego de inter-relación con los ciudadanos en un sistema de valores jurídicos, sociales, económicos y políticos que deben permitir su desarrollo dentro de una sociedad armónica, es que el Estado debe reinterpretar sus funciones en la búsqueda de la protección de los valores de justicia social y de dignidad humana.

En conjunción con lo expuesto, cabe analizar seguidamente, en función de las finalidades de que tienen asignadas las Misiones, las cuales son el progreso y desarrollo del ser humano, si éstas constituyen como exponen los accionantes una Administración Paralela que vulneró el ejercicio de la soberanía por parte del pueblo cuando desestimó la propuesta de reforma, encontrándose consagradas las Misiones en tal propuesta.

En atención a lo expuesto, cabe preguntarse si la incorporación de ciertos órganos o entes de la Administración Pública dentro de la organización administrativa incorporadas en un proyecto de reforma constitucionalidad cuya aprobación haya sido rechazada, implica que éstas no pueden ser incluidas posteriormente en la estructura organizacional de la Administración.

Con fundamento en la presente interrogante, cabría hacer una primera derivación en cuanto a si con ello, existe una restricción de las potestades constitucionales en la materia organizacional de la Administración durante un período determinado o si esta limitación se deriva o se circunscribe a la restructuración de los Poderes Públicos en cuanto a la organización básica o compleja concebida en el Texto Constitucional.

Por consiguiente, deben ir abordándose los diferentes puntos para determinar si la consagración de las Misiones en el artículo impugnado constituye una violación a la soberanía popular consagrada en el Texto Constitucional. En atención a ello, debe destacarse que la naturaleza del referendo para la aprobación de una propuesta de reforma constitucional, no permite concluir aún bajo el principio de participación cuyo contenido y alcance ha sido ampliamente desarrollado por la jurisprudencia de este órgano jurisdiccional, que el rechazo del proyecto se constituya en una decisión vinculante de la misma entidad jurídica atribuible a la aprobación del mismo.

Ciertamente, al aprobarse una reforma constitucional las normas del proyecto se erigen en parte del ordenamiento jurídico, por lo que son exigibles incluso judicialmente, en tanto operan como normas vigentes según sea el caso, por el contrario las regulaciones propuestas en un proyecto de reforma o enmienda constitucional, no sólo no ostentan un estatus jurídico en lo que respecta a su calificación como normas integrantes del sistema de derecho vigente, sino que además su rechazo en una consulta popular no limita el ejercicio de las competencias atribuidas a los órganos que ejercen el Poder Público en el marco del Estado de Derecho, están regidas entre otros principios por los de no arbitrariedad, racionalidad y legalidad conforme a los artículos 2, 3, 4, 7, 136 y 137 de la Constitución.

Al respecto cabe afirmar, que ciertamente no puede restringirse las potestades constitucionales establecidas en la Constitución de la República Bolivariana de Venezuela, de ordenar la organización interna de la Administración Pública Nacional conforme a lo establecido en el artículo 236.20 del Texto Constitucional, ya que lo contrario conllevaría afirmar que la consecuente desaprobatoria de un proyecto constitucional sobrellevaría a la limitación de las facultades constitucionales, lo cual envolvería adicionalmente a la disminución de sus funciones a una sanción o limitación no consagrada en la Carta Magna.

Si bien es cierto que las Constituciones requieren ajustes permanentes para regular la sociedad conforme a los constantes cambios sociales y políticos que se suscitan y deben expresar los valores compartidos por la comunidad política, ello como expresión del derecho que tienen los pueblos de revisar y de reformar su Constitución, es de destacar que para lograr esos cambios se crean en la propia Constitución mecanismos de reforma, por lo que tales procedimientos tienen rango constitucional, lo que impide una reforma constitucional por un procedimiento distinto al previamente establecido y obliga a los órganos del Estado a la aplicación del mecanismo previsto, so pena de ser declarados inconstitucionales por inobservancia de sus preceptos.

En tal sentido, como bien advierte Luis López Guerra "(...) *Las Constituciones, como la inmensa mayoría de las normas jurídicas nacen con vocación de permanencia y estabilidad: la aspiración a la seguridad y certeza de las relaciones humanas es característica común a las manifestaciones del Derecho. Pero ello no ha impedido constatar, desde un primer momento, que toda regulación, y también las constitucionales, puede alterarse en el futuro, por el cambio de las circunstancias sociales, o de la voluntad de la comunidad política*". (*Cfr.* Luis López Guerra; *Introducción al Derecho Constitucional*, Editorial Tirant Lo Blanch, Valencia, España, Capítulo III, pp. 54 y 55).

De allí que, los mecanismos de limitación o vulneración de la voluntad popular no se circunscriben a la imposibilidad en el ejercicio de la función pública –autorganización– sino que a través de diversos mecanismos se proceda a la modificación de la estructura del Poder Público, en su entramado básico propio de la regulación constitucional y de imposible disponibilidad por carecer de competencias constitucionales (*Vgr.* Supresión de uno de los Poderes Públicos).

Tal limitación deriva por cuanto las Constituciones escritas contienen, como regla general previsiones relativas a su modificación y establecen procedimientos específicos para ello, que suelen incluir requisitos más complejos que los exigidos para la reforma de otras normas, por lo que para que se produzca el cambio constitucional debe efectuarse dentro de unas pautas jurídicas y mediante procedimientos conocidos con antelación, que darán oportunidad a los sectores sociales involucrados para ordenar su intervención y participación.

Por ende, la interpretación que se realice en relación con tales pautas jurídicas debe ser restrictiva en el sentido de que por un lado debe estar orientada a garantizar la viabilidad de la participación de esos sectores sociales, pero también a evitar que a través de ese mecanismo para la reforma se transforme en fácil cauce para intentar legitimar con un supuesto consenso popular, lo que no es en sustancia sino la imposición de la voluntad de una minoría.

Por ende, es que existen dentro del propio texto constitucional incluso limitaciones temporales, las cuales abarcan a los mecanismos de reforma como a un núcleo intangible de reforma no sólo en atención a su progresividad sino en cuanto a la esencia del sistema democrático, estructural y de principios consagrados en el texto constitucional (artículo 342 de la Constitución de la República Bolivariana de Venezuela), sin embargo, pretender admitir que la consagración de ciertas normas en un proyecto de reforma son de imposible planteamiento mediante los mecanismos constitucionales garantizados en el Texto Constitucional constituye una negación propia de la Constitución así como una sanción en cuanto a los efectos no contemplada.

A manera de reflexión y en supuesto hipotético, cabría exponer que en el proyecto de reforma constitucional se establecía la consagración de los Servicios Autónomos como integrantes de la Administración Pública Nacional, mediante una enumeración detallada junto con los Institutos Autónomos entre otros órganos y entes y, posteriormente ante la infructuosidad de su aprobación, se pretende limitar su creación porque su establecimiento y consolidación son de imposible aplicación por ser una Administración Paralela, a pesar de estar establecida dicha facultad en la ley y que exista una cláusula abierta como la que actualmente existe en el artículo 225 de la Constitución de la República Bolivariana de Venezuela, donde se consagra un sistema abierto y de reserva legal de la organización de la Administración Pública.

Partiendo de tal reflexión, debe concluirse que la restricción que podría aparejar la soberanía popular sería la restructuración básica de la Administración Pública consagrada en el Texto Constitucional, en virtud que la soberanía debe ser entendida como *"(...) una racionalización jurídica del poder (...)"*, por ende su modificación se encuentra constreñida mediante otra forma de modificación que no sea la consagrada en la Constitución de la República Bolivariana de Venezuela (*Vid.* Bobbio; Norberto; *"Diccionario de Política"*, Madrid, 1983, pp. 1483).

Expuesto lo anterior, se aprecia que al ser las Misiones programas sociales que son ejecutados por el Gobierno Nacional en ejecución de la potestad organizativa consagrada en el artículo 236.20 de la Constitución de la República Bolivariana de Venezuela y en los artículos 15, 16, 58 y 131 del Decreto con Rango, Valor y Fuerza de Ley Orgánica de la Administración Pública, las mismas no violentan disposición constitucional alguna ni vulneran el principio de soberanía popular, ya que éstas son el desarrollo de una potestad constitucional, siendo creadas previa consagración de su órgano de adscripción o dependencia, forma de financiamiento, funciones y conformación del nivel directivo que la integra, garantizando así el principio de legalidad y la racionalidad en la ejecución de las actividades administrativas.

Por último, debe destacarse que el principio de la soberanía popular y el derecho a la participación política no implican un relajamiento absoluto de los procedimientos o de los mecanismos de participación, sino el reforzamiento del sistema constitucional, por lo que, el ejercicio de éstos no pueden implicar o imponer sanciones o limitaciones temporales o sustanciales que no se derivan de las normas y principios expresos establecidos en la Constitución de la República Bolivariana de Venezuela, ya que la normas sancionatorias o limitativas de los poderes constitucionales sólo pueden ser interpretadas de manera restrictivas, con la finalidad de asegurar los derechos de los ciudadanos, el respeto a la institucionalidad democrática de un país y al ejercicio de los derechos y/o garantías constitucionales.

En ese sentido, esta Sala estima improcedente la denuncia formulada, y así se declara.

2.   *El Poder Legislativo Nacional*

   A.   *Régimen de los Diputados de la Asamblea Nacional: Incompatibilidades para el ejercicio de otros cargos*

TSJ-SC (207)   **31-3-2014**

PONENCIA CONJUNTA

Caso: José Alberto Zambrano García y David Ascensión vs. Presidente de la Asamblea Nacional Diosdado Cabello Rondón

Sentencia de la Sala Constitucional que interpreta constitucionalmente el sentido y alcance del artículo 191 de la Constitución de la República Bolivariana de Venezuela, en lo que se refiere a la aceptación de una actividad de representación (sea permanente o alterna), indistintamente a su tiempo de duración, ante un órgano internacional por parte de un Diputado o Diputada a la Asamblea Nacional que está desempeñando su cargo durante la vigencia del período para el cual fue electo, y su incompatibilidad con dicha función legislativa.

Así, se observa que la Constitución, en el Título V "De la Organización del Poder Público Nacional", regula en su capítulo I, lo relativo al "Poder Legislativo Nacional", rezando el artículo 186 de la Constitución, lo siguiente:

"*Artículo 186. La Asamblea Nacional estará integrada por diputados y diputadas elegidos o elegidas en cada entidad federal por votación universal, directa, personalizada y secreta con representación proporcional, según una base poblacional del uno coma uno por ciento de la población total del país. Cada entidad federal elegirá, además, tres diputados o diputadas. Los pueblos indígenas de la República Bolivariana de Venezuela elegirán tres diputados o diputadas de acuerdo con lo establecido en la ley electoral, respetando sus tradiciones y costumbres. Cada diputado o diputada tendrá un suplente o una suplente, escogido o escogida en el mismo proceso*".

La disposición antes citada, revela que el cargo público de Diputada o Diputado de la República Bolivariana de Venezuela se ostenta por medio de la participación política del pueblo, a través de la elección de cargos públicos, consagrada en el artículo 70 de la Constitución.

Ahora bien, en el ejercicio de ese cargo público, los diputados y diputadas tienen las atribuciones que le son propias al cargo, previstas en el Texto Fundamental, e igualmente tienen –por el cargo ostentado– expresas prohibiciones, entre ellas, la establecida en el artículo 191, que es del siguiente tenor:

Artículo 191. Los diputados o diputadas a la Asamblea Nacional no podrán aceptar o ejercer cargos públicos sin perder su investidura, salvo en actividades docentes, académicas, accidentales o asistenciales, siempre que no supongan dedicación exclusiva.

En esta disposición, el Constituyente hace expresa salvedad que el diputado o diputada podrá ejercer otras actividades que no generan la pérdida de su investidura, señalando actividades docentes, académicas, accidentales o asistenciales, cuando el desempeño de las mismas no supongan dedicación exclusiva o desmedro de las funciones que ya ejerza, ya que de acuerdo a lo estipulado en el artículo 197 de la Constitución, como Diputados y Diputadas a la Asamblea Nacional deben cumplir sus labores a dedicación exclusiva.

Así, el artículo 197 antes indicado, dispone:

Artículo 197: Los diputados o diputadas a la Asamblea Nacionales están obligados y obligadas a cumplir sus labores a dedicación exclusiva, en beneficio de los intereses del pueblo y a mantener una vinculación permanente con sus electores y electoras, atendiendo sus opiniones y sugerencias y manteniéndolos informados e informadas acerca de su gestión y la de la Asamblea. Deben dar cuenta anualmente de su gestión a los electores y electoras de la circunscripción por la cual fueron elegidos o elegidas y estarán sometidos al referendo revocatorio del mandato en los términos previstos en esta Constitución y en la ley sobre la materia.

De allí que respecto a lo establecido en el artículo 191 *ut supra*, es que puede generarse la duda sobre el alcance de la norma transcrita, en lo que deba entenderse como actividades accidentales o asistenciales, y las consecuencias jurídicas previstas en dicha disposición constitucional, por cuanto como se ha indicado en el caso planteado, el Presidente de la Asamblea Nacional presuntamente violó el debido proceso consagrado en el artículo 49 de la Constitución, de la ciudadana María Corina Machado, *"por el solo hecho de su participación accidental en la OEA, lo cual está permitido por la Constitución".*

Al respecto, se observa que la prohibición contenida en el artículo 191 transcrito es exclusiva al cargo público de Diputada o Diputada de la Asamblea Nacional, y responde a la necesidad de que exista una ética parlamentaria o legislativa, y está plenamente concatenada con otras disposiciones constitucionales tendientes a preservar la ética como valor superior de la actuación de los órganos del Estado, y principios como la honestidad, eficiencia, transparencia y responsabilidad, entre otros, en el ejercicio de la función pública, siendo la condición de funcionario o funcionaria pública, inherente a la prestación de un servicio a los ciudadanos y ciudadanas de la República Bolivariana de Venezuela, independientemente que aquélla se lleve a cabo a través del cargo que se ocupe en alguno de los órganos que conforman el Poder Público Nacional, esto es, sea el cargo ocupado de carrera, de confianza o de elección popular.

En efecto, se desprende la condición de funcionarios y funcionarias públicas de los Diputados y Diputadas de la Asamblea Nacional, de lo señalado en las siguientes disposiciones legislativas.

El artículo 3 de la Ley contra la Corrupción, establece:

"Artículo 3. Sin perjuicio de lo que disponga la Ley que establezca el Estatuto de la Función Pública, a los efectos de esta Ley se consideran funcionarios o empleados públicos a:

*1. Los que estén investidos de funciones públicas, permanentes o transitorias, remuneradas o gratuitas, **originadas por elección**, por nombramiento o contrato otorgado por la autoridad competente, al servicio de la República, de los estados, de los territorios y dependencias federales, de los distritos, de los distritos metropolitanos o de los municipios, de los institutos autónomos nacionales, estadales, distritales y municipales, de las universidades públicas, del Banco Central de Venezuela o de cualesquiera de los órganos o entes que ejercen el Poder Público. (Resaltado de este fallo)*

...Omissis..."

El artículo 1 Ley del Estatuto de la Función Pública, dispone:

"...Omissis...

Quedarán excluidos de la aplicación de esta Ley:

1. Los funcionarios y funcionarias públicos al servicio del Poder Legislativo Nacional; (...)".

De esas disposiciones, resulta evidente que los Diputados y Diputadas de la Asamblea Nacional son funcionarios y funcionarias públicas que ocupan un cargo de elección popular en un órgano del Poder Público Nacional, como lo es el Poder Legislativo, y están obligados a cumplir sus labores a dedicación exclusiva como lo impone el artículo 197 constitucional, y sometidos a unas prohibiciones que el Constituyente estimó necesarias consagrarlas en forma expresa, en aras de evitar actuaciones contrarias a la ética (véase, Código de Ética de los Servidores y Servidoras Públicas del 12 de diciembre de 2013), y a los principios de soberanía, independencia, autodeterminación, responsabilidad social, paz internacional, justicia, entre otros, por ser éstos, base fundamental del Estado Venezolano en la forma en que ha sido consagrado en los artículos 1 y 2 de la Constitución, y como deber de los venezolanos y venezolanas como se consagra en el artículo 130 *eiusdem.*

Por ello, es indiscutible que aquellas personas que ostenten la condición de servidores o funcionarios públicos están sometidos a lo preceptuado en la Constitución, las leyes, los Reglamentos y normas que rijan sus funciones en los cargos ocupados en los órganos del Poder Público de la República Bolivariana de Venezuela, sin que por ningún motivo puedan menoscabar la soberanía e independencia del país, su integridad territorial, la autodeterminación y los intereses nacionales de Venezuela.

Establece así la Constitución de la República Bolivariana de Venezuela de 1999, prohibiciones expresas con el objetivo de impedir que las personas que presten la función pública incurran en hechos contrarios a la ética, a la moral y honestidad que debe imperar en todas sus actuaciones; que atenten contra la independencia y soberanía nacional, la integridad territorial, la autodeterminación y los intereses de la nación, o contra el funcionamiento de las instituciones del Estado. Así, el artículo 149, dispone que:

Artículo 149. Los funcionarios públicos y funcionarias públicas no podrán aceptar cargos, honores o recompensas de gobiernos extranjeros sin la autorización de la Asamblea Nacional.

Como se desprende de lo dispuesto en el artículo 149 citado, en concordancia con lo establecido en el numeral 13 del artículo 187 de la Constitución, para que un funcionario público o una funcionaria pública acepte de un gobierno extranjero, un cargo, honor o recompensa, es obligatorio que cuente con la autorización, esto es, el permiso o licencia del Poder Legislativo Nacional, en la persona de su Presidente, por cuanto es quien ejerce la dirección de esa función pública en el Poder Legislativo Nacional. Esta disposición tiene su razón de ser y es que toda persona tiene el deber de cumplir y acatar la Constitución, las leyes y demás actos que en ejercicio de sus funciones dicten los órganos del Poder Público, y aun mas quienes ejerzan la función pública, pues de conformidad con lo dispuesto en el artículo 25 de la Constitución, *"Todo acto dictado en ejercicio del Poder Público que viole o menoscabe los derechos garantizados por esta Constitución y la Ley es nulo, y los funcionarios públicos y funcionarias públicas que las ordenen o ejecuten incurren en responsabilidad penal, civil y administrativa, según los casos, sin que les sirvan de excusa órdenes superiores"*.

Dicho lo anterior, resulta relevante destacar lo señalado por esta Sala en sentencia N° 698 del 29 de abril de 2005, al decidir sobre el recurso de interpretación interpuesto por el ciudadano Orlando Alcántara Espinoza, respecto a los artículos 148, 162 y 191 de la Constitución de la República Bolivariana de Venezuela, en los siguientes términos:

Los legisladores estadales, al igual que los Diputados a la Asamblea Nacional y en general todo funcionario público, están sujetos en principio a la incompatibilidad para la aceptación o ejercicio de dos o más cargos públicos, salvo que se trate de alguna de las excepciones previstas constitucionalmente y siempre que el desempeño de las tareas simultáneas no vaya en desmedro de la función respectiva. En caso de que se acepte o ejerza un cargo público que no encuadre en las excepciones, se entiende que el Legislador (como los Diputados) ha perdido su investidura.

Como ya lo señaló esta Sala, la incompatibilidad es el motivo que subyace de lo establecido en el artículo 191 constitucional, pues si se van a realizar actividades que ameriten una función de similar naturaleza (como lo es la representación) o que vaya en desmedro de la ejercida, se debe solicitar el permiso a la Asamblea Nacional, y ésta acordarlo, para luego separarse temporalmente de manera legal de sus funciones legislativas y por ende del cargo de Diputado o Diputada ocupado, mientras se ejerza el nuevo cargo o función para el cual fue designado y autorizado, atendiendo para tal proceder a la normativa consagrada en el Reglamento Interior y de Debates de la Asamblea Nacional.

De allí que la pérdida de investidura a la que alude el artículo 191 constitucional, es la consecuencia jurídica prevista por el Constituyente ante el hecho o circunstancia de la aceptación de actividades **incompatibles** –que por su carácter– van en desmedro de la función pública ejercida.

En ese orden de ideas, la aceptación de una representación (sea permanente o alterna), indistintamente a su tiempo de duración, ante un órgano internacional por parte de un Diputado o Diputada a la Asamblea Nacional que está desempeñando su cargo durante la vigencia del período para el cual fue electo o electa, constituye una actividad a todas luces incompatible, y no puede considerarse como actividad accidental o asistencial, pues esa función diplomática va en desmedro de la función legislativa para la cual fue previamente electo o electa.

Esa es la interpretación que debe dársele al artículo 191 de la Constitución concatenadamente a otras disposiciones como el artículo 149 *eiusdem*, en aras de preservar la ética como valor superior del ordenamiento jurídico, el respeto a las instituciones del Estado Venezolano y el deber de cumplir de acatar la Constitución, las leyes y las normas del ordenamiento jurídico de la República Bolivariana de Venezuela. Así se declara.

Respecto a la situación planteada en el presente caso, se indicó en el escrito que "…es un hecho público, notorio y comunicacional que el Diputado Cabello anuncio el día 24 de marzo al país, que haría cesar en sus funciones a la Diputada María Corina Machado por su participación en la Organización de Estados Americanos, lo cual fue ratificado en el día de ayer 25 de marzo, retirándola de la nómina de parlamentarios, con lo cual incurrió en usurpación de funciones, la violación del debido proceso y el menoscabo de los derechos políticos de los ciudadanos del municipio Baruta y de todos los ciudadanos venezolanos".

En relación al hecho notorio comunicacional, esta Sala Constitucional en sentencia del 15 de marzo de 2000, caso: "*Oscar Silva Hernández*", ratificada en el fallo del 28 de febrero de 2008, caso: "*Laritza Marcano Gómez*", dejó sentado el siguiente criterio:

> ...(Omissis) El hecho comunicacional, fuente de este tipo particular de hecho notorio que se ha delineado, es tan utilizable por el juez como el hecho cuyo saber adquiere por su oficio en el ejercicio de sus funciones, y no privadamente como particular, lo que constituye la notoriedad judicial y que está referido a lo que sucede en el tribunal a su cargo, como existencia y manejo de la tablilla que anuncia el despacho; o lo relativo al calendario judicial, a los cuales se refiere el juzgador sin que consten en autos copias de los mismos; notoriedad judicial que incluye el conocimiento por el juez de la existencia de otros juicios que cursan en su tribunal, así como el de los fallos dictados en ellos.
>
> ¿Puede el juez fijar al hecho comunicacional, como un hecho probado, sin que conste en autos elementos que lo verifiquen? Si se interpreta estrictamente el artículo 12 del Código de Procedimiento Civil, el cual es un principio general, el juez sólo puede sentenciar en base a lo probado en autos, con excepción del hecho notorio. Tiene así vigencia el vetusto principio que lo que no está en el expediente no está en el mundo. Pero si observamos las sentencias, encontramos que ellas contienen un cúmulo de hechos que no están probados en autos, pero que son parte del conocimiento del juez como ente social, sin que puedan tildarse muchos de ellos ni siquiera como hechos notorios. Así, los jueces se refieren a fenómenos naturales transitorios, a hechos que están patentes en las ciudades (existencia de calles, edificios, etc.), a sentencias de otros tribunales que se citan como jurisprudencia, a obras de derecho o de otras ciencias o artes, al escándalo público que genera un caso, a la hora de los actos, sin que existan en autos pruebas de ellos.
>
> Si esto es posible con esos hechos, que casi se confunden con el saber privado del juez, con mucha mayor razón será posible que el sentenciador disponga como ciertos y los fije en autos, a los hechos comunicacionales que se publicitan hacia todo el colectivo y que en un momento dado se hacen notorios (así sea transitoriamente) para ese colectivo.
>
> Esta realidad lleva a esta Sala a considerar que el hecho comunicacional, como un tipo de notoriedad, puede ser fijado como cierto por el juez sin necesidad que conste en autos, ya que la publicidad que él ha recibido permite, tanto al juez como a los miembros de la sociedad, conocer su existencia, lo que significa que el sentenciador realmente no está haciendo uso de su saber privado; y pudiendo los miembros del colectivo, tener en un momento determinado, igual conocimiento de la existencia del hecho, por qué negar su uso procesal.
>
> El hecho comunicacional puede ser acreditado por el juez o por las partes con los instrumentos contentivos de lo publicado, o por grabaciones o videos, por ejemplo, de las emisiones radiofónicas o de las audiovisuales, que demuestren la difusión del hecho, su uniformidad en los distintos medios y su consolidación; es decir, lo que constituye la noticia.
>
> Pero el juez, conocedor de dicho hecho, también puede fijarlo en base a su saber personal, el cual, debido a la difusión, debe ser también conocido por el juez de la alzada, o puede tener acceso a él en caso que no lo conociera o dudase. Tal conocimiento debe darse por cierto, ya que solo personas totalmente desaprensivos en un grupo social hacia el cual se dirige el hecho, podrían ignorarlo; y un juez no puede ser de esta categoría de personas.
>
> Planteado así la realidad de tal hecho y sus efectos, concatenado con la justicia responsable y sin formalismos inútiles que el artículo 26 de la Constitución de la República Bolivariana de Venezuela contempla; aunado a que el proceso constituye un instrumento fundamental para la realización de la justicia, tal como lo establece el artículo 257 de la vigente Constitución, y que el Estado venezolano es de derecho y de justicia, como lo expresa el artículo 2 ejusdem, en aras a esa justicia expedita e idónea que señala el artículo 26 de la Constitución

de la República Bolivariana de Venezuela, a pesar de que el hecho comunicacional y su incorporación a los autos de oficio por el juez, no está prevenido expresamente en la ley, ante su realidad y el tratamiento que se viene dando en los fallos a otros hechos, incluso de menos difusión, esta Sala considera que para desarrollar un proceso justo, idóneo y sin formalismos inútiles, el sentenciador puede dar como ciertos los hechos comunicacionales con los caracteres que luego se indican, y por ello puede fijar como cierto, los hechos que de una manera uniforme fueron objeto de difusión por los medios de comunicación, considerándolos una categoría de hechos notorios, de corta duración...".

Con fundamento en lo expuesto, a juicio de esta Sala se convirtieron en hechos notorios comunicacionales y se tienen como ciertos, las siguientes informaciones relacionadas con los hechos a que se refiere el asunto examinado en la presente causa, a saber:

Que con fecha 5 de marzo de 2014, el Presidente Constitucional de la República Bolivariana de Venezuela, ciudadano Nicolás Maduro Moros, en su condición de Jefe de Estado, decidió romper relaciones comerciales y diplomáticas con la República de Panamá, anunciando al país lo siguiente: ***"He decidido romper con las relaciones diplomáticas y comerciales con Panamá. Nadie va a conspirar contra nuestro país. A Venezuela se respeta y no voy a aceptar que nadie conspire contra Venezuela para pedir una intervención"***. Tomado de la página web http://www.el-nacional.com/politica/Maduro-Venezuela-rompio-relaciones-Panama_0_367163449.html (resaltado de este fallo).

Que con fecha 20 de marzo de 2014, fue dirigida una misiva al Secretario General de la Organización de Estados Americanos, ciudadano José Miguel Insulza, por parte del Representante Permanente de Panamá ante ese organismo, ciudadano Arturo Vallarino, para solicitar que a partir de ese día, la ciudadana María Corina Machado, fungiera como Representante Alterna de la Delegación de Panamá. En la misma, se lee: *"Tengo el honor de dirigirme a vuestra excelencia a fin de solicitarle tenga a bien acreditar **a la diputada María Corina Machado, como Representante Alterna de la Delegación de la República de Panamá** ante la Organización de Estados Americanos, **a partir de la fecha"**. (Resaltado de este fallo). Tomado de la página webhttp://www.informatico.com/25-03-2014/lo-dijo-insulza-maria-corina-silla-prestada.

Que en Sesión Plenaria de la Asamblea Nacional del día 25 de marzo de 2014, fue solicitada la Moción de Urgencia del Diputado Andrés Eloy Méndez, mediante la cual requirió la declaratoria de pérdida de la investidura de la ciudadana María Corina Machado, como Diputada a la Asamblea Nacional; **la cual fue aprobada por ese órgano legislativo.**

Siendo ello así, esta Sala observa que tal y como se ha indicado es un hecho notorio comunicacional, el que la ciudadana María Corina Machado, en su condición de Diputada a la Asamblea Nacional, aceptó participar en el Consejo Permanente de la Organización de Estados Americanos *"como representante alterna del gobierno de Panamá"*, por lo que la circunstancia que haya podido participar o no, y los términos en que lo hubiese hecho, son irrelevantes, ante la evidente violación de las disposiciones constitucionales que regulan la función pública legislativa, la condición de ocupar un cargo de Diputada a la Asamblea Nacional de la República Bolivariana de Venezuela, y el deber que como todo venezolano y venezolana tiene de honrar y defender a la patria, sus símbolos, valores culturales, resguardar y proteger la soberanía, la nacionalidad, la integridad territorial, la autodeterminación y los intereses de la nación (artículo 130 constitucional).

Se observa que en las reuniones de la Organización de Estados Americanos, los países que la integran están representados por un miembro permanente en la misma, o uno alterno que el país en cuestión haya decidido, sea el que haga en su nombre el uso de palabra en dicha reunión y por tanto tenga derecho a voto.

En efecto, el artículo 56 de la Carta de la Organización de Estados Americanos, dispone que *"Todos los Estados miembros tienen derecho a hacerse representar en la Asamblea General. Cada Estado tiene derecho a un voto"*.

De todo lo anterior, resulta evidente que la ciudadana María Corina Machado no sólo omitió solicitar la autorización al Presidente de la Asamblea Nacional, en atención al artículo 149 de la Constitución, para aceptar la designación como representante alterna de otro país (Panamá) ante un organismo internacional como lo es la Organización de Estados Americanos, sino que, peor aún, pretendió actuar como Diputada a la Asamblea Nacional ante ese organismo internacional, sin estar autorizada por la Asamblea Nacional ni por las autoridades que dirigen las Relaciones Exteriores de la República Bolivariana de Venezuela, en evidente transgresión de lo dispuesto en los artículos 152 y 236, numeral 4, de la Constitución de la República Bolivariana de Venezuela.

Por ello, la aplicación de la consecuencia jurídica prevista en el artículo 191 de la Constitución resulta ajustada al caso planteado, al operar de pleno derecho, ante la aceptación de una representación alterna de un país, indistintamente a su tiempo de duración, ante un órgano internacional por parte de la ciudadana María Corina Machado, quien estaba desempeñando su cargo de Diputada a la Asamblea Nacional, lo cual constituye una actividad a todas luces incompatible durante la vigencia de su función legislativa en el período para el cual fue electa, pues esa función diplomática no solo va en desmedro de la función legislativa para la cual fue previamente electo o electa, sino en franca contradicción con los deberes como venezolana (artículo 130 constitucional) y como Diputada a la Asamblea Nacional (artículo 201 *eiusdem*). Así se declara.

IV. EL ORDENAMIENTO ECONÓMICO DEL ESTADO

1. *Derechos Económicos*

TSJ-SPA (201)   **13-2-2014**

Magistrado Ponente: Emiro García Rosas

Caso: Moliendas Papelón S.A. (MOLIPASA) vs. Instituto para la Defensa de las Personas en el Acceso a los Bienes y Servicios (INDEPABIS)

> **La Sala declara en el caso concreto que la medida de comiso de la cual fue impuesta la sociedad mercantil actora no tiene carácter confiscatorio, pues por tratarse de un bien de primera necesidad (azúcar), el Instituto para la Defensa de las Personas en el Acceso a los Bienes y Servicios dispuso de la mercancía objeto del comiso en beneficio de la población, de conformidad con la atribución prevista en el citado artículo 112 de la Ley para la Defensa de las Personas en el Acceso a los Bienes y Servicios.**

Adicionalmente, la representación judicial de la accionante, en su escrito de fundamentación de la apelación, solicitó que en ejercicio del control difuso de la constitucionalidad, esta Sala en el presente caso *"...desaplique el artículo 112(3) de la Ley de Indepabis, por contrariar lo dispuesto en los artículos 116 y 49 de la Constitución..."*.

Al respecto debe precisarse que la Constitución de la República Bolivariana de Venezuela, en el aparte primero del artículo 334, consagra el control difuso de la constitucionalidad que debe ser aplicado de manera obligatoria por todos los Jueces de la República para asegurar la integridad de la Carta Magna, en el ámbito de sus competencias y conforme a las previsiones constitucionales y legales. De acuerdo con esta disposición se establece para todos los Jueces, el poder-deber de controlar la legalidad de la actuación administrativa y garantizar a todas las personas la tutela efectiva en el ejercicio de sus derechos e intereses legítimos, desaplicando en los casos concretos que deban decidir, las leyes que juzguen inconstitucionales. Por tanto, si bien en nuestro país se puede afirmar que existe una "*jurisdicción constitucional*", concentrada en la Sala Constitucional del Tribunal Supremo de Justicia, no es menos cierto que por mandato expreso de la propia Constitución de 1999, se encuentra previsto el control difuso de la constitucionalidad de las normas legales como obligación para todos los Jueces de la República (ver, entre otras, sentencias de esta Sala números 1.353 del 5 de noviembre de 2008, 1.231 del 2 de diciembre de 2010 y 00089 del 26 de enero de 2011).

Observa la Sala que la parte accionante solicitó la desaplicación del "*artículo 112(3)*" de la Ley para la Defensa de las Personas en el Acceso a los Bienes y Servicios. Sin embargo, debe advertirse que el fundamento legal del acto impugnado no fue el numeral 3 –como alegó la recurrente- sino el numeral 2 de ese artículo, tal como se desprende de la propia providencia, así:

> "*(omissis)*
>
> *(...) aun cuando el representante de la empresa (...) ejerció su escrito de oposición y articulación probatoria este Instituto en aras de Garantizar el Derecho a la Defensa y al Debido Proceso resulta importante señalar que (...) las actuaciones realizadas por los funcionarios adscritos a la Guardia Nacional, y este Instituto contra el establecimiento comercial antes mencionado, en relación [a la] cantidad de seiscientos (600) sacos de cincuenta (50) Kilogramos C/U para un total de treinta mil (30.000) Kilogramos de Azúcar Industrial (...) tienen plena validez por cuanto se trata de un bien de primera necesidad, el cual de acuerdo a sus características constituye un producto perecedero, y atenta contra las personas en el acceso a los bienes y servicios, por lo que esta institución en aras de garantizar el desarrollo productivo del consumo humano procedió a dictar medida preventiva de comiso conforme al artículo 112 numeral 02 de la Ley para la Defensa de las Personas en el Acceso a los Bienes y Servicios, respetando los principios de Legalidad (...)*" (sic).* (Negrillas de este fallo).

Por consiguiente, pese al error advertido, el análisis de la pretendida desaplicación se hará sobre la norma conforme a la cual se dictó la providencia recurrida, vale decir, el numeral 2 del artículo 112 de la Ley para la Defensa de las Personas en el Acceso a los Bienes y Servicios, cuyo texto prevé:

> "***Artículo 112.*** *Las medidas preventivas que podrán ser dictadas conforme al artículo anterior son las siguientes:(...)*
>
> *2. Tomar posesión de los bienes y utilización de los respectivos medios de transporte. En aquellos casos que se trate de bienes de primera necesidad el Instituto podrá poner los mismos a disposición de las personas, a través de los mecanismos que se consideren pertinentes*".

Asimismo, los artículos 116 y 49 de la Constitución de la República Bolivariana de Venezuela prevén:

> "***Artículo 116****: No se decretarán ni ejecutarán confiscaciones de bienes sino en los casos permitidos por esta Constitución. Por vía de excepción podrán ser objeto de confiscación, mediante sentencia firme, los bienes de personas naturales o jurídicas, nacionales o extranjeras, responsables de delitos cometidos contra el patrimonio público, los bienes de quienes se hayan enriquecido ilícitamente al amparo del Poder Público y los bienes provenientes de las actividades comerciales, financieras o cualesquiera otras vinculadas al tráfico ilícito de sustancias psicotrópicas y estupefacientes*".

*"**Artículo 49**: El debido proceso se aplicará a todas las actuaciones judiciales y administrativas y, en consecuencia:*

1. La defensa y la asistencia jurídica son derechos inviolables en todo estado y grado de la investigación y del proceso. Toda persona tiene derecho a ser notificada de los cargos por los cuales se le investiga, de acceder a las pruebas y de disponer del tiempo y de los medios adecuados para ejercer su defensa. Serán nulas las pruebas obtenidas mediante violación del debido proceso. Toda persona declarada culpable tiene derecho a recurrir del fallo, con las excepciones establecidas en esta Constitución y la ley…".

No obstante, como ya quedó establecido en el presente fallo, al menos en esta etapa procesal y sin que esto constituya un pronunciamiento de fondo, no se evidencia vulneración alguna de norma constitucional, máxime cuando la medida (comiso) de la cual fue impuesta la sociedad mercantil actora no tiene carácter confiscatorio, pues por tratarse de un bien de primera necesidad (azúcar), el Instituto para la Defensa de las Personas en el Acceso a los Bienes y Servicios dispuso de la mercancía objeto del comiso en beneficio de la población, de conformidad con la atribución prevista en el citado artículo 112 de la Ley para la Defensa de las Personas en el Acceso a los Bienes y Servicios.

Aunado a lo anterior, inicialmente la Guardia Nacional Bolivariana ejecutó una retención preventiva y luego de un procedimiento administrativo al que la parte accionante tuvo acceso y participó (tal como se desprende de la propia providencia impugnada), fue dictada la medida de comiso, por lo que al menos en esta etapa procesal, no se aprecia la alegada vulneración del derecho a la defensa y al debido proceso a que se refiere el artículo 49 de la Constitución de la República Bolivariana de Venezuela. Por lo tanto, este Máximo Tribunal desestima la solicitud dirigida a desaplicar en el caso concreto el artículo 112.2 de la referida Ley. Así se determina. (Ver sentencias de esta Sala números 01502 y 01566 de fechas 16 y 23 de noviembre del 2011, respectivamente).

En virtud de haberse desestimado los alegatos expuestos por la representación judicial de la sociedad mercantil Moliendas Papelón S.A. (MOLIPASA), debe declararse sin lugar el presente recurso de apelación y confirmarse la sentencia apelada. Así se establece.

V. LA JURISDICCIÓN CONTENCIOSO ADMINISTRATIVA

1. *El Contencioso Administrativo de Anulación*

   A. *Medidas Cautelares: Instrumentalidad*

   TSJ-SPA (201)   **13-2-2014**

   Magistrado Ponente: Emiro García Rosas

   Caso: Moliendas Papelón S.A. (MOLIPASA) vs. INSTITUTO PARA LA DEFENSA DE LAS PERSONAS EN EL ACCESO A LOS BIENES Y SERVICIOS (INDEPABIS).

   Una de las características esenciales de las medidas cautelares es la instrumentalidad, pues con ellas debe perseguirse una anticipación de ciertos efectos de la sentencia de mérito, o lo que es lo mismo asegurar la eficacia de la sentencia que se produzca en la causa principal a lo cual se ha agregado que dicho carácter instrumental está dado por el hecho de que tales medidas preventivas se encuentran preordenadas a garantizar las resultas de un proceso

Corresponde a esta Sala pronunciarse sobre la apelación incoada por la representación judicial de la sociedad mercantil Moliendas Papelón S.A. (MOLIPASA) contra la sentencia dictada por la Corte Segunda de lo Contencioso Administrativo en fecha 22 de junio de 2011, bajo el N° 2011-0966, que declaró improcedente la medida cautelar innominada solicitada en el recurso de nulidad incoado por esa empresa contra la Providencia Administrativa N° 103 del 19 de marzo de 2010, dictada por el Instituto para la Defensa de las Personas en el Acceso a los Bienes y Servicios (INDEPABIS), mediante la cual *"...decret*[ó]*Medida Preventiva de Comiso en perjuicio* [de la mencionada sociedad mercantil] *sobre seiscientos (600) sacos de azúcar para uso industrial de 50 Kg. Cada uno"*.

Al respecto, esta Sala observa de las denuncias planteadas por los apoderados judiciales de la recurrente, que la controversia se circunscribe a decidir sobre la contrariedad a derecho del fallo apelado, por lo que pasa este Alto Tribunal a resolver las denuncias formuladas por la apelante en los términos siguientes:

Alegó la parte apelante, que la Corte Segunda de lo Contencioso Administrativo *"fundamentó su decisión en una imprecisa delimitación de la solicitud de medida cautelar"*, ya que para desestimarla se basó en *"el carácter instrumental de las medidas cautelares..."*, y que al concluir que la solicitud cautelar no satisfacía el requisito de instrumentalidad, *"pareciera obviar el hecho de que uno de los objetivos principales de la demanda de anulación (...) era la desaplicación por control difuso de la constitucionalidad del artículo 112(3) de la Ley Indepabis (...) [por lo que] mal puede decir la Corte que la medida cautelar solicitada (...) no tenía una estrecha vinculación con el objeto de la sentencia que recaiga en la causa principal"* (*sic*).

En conclusión, la recurrente manifestó que su petitorio cautelar *"...satisfacía plenamente el requisito de instrumentalidad, relativo a asegurar las resultas del juicio principal"*.

Al respecto la Corte Segunda de lo Contencioso Administrativo, en el fallo impugnado, sostuvo lo siguiente:

"(Omissis)

Siendo ello así, y circunscritos al caso de autos, advierte esta Corte que al solicitar la sociedad mercantil recurrente, como medida cautelar que se ordene al INDEPABIS se abstenga mientras dure el juicio principal de dictar medidas de comiso en su contra, con base al artículo 112 (3) de la Ley; la misma pretende que se desaplique para su esfera jurídica el numeral 3 del artículo 112 de la Ley para la Defensas de las Personas en el Acceso a los bienes y servicios, no para el caso en concreto, sino frente a posibles futuras circunstancias que nada tiene ver con el presente juicio, con lo cual se desnaturaliza el carácter instrumental de las medidas cautelares, cuyo fin es garantizar las resultas del proceso.

Por lo que no se explica esta Corte como la medida cautelar solicitada puede garantizar las resultas del presente juicio, siendo que lo pretende la sociedad mercantil Moliendas Papelón S.A., es la concesión de una suerte de patente de corso, que le permitiría desarrollar su actividad comercial al margen de la Ley para la Defensa de las Personas en el Acceso a los Bienes y Servicios, y ello implicaría que el Instituto no podría actuar frente a posibles futuras situaciones que comprometan los bienes jurídicos que tutela la referida Ley, tales como los derechos colectivos de protección a los consumidores y seguridad alimentaria consagrados en los artículos 117 y 305 de la Constitución de la República Bolivariana de Venezuela.

(omissis)

Por lo que en nuestro criterio, el otorgamiento de una medida de esa magnitud constituiría un privilegio ilegitimo a favor de la recurrente.

*De manera que la medida cautelar solicitada por la parte recurrente, desnaturaliza carácter instrumental de la misma, por cuanto a través de ella no se persigue evitar perjuicios irreparables o de difícil reparación, o bien evitar que el fallo definitivo quede ilusorio, sino por el contrario, **con tal medida la sociedad mercantil recurrente pretende que se le coloque al margen la Ley frente a las situaciones que eventualmente puedan verificarse con ocasión a su actividad comercial y que nada tiene que ver con el presente juicio**, y respecto de las cuales el Instituto para la Defensa de las Personas al Acceso a los Bienes y Servicios no podrá ejercer su potestad de fiscalización y posterior imposición de medidas preventivas, limitando en tal sentido cualquier actuación del órgano administrativo competente al respecto y poniéndose en riesgo los derechos colectivos a la protección de los consumidores y seguridad alimentaria; razón por la cual esta Corte estima **IMPROCEDENTE** la medida cautelar solicitada. Así se decide" (sic).*

Del fallo parcialmente transcrito se desprende que a juicio de la Corte Segunda de lo Contencioso Administrativo, la medida cautelar solicitada no tiene el carácter instrumental necesario de toda medida preventiva, considerando a tal efecto que la pretendida desaplicación de la norma no es para el caso concreto, sino *"para futuras circunstancias que nada tienen que ver con el presente juicio"*.

Advierte este Máximo Tribunal que una de las características esenciales de las medidas cautelares es la instrumentalidad, pues con ellas debe perseguirse una anticipación de ciertos efectos de la sentencia de mérito, o lo que es lo mismo asegurar la eficacia de la sentencia que se produzca en la causa principal (ver fallo de esta Sala del 13 de junio de 2007); a lo cual se ha agregado que dicho carácter instrumental está dado por el hecho de que tales medidas preventivas se encuentran preordenadas a garantizar las resultas de un proceso (Véase Sentencia N° 642 "en *Revista de Derecho Público* N° 114 de 2008 en p. 243) Aprecia este Alto Tribunal que lo pretendido cautelarmente implica que el Instituto para la Defensa de las Personas en el Acceso a los Bienes y Servicios se abstenga de dictar medidas de comiso en contra de la sociedad mercantil recurrente *"en base al artículo 112(3) de la Ley Indepabis o subsidiariamente (...) en base al* [mismo] *artículo (...) por la verificación de alguna infracción distinta a las previstas en los artículos 65, 66, 67, 68 y 69 de dicha Ley"* (sic).

En consecuencia, de ordenársele cautelarmente al INDEPABIS –de manera general, no solo sometido a este caso– que se abstenga de dictar medidas de comiso contra la accionante, implicaría que ella se sustrajera de la aplicación de la mencionada normativa, sin que aún haya sido declarada su desaplicación por inconstitucionalidad, en cuyo supuesto, dicha desaplicación sería solamente para el caso concreto. Por ello, considera esta Sala –tal como lo determinó el *a quo*-, que la medida solicitada no cumple con el aludido carácter instrumental; ergo, la pretensión cautelar formulada en tales términos resulta improcedente, por lo tanto, debe desestimarse esta denuncia contra el fallo impugnado. Así se establece.

2.   *El Contencioso Administrativo Especial*

    A.   *El Contencioso Administrativo Funcionarial*

        a.   *Órganos. Juzgados Superiores Estadales de la Jurisdicción Contencioso Administrativa*

        TSJ-SPA (175)   **6-2-2014**

        Magistrada Ponente: Mónica Misticchio Tortorella

        Caso: Luis Antonio Bastidas vs. Cuerpo de Investigaciones Científicas, Penales y Criminalísticas (CICPC)

A partir de la entrada en vigencia de la Ley Orgánica de la Jurisdicción Contencioso Administrativa, la competencia para conocer de las causas interpuestas por los funcionarios adscritos a los órganos de seguridad del Estado en virtud de la relación de empleo público, se determina por la materia; razón por la cual, en aplicación de los principios de orden constitucional relativos al juez natural y al criterio de especialidad de acuerdo con la materia, previstos en el artículo 26 y numeral 4 del artículo 49 de la Constitución de la República Bolivariana de Venezuela, respectivamente, el conocimiento de tales causas corresponde a los ahora denominados Juzgados Superiores Estadales de la Jurisdicción Contencioso Administrativa.

Determinada como ha sido la competencia de esta Sala Político-Administrativa para conocer de la regulación de competencia, pasa a resolver lo relativo al órgano jurisdiccional competente para conocer el recurso contencioso administrativo de nulidad incoado.

En este sentido, es oportuno hacer alusión a lo sostenido en la sentencia (Véase sentencia N° 291 en *Revista de Derecho Público.* N° 105, enero-marzo 2006 en pp. 206).

"(...omissis...)"

en lo que respecta a los funcionarios adscritos a los cuerpos de seguridad del Estado, este Alto Tribunal ha sostenido, con la finalidad de preservar el interés colectivo que entraña las funciones desplegadas en razón de estas particulares relaciones de empleo y considerando la relevancia para la estabilidad de tan importantes cuerpos de seguridad y defensa, con ocasión a las actividades de resguardo de la soberanía y el orden público nacional, estadal o municipal, que las reclamaciones suscitadas con motivo del retiro o suspensión de dichos funcionarios por la aplicación de medidas disciplinarias, deben ser ventiladas ante los órganos superiores de la jurisdicción contencioso administrativa, específicamente por esta Sala Político-Administrativa.

(...omissis...)".

Posteriormente, en las sentencias (Véase sentencia N° 1871 en *Revista de Derecho Público,* N° 107, Julio septiembre, 2006 en pp. 184 y ss.) sentencia 1910/27/2006 y Sentencia 031/21/2009 esta Sala atendiendo a un criterio material y en aras de garantizar los derechos constitucionales de acceso a la justicia y al juez natural, estableció que el conocimiento de las acciones interpuestas con ocasión de una relación de empleo público por parte de los miembros de la Fuerza Armada Nacional, **los funcionarios de los cuerpos de seguridad del Estado**, el personal aeronáutico perteneciente al Cuerpo de Navegación Aérea y los funcionarios adscritos al Cuerpo Técnico de Vigilancia del Transporte Terrestre, corresponde a los Juzgados Superiores de lo Contencioso Administrativo Regionales, hoy denominados Juzgados Superiores Estadales de la Jurisdicción Contencioso Administrativa.

En los mencionados fallos igualmente se estableció que la competencia para conocer las acciones o recursos interpuestos en el caso de retiro, permanencia, estabilidad o conceptos derivados de empleo público del personal con grado de oficiales y suboficiales profesionales de carrera de la Fuerza Armada Nacional, corresponde a esta Sala Político-Administrativa.

Ahora bien, la Ley Orgánica de la Jurisdicción Contencioso Administrativa prevé en los numerales 5 y 23 de su artículo 23 y el numeral 6 del artículo 25, lo siguiente:

*"**Artículo 23**. La Sala Político-Administrativa del Tribunal Supremo de Justicia es competente para conocer de:*

(...omissis...)

5. Las demandas de nulidad contra los actos administrativos de efectos generales y particulares dictados por el Presidente o Presidenta de la República, el Vicepresidente Ejecutivo o Vicepresidenta Ejecutiva de la República, los Ministros o Ministras, así como por las máximas autoridades de los demás organismos de rango constitucional, si su competencia no está atribuida a otro tribunal.

(...omissis...)

23. Conocer y decidir las pretensiones, acciones o recursos interpuestos, en el caso de retiro, permanencia, estabilidad o conceptos derivados de empleo público del personal con grado de oficiales de la Fuerza Armada Nacional Bolivariana." (Destacado de la Sala).

*"**Artículo 25.** Los Juzgados Superiores Estadales de la Jurisdicción Contencioso Administrativa son competentes para conocer de:*

(...omissis...)

6. Las demandas de nulidad contra los actos administrativos de efectos particulares concernientes a la función pública, conforme a lo dispuesto en la ley". (Destacado de la Sala).

Por otra parte, el artículo 93 de la Ley del Estatuto de la Función Pública establece:

*"**Artículo 93.** Corresponderá a los tribunales competentes en materia contencioso administrativo funcionarial, conocer y decidir todas las controversias que se susciten con motivo de la aplicación de esta Ley, en particular las siguientes:*

1. Las reclamaciones que formulen los funcionarios o funcionarias públicos o aspirantes a ingresar en la función pública cuando consideren lesionados sus derechos por actos o hechos de los órganos o entes de la Administración Pública...".

Asimismo, se observa que el artículo 102 de la Ley del Estatuto de la Función Policial, publicada en la *Gaceta Oficial de la República Bolivariana de Venezuela* N° 5.940 Extraordinario, de fecha 7 de diciembre de 2009, dispone:

"Recurso contencioso administrativo

***Artículo 102.** La medida de destitución del funcionario o funcionaria policial agota la vía administrativa, y contra ella es procedente el recurso contencioso administrativo conforme a lo previsto en el Título VIII de la Ley del Estatuto de la Función Pública."*

Del análisis de las normas parcialmente transcritas, se colige que a partir de la entrada en vigencia de la Ley Orgánica de la Jurisdicción Contencioso Administrativa, la competencia para conocer de las causas interpuestas por los funcionarios adscritos a los órganos de seguridad del Estado en virtud de la relación de empleo público, se determina por la materia; razón por la cual, en aplicación de los principios de orden constitucional relativos al juez natural y al criterio de especialidad de acuerdo con la materia, previstos en el artículo 26 y numeral 4 del artículo 49 de la Constitución de la República Bolivariana de Venezuela, respectivamente, el conocimiento de tales causas corresponde a los ahora denominados Juzgados Superiores Estadales de la Jurisdicción Contencioso Administrativa.

Igualmente, las disposiciones transcritas reservan para el conocimiento de esta Máxima Instancia sólo las acciones o recursos interpuestos, en el caso de retiro, permanencia, estabilidad o conceptos derivados de empleo público del personal con grado de oficial de la Fuerza Armada Nacional (Véase en *Revista de Derecho Público* N° 125, enero-marzo 2011 en pp. 169)

En el caso de autos se aprecia que el ciudadano Luis Antonio Bastidas, fue destituido del cargo de Inspector Jefe adscrito a la Sub Delegación de El Paraíso del Cuerpo de Investigaciones Científicas, Penales y Criminalísticas (CICPC), mediante la Providencia Administrativa N° 004-2013 dictada en fecha 2 de abril de 2013, por el Consejo Disciplinario del Distrito Capital de ese cuerpo policial.

En virtud de lo expuesto y en aplicación del principio constitucional de acceso a los órganos de administración de justicia y con fundamento en lo establecido en el numeral 6 del artículo 25 de la Ley Orgánica de la Jurisdicción Contencioso Administrativa, esta Sala declara que la competencia para conocer el caso de autos corresponde al Juzgado Superior Décimo de lo Contencioso Administrativo de la Región Capital. Así se declara.

VI. LA JUSTICIA CONSTITUCIONAL

1. *Demandas de protección de derechos e intereses colectivos y difusos*

   A. *Competencia*

   TSJ-SC (136)   **12-3-2014**

   Magistrada Ponente: Gladys María Gutiérrez Alvarado

   Caso: Salas & Agentes Aduaneros Asociados, C.A. y otros vs. Vicencio Scarano Spisso, Alcalde del Municipio San Diego del Estado Carabobo.

   La Sala analiza su competencia para conocer de las demandas y las pretensiones de amparo para la protección de intereses difusos o colectivos cuando la controversia tenga trascendencia nacional

Corresponde a la Sala determinar su competencia para el conocimiento de la presente demanda, en la que se invoca la protección de derechos e intereses colectivos y difusos inherentes a la población venezolana, referidos a la vida, al libre tránsito, a la seguridad alimentaria, al adecuado abastecimiento de productos y a la dedicación a las actividades económicas de preferencia, con fundamento en las normas previstas en los artículos 43, 50 y 112 del Texto Fundamental, frente a presuntas omisiones de acciones tendientes "*a prevenir desordenes públicos dentro del Municipio San Diego del Estado Carabobo, específicamente en el Distribuidor de San Diego y en las urbanizaciones cercanas, lo que ha generado la patente de corso para que personas violentas realicen trancas y cierres que conllevaron a que se haya atentado y se siga atentando contra el derecho que [tienen] de transitar libremente por las vías del estado Carabobo, [dedicarse] a una actividad económica libremente como lo es el transporte de personas y carga, derecho a la vida, a gozar de seguridad alimentaria y contar con un adecuado abastecimiento de productos*". Dichas conductas pasivas son atribuidas por los demandantes de autos, al Alcalde del municipio San Diego del estado Carabobo, ciudadano Vicencio Scarano Spisso, y al Director General de la Policía Municipal de San Diego del Estado Carabobo, ciudadano Salvatore Lucchese Scaletta.

La Constitución de la República Bolivariana de Venezuela establece en sus artículos 26 y 27, lo siguiente:

Artículo 26. Toda persona tiene derecho de acceso a los órganos de administración de justicia para hacer valer sus derechos e intereses, incluso los colectivos o difusos, a la tutela efectiva de los mismos y a obtener con prontitud la decisión correspondiente.

El Estado garantizará una justicia gratuita, accesible, imparcial, idónea, transparente, autónoma, independiente, responsable, equitativa y expedita, sin dilaciones indebidas, sin formalismos o reposiciones inútiles.

Artículo 27. Toda persona tiene derecho a ser amparada por los tribunales en el goce y ejercicio de los derechos y garantías constitucionales, aun de aquellos inherentes a la persona que no figuren expresamente en esta Constitución o en los instrumentos internacionales sobre derechos humanos.

El procedimiento de la acción de amparo constitucional será oral, público, breve, gratuito y no sujeto a formalidad, y la autoridad judicial competente tendrá potestad para restablecer inmediatamente la situación jurídica infringida o la situación que más se asemeje a ella. Todo tiempo será hábil y el tribunal lo tramitará con preferencia a cualquier otro asunto.

La acción de amparo a la libertad o seguridad podrá ser interpuesta por cualquier persona, y el detenido o detenida será puesto o puesta bajo la custodia del tribunal de manera inmediata, sin dilación alguna.

El ejercicio de este derecho no puede ser afectado, en modo alguno, por la declaración del estado de excepción o de la restricción de garantías constitucionales.

A su vez, el artículo 146 de la Ley Orgánica del Tribunal Supremo de Justicia, publicada en la *Gaceta Oficial de la República Bolivariana de Venezuela* N° 39.522 del 1° de octubre de 2010, establece lo siguiente:

"Toda persona podrá demandar la protección de sus derechos e intereses colectivos o difusos. Salvo lo dispuesto en las leyes especiales, cuando los hechos que se describan posean trascendencia nacional su conocimiento corresponderá a la Sala Constitucional; en caso contrario, corresponderá a los tribunales de primera instancia en lo civil de la localidad donde aquellos se hayan generado

En caso de que la competencia de la demanda corresponda a la Sala Constitucional, pero los hechos hayan ocurrido fuera del Área Metropolitana de Caracas, el demandante podrá presentarla ante un tribunal civil de su domicilio. El tribunal que la reciba dejará constancia de la presentación al pie de la demanda y en el Libro Diario y remitirá el expediente debidamente foliado y sellado, dentro de los tres días de despacho siguientes".

Por su parte, el artículo 25.21 *eiusdem*, atribuye a esta Sala el conocimiento de las demandas y las pretensiones de amparo para la protección de intereses difusos o colectivos cuando la controversia tenga trascendencia nacional, salvo lo que dispongan leyes especiales y las pretensiones que, por su naturaleza, correspondan al contencioso de los servicios públicos o al contencioso electoral.

En ese sentido, se observa que los hechos relatados en el escrito presentado y que motivan la presente demanda, consisten en el supuesto incumplimiento por parte del Alcalde del municipio San Diego del estado Carabobo, ciudadano Vicencio Scarano Spisso, y del Director General de la Policía Municipal de San Diego del Estado Carabobo, ciudadano Salvatore Lucchese Scaletta, de sus deberes constitucionales, legales y jurídicos en general, al presuntamente tolerar acciones violentas encaminadas a obstruir e impedir la circulación a través del Distribuidor de San Diego y de vías públicas ubicadas en las urbanizaciones cercanas al mismo, vulnerando los derechos a la vida, al libre tránsito, a la seguridad alimentaria, al adecuado abastecimiento de productos y a la dedicación a las actividades económicas de preferencia (en este caso, el transporte de personas y carga), entre otros.

Respecto a la calificación y legitimación de las demandas por derechos e intereses difusos o colectivos, desde la sentencia líder en la materia (N° 656/30.06.2000, caso: *Dilia Parra Guillén*) esta Sala ha señalado que:

"Con los derechos e intereses difusos o colectivos, no se trata de proteger clases sociales como tales, sino a un número de individuos que pueda considerarse que representan a toda o a un segmento cuantitativamente importante de la sociedad, que ante los embates contra su calidad de vida se sienten afectados, en sus derechos y garantías constitucionales destinados a mantener el bien común, y que en forma colectiva o grupal se van disminuyendo o desmejorando, por la acción u omisión de otras personas".

Como ha podido apreciarse, la demanda ha sido ejercida por varias cooperativas y empresas que, según exponen, se han visto afectadas en el ejercicio de los derechos constitucionales ya señalados. Aunado a ello, los hechos que relatan y su pretensión –tanto cautelar como de fondo– incide en el ejercicio de los derechos de un sector poblacional determinado e identificable como son las personas que habitan en los alrededores de las vías de comunicación terrestre que indican, o que independientemente de ello pretenden utilizarlas, y, además, afectan el colectivo que tiene interés y derecho de acceder a los servicios que prestan y a los productos que transportan, el cual, según se desprende de la demanda, se encuentra ubicado tanto en la región central como occidental del país.

Aunado a lo anterior, esta Sala observa la relevancia constitucional que tienen los derechos constitucionales que se denuncian vulnerados por parte de los presuntos agraviantes, los cuales pueden vincularse, en este caso, a intereses jurídicos de especial importancia como la alimentación, salud, la vida (en la demanda se alude expresamente al derecho a la vida) y la libertad de tránsito, por lo que la Sala estima que el asunto de autos posee la característica a la que se refieren los citados dispositivos contenidos en la Ley Orgánica del Tribunal Supremo de Justicia, que atribuyen competencia a esta Sala.

Al respecto, esta Sala ha declarado:

"Sobre la base de la sentencia parcialmente transcrita [s. SC N° 656/30.06.2000, caso: (*Dilia Parra Guillén*), esta Sala advierte que la presente demanda, dadas sus características generales debería ser calificada inicialmente como una acción de tutela de derechos o intereses colectivos, lo cual generaría la incompetencia de esta Sala para conocer dicha demanda de conformidad con el artículo 25.21 de la Ley Orgánica del Tribunal Supremo de Justicia, en tanto se trata de un sector poblacional determinado e identificable, aunque individualmente, de modo que dentro del conjunto de personas existe un vínculo jurídico que los une entre ellos, como el de un grupos de vecinos del Conjunto Parque Residencial Terrazas de la Vega.

Sin embargo, en el presente caso convergen circunstancias excepcionales, no trasladables a otros supuestos vinculados con la tutela de derechos fundamentales a la vida, salud y a la vivienda digna, de aquellos que conforman un sector -o no- poblacional identificable e individualizado (difusos y colectivos).

En tal sentido, se advierte que la presente demanda está dirigida a la tutela de 'aproximadamente mil trescientos veinte (1320) familias (*sic*) [150 familias] que conforman el CONJUNTO PARQUE RESIDENCIAL TERRAZAS DE LA VEGA (PRIMERA ETAPA)', lo cual si bien constituye el número elevado de familias afectadas, ello debe adminicularse al posible riesgo inminente que existe sobre la vida, salud y la vivienda de este cúmulo de personas, conforme a las denuncias planteadas y, particularmente, a los elementos de convicción presentados conjuntamente con la demanda interpuesta, tales como los informes órganos especializados en materia de riesgos de la Administración Pública Municipal (*Cfr.* Anexos J, K, L, M, N y T) en relación con informes técnicos de la Dirección de Control Urbano del Municipio Libertador (*Cfr.* Anexos O, P y Q), los cuales indican que en principio 'todo el sector se encuentra en alto riesgo (...). Bajo este panorama existe una alta vulnerabilidad en toda la zona, entendiéndose esta última el nivel o grado de respuesta inmediata que pueda tener una población ante un evento natural determinado' (*Cfr.* Anexo U, folio 115).

Bajo tal marco, tampoco es ajeno a la labor jurisdiccional de esta Sala -ya que constituye un hecho público comunicacional- la significativa y preocupante problemática surgida en el mercado inmobiliario, relacionada con el necesario pero insuficiente desarrollo habitacional a cargo de la República, los Estados y Municipios, así como de empresas constructoras, promotoras y demás empresas del ramo de carácter público o privado.

Ello si bien, no resulta suficiente para calificar la presente demanda como de trascendencia nacional, se le añade la particular problemática que atraviesa la República y, particularmente entidades federales como el Distrito Capital, como consecuencia de la más reciente temporada de lluvias, que incidió directamente en un elevado número viviendas y terrenos, que ha generado la afectación directa de personas y familias y, particularmente, en la posibilidad de contar en espacios donde habitar dignamente.

En estas circunstancias, la Sala estima que la situación de eminente riesgo que en principio se encuentran las 'aproximadamente mil trescientos veinte (1320) familias (sic) [150 familias] que conforman el CONJUNTO PARQUE RESIDENCIAL TERRAZAS DE LA VEGA (PRIMERA ETAPA)', conlleva a que en el marco de la actual crisis habitacional y el elevado número de personas afectadas, la reubicación de estas familias en situación de riesgo vital, es una situación merece ser protegida a través de una acción específica de tutela de intereses suprapersonales, en tanto la afectación directa e inminente de las viviendas de tales familias, incidiría perjudicialmente a las personas y familias ya afectadas -o que puedan verse afectadas- por la actual crisis de vivienda, al incrementar el número de sujetos objeto de una necesaria y especial protección por parte de los órganos competentes, por lo que no se constituyen -en principio- en un sector poblacional identificable e individualizado, pero que a pesar de no tener un vínculo jurídico entre ellos, se ven lesionados o amenazados de lesión. Por tal razón, esta Sala es competente para conocer y decidir la acción propuesta para la tutela de intereses colectivos ejercida, y así se decide". (Sentencia N° 6/15-02-2011). (Entre corchetes de esta Sala).

Con fundamento a todo lo anterior, esta Sala se declara competente para conocer de la presente demanda en protección de intereses colectivos y así se decide.

B. *Legitimación*

TSJ-SC (137)   **17-3-2014**

Magistrada Ponente: Gladys María Gutiérrez Alvarado

Caso: Juan Ernesto Garantón Hernández vs. Alcalde del Municipio Baruta del Estado Miranda, Gerardo Blyde, y Alcalde del Municipio El Hatillo del Estado Miranda, David Smolansky.

La Sala reitera que quien incoa una demanda con base a derechos o intereses colectivos, debe hacerlo en su condición de miembro o vinculado al grupo o sector lesionado, y que por ello sufre la lesión conjuntamente con los demás, por lo que por esta vía asume un interés que le es propio y le da derecho de reclamar el cese de la lesión para sí y para los demás, con quienes comparte el derecho o el interés.

En primer lugar, debe esta Sala pronunciarse respecto a la legitimación de los abogados Julio César Lattan, Francisco Morillo, Reyes Ramón Ruiz y Eneida Villanueva, en nombre propio y como representantes de la Asociación Civil Frente Nacional de Abogados Bolivarianos, para participar como terceros coadyuvantes de la parte demandante en la presente causa.

Al respecto, esta Sala en sentencia N° 3648/2003 (caso: *Fernando Asenjo Rosillo y otros*), señaló lo siguiente:

"LEGITIMACIÓN PARA INCOAR UNA ACCIÓN POR INTERESES Y DERECHOS COLECTIVOS: quien incoa la demanda con base a derechos o intereses colectivos, debe hacerlo en su condición de miembro o vinculado al grupo o sector lesionado, y que por ello sufre la lesión conjuntamente con los demás, por lo que por esta vía asume un interés que le es propio y le da derecho de reclamar el cese de la lesión para sí y para los demás, con quienes comparte el derecho o el interés. La acción en protección de los intereses colectivos, además de la Defensoría del Pueblo, la tiene cualquier miembro del grupo o sector que se identifique como componente de esa colectividad específica y actúa en defensa del colectivo, de manera que los derechos colectivos implican, obviamente, la existencia de sujetos colectivos, como las naciones, los pueblos, las sociedades anónimas, los partidos políticos, los sindicatos, las asociaciones, los gremios, pero también minorías étnicas, religiosas o de género que, pese a tener una específica estructura organizacional, social o cultural, pueden no ser personas jurídicas o morales en el sentido reconocido por el derecho positivo, e inclusive simples individuos organizados en procura de preservar el bien común de quienes se encuentran en idéntica situación derivado del disfrute de tales derechos colectivos".

En atención al criterio expuesto, esta Sala observa que la situación jurídica constitucional que los intervinientes denuncian como supuestamente vulnerada, está vinculada no solamente a su esfera individual de derechos e intereses sino como miembros de una asociación civil que se identifica como componente de una colectividad específica y actúa en defensa de ese colectivo en procura de preservar el bien común de quienes se encuentran en la denunciada situación que afecta los derechos colectivos constitucionales delatados y protegidos cautelarmente mediante amparo constitucional. Por tanto, esta Sala reconoce legitimación a los intervinientes en condición de demandantes para reclamar la tutela jurisdiccional pretendida en la presente causa. Así se declara.

    C.   *Admisibilidad*

        TSJ-SC (207)   **31-3-2014**

        Ponencia Conjunta

        Caso: José Alberto Zambrano García y David Ascensión vs. Presidente de la Asamblea Nacional Diosdado Cabello Rondón.

        La potestad de la Sala Constitucional para conocer de las demandas de protección de intereses difusos y colectivos cuando la controversia tenga trascendencia nacional, no decae porque se declare inadmisible la acción, ya que es su deber asegurar la integridad de la Constitución (artículos 334 y 335 de la vigente Constitución), mediante decisiones jurisdiccionales.

Determinada la competencia de esta Sala, le corresponde analizar, la admisibilidad de la acción incoada, para lo que debe examinar si los accionantes, ciudadanos **José Alberto Zambrano García** y **David Ascensión**, antes identificados, asistidos de abogado, tienen legitimación para ello.

Con tal propósito, estima necesario esta Sala hacer referencia al criterio asentado en decisión del 30 de junio de 2000 (caso: *Defensoría del Pueblo* vs. *Comisión Legislativa Nacional*) en la que se expresó lo siguiente:

(...) según el artículo 280 de la Carta Fundamental, la Defensoría del Pueblo tiene a su cargo la promoción, defensa y vigilancia de los intereses legítimos, colectivos y difusos de los ciudadanos. A juicio de esta Sala, la norma señalada no es excluyente y no prohíbe a los ciudadanos el acceso a la justicia en defensa de los derechos e intereses difusos y colectivos, ya que el artículo 26 de la vigente Constitución consagra el acceso a la justicia a toda persona, por lo que también los particulares pueden accionar, a menos que la ley les niegue la

acción. Dentro de la estructura del Estado, y al no tener atribuidas tales funciones, sólo la Defensoría del Pueblo (en cualquiera de sus ámbitos: nacional, estadal, municipal o especial) puede proteger a las personas en materia de intereses colectivos o difusos, no teniendo tal atribución (ni la acción), ni el Ministerio Público (excepto que la ley se la atribuya), ni los Alcaldes, ni los Síndicos Municipales, a menos que la ley se las otorgue.

Asimismo, en decisión (Véase en *Revista de Derecho Público* N° 84, octubre-diciembre, 2000 en pp. 329 y ss.)

que ratificó el criterio anterior, se ahondó respecto a qué sujetos están autorizados o facultados de acuerdo a la Norma Constitucional –y ante el vacío legislativo existente en la materia en ese entonces–, para reclamar la tutela efectiva de los derechos e intereses colectivos, de acuerdo al artículo 26 *eiusdem*.

En efecto, la referida decisión señaló que en el caso de los sujetos públicos, es decir, de los órganos o entes estatales, sólo la Defensoría del Pueblo tenía la potestad, con base en los artículos 280 y numeral 2 del 281 de la Constitución de la República Bolivariana de Venezuela, de acudir a los Tribunales de la República para solicitar amparo y tutela efectiva de los derechos e intereses colectivos de las personas que habiten en toda o parte de la República, y que la invocación de su defensa en sede jurisdiccional *"corresponderá a una pluralidad de organizaciones con personalidad jurídica, cuyo objeto esté destinado a actuar en el sector de la vida donde se requiere la actividad del ente colectivo, y que -a juicio del Tribunal- constituya una muestra cuantitativamente importante del sector"*.

En la misma decisión, la Sala precisó, en relación con los sujetos privados, que la Constitución confiere a los ciudadanos un amplio margen para actuar en sede judicial y solicitar la tutela efectiva de los derechos e intereses colectivos, y que tales actuaciones podían ser adelantadas por organizaciones sociales con o sin personalidad jurídica, o por individuos que acrediten debidamente en qué forma y medida ostentan la representación de al menos un sector determinado de la sociedad y cuyos objetivos se dirijan a la solución de los problemas de comunidad de que se trate. Es a dichas organizaciones o actores sociales, a los que corresponde, solicitar ante esta Sala Constitucional, la tutela judicial efectiva de los derechos o intereses colectivos de rango constitucional a cuya satisfacción, promoción o protección se orienta su actuación, así sea excepcionalmente a través de la acción de amparo según lo establecido en el artículo 27 de la Constitución de la República Bolivariana de Venezuela.

En tal sentido, se observa que los accionantes si bien adujeron en el encabezado del escrito contentivo de su solicitud, actuar *"afectados en este caso"*, al verificar esta Sala la totalidad del escrito, no consta en sus alegatos ni en documento alguno que sus propios intereses estén lesionados con la actuación indicada como lesiva proveniente del Presidente de la Asamblea Nacional, lo cual los hace carecer de cualidad para intentar una acción en protección de sus intereses particulares.

Y en lo que respecta a su actuación en su condición de concejales municipales (del Municipio Baruta), indican que actúan *"...en representación y a nombre de la mayoría de los ciudadanos electores del municipio Baruta y en defensa de los intereses colectivos del resto de los habitantes del municipio Baruta"*, observándose que no existe en autos documento alguno del cual pueda desprenderse que se les ha atribuido la representación que dicen tener de la mayoría de los habitantes de ese Municipio, que están o se podrían ver afectados por la denunciada vía de hecho proveniente del Presidente de la Asamblea; menos aun, consta en el presente expediente que tengan la representación del órgano legislativo municipal del cual son miembros, por lo que al no estar legitimados para actuar en protección de los intereses colectivos que dicen representar, ya que el cargo que ejercen, *per se*, no los legitima para ello, así lo ha sostenido esta Sala en anterior oportunidad (*v.* sentencia N° 2334 del 1 de octubre de 2004), y lo ratifica en este fallo, esta Sala declara **inadmisible** la presente acción, de conformidad con lo dispuesto en el numeral 2 del artículo 150 de la Ley Orgánica del Tribunal Supremo de Justicia. Así se declara.

No obstante la declaratoria antes efectuada, esta Sala observa que la situación planteada en el presente caso, tal y como se indicó al examinar la competencia de esta Sala es de trascendencia nacional, y se traduce en un asunto de estricto orden constitucional, pues trata de un asunto relacionado con la alegada pérdida de la investidura de una Diputada a la Asamblea Nacional y la actuación del Presidente del Poder Legislativo Nacional, por lo que la situación planteada podría incidir en el funcionamiento y en la institucionalidad de uno de los órganos de la estructura constitucional del Poder Público Nacional, como lo es el Poder Legislativo Nacional.

Por ello, esta Sala como máxima autoridad de la Jurisdicción Constitucional, siendo la garante de la supremacía y efectividad de las normas y principios constitucionales, y máximo y último intérprete de la Constitución, le corresponde velar por su uniforme interpretación y aplicación, tal como lo dispone el artículo 335 constitucional, tiene el deber de interpretar el contenido y alcance de las normas y principios constitucionales, y por ello, si bien puede declarar inadmisible una demanda como la planteada en el caso de autos, también puede, para cumplir su función tuitiva y garantista de la Constitución, como norma suprema conforme lo expresa su artículo 7, analizar de oficio la situación de trascendencia nacional planteada, que tal y como se ha indicado, y así fue planteado en el escrito *"afecta la institucionalidad democrática"*.

Esta potestad de la Sala, que emerge de su función constitucional, y que en otras oportunidades ha efectuado, no decae porque se declare inadmisible la acción, ya que es su deber asegurar la integridad de la Constitución (artículos 334 y 335 de la vigente Constitución), mediante decisiones jurisdiccionales.

En virtud de que lo planteado en el escrito consignado en el presente caso, es de trascendencia nacional, pues trata de actuaciones de miembros del órgano del Poder Legislativo Nacional, que conforme al artículo 201 *"son representantes del pueblo y de los Estados en su conjunto"*, y que como órgano del Poder Público Nacional tiene, de acuerdo a lo establecido en el artículo 137 de la Constitución, que sujetar sus actuaciones a lo establecido en ella, y al indicarse en el escrito cursante en autos, que *"...un Diputado electo por el pueblo sólo culmina su mandato antes del cumplimiento de su período, sea por muerte, renuncia, revocatoria popular de dicho mandato, o por una decisión definitivamente firme de un órgano jurisdiccional, previo antejuicio de mérito ante la Sala Plena del Tribunal Supremo de Justicia"*, y se solicitó a esta Sala que se pronuncie y se *"...ordene al Presidente de la Asamblea Nacional, Diputado Diosdado Cabello Rondón, permitir la entrada a la Asamblea Nacional a la Diputada María Corina Machado con todos los poderes inherentes a su cargo, y así poner fin a esta gravísima situación que atenta contra la institucionalidad democrática y contra los derechos políticos de los electores del Municipio Baruta"*, es por lo que se hace imperativo para esta Sala, analizar lo relativo al ejercicio de la función pública legislativa, y las disposiciones constitucionales que la regulan, esto es, hacer una interpretación en beneficio de la Constitución, y del Estado democrático y social de Derecho y de Justicia que propugna la misma en su artículo 2.

2. *Acción de Inconstitucionalidad: Admisibilidad*

TSJ-SC (204)   **25-3-2014**

Magistrado Ponente: Arcadio Delgado Rosales

Caso: Asociación Cooperativa de Servicios Múltiples Santa Ana IVSS R.L. ACOACRESA

La Sala Constitucional declara la inadmisibilidad del recurso de nulidad por inconstitucionalidad ejercido conjuntamente con medida cautelar, en atención a lo previsto en el artículo 133, numeral 3, de la Ley Orgánica del Tribunal Supremo de Justicia y la jurisprudencia citada, ya que los ciudadanos que dicen actuar en representación de la recurrente debieron, necesariamente, consignar original o copia certificada del acta donde conste su nombramiento.

Declarada su competencia para conocer, corresponde a esta Sala emitir pronunciamiento respecto de la admisibilidad del recurso propuesto, para lo cual observa:

Los ciudadanos José Antonio Tocuyo, Arcenia Josefina Báez, Carmen Berta Hernández y Morelia del Valle Guillén Díaz, supuestamente actuando en su carácter de asociados y miembros de la Asociación Cooperativa de Servicios Múltiples Santa Ana IVSS ACOA-CRESA RL, ejercieron el presente recurso de nulidad contra la parte *in fine* del artículo 28 de la Ley Especial de Asociaciones Cooperativas, sin que exista en el expediente documento o prueba alguna que evidencie, si quiera, que son asociados de la referida asociación cooperativa. En efecto, dentro de los recaudos consignados se encuentran dos (2) documentales, una copia simple de un acta levantada el 14 de diciembre de 2013, ante la Superintendencia Nacional de Cooperativas y unos supuestos Estatutos y Reglamento Interno de la Asociación Cooperativa de Servicios Múltiples Santa Ana IVSS ACOACRESA RL, que no están suscritos por persona alguna.

De allí, que es preciso hacer referencia al artículo 133, cardinal 3, de la Ley Orgánica del Tribunal Supremo de Justicia, que prevé la falta de representación como causal de inadmisibilidad, en los siguientes términos:*"Se declarará la inadmisión de la demanda: (...) 3. Cuando sea manifiesta la falta de legitimidad o representación que se atribuya el o la demandante, o de quien actúe en su nombre, respectivamente"*.

Respecto de la disposición transcrita, esta Sala en sentencia del 20/ 2010, estableció lo siguiente:

(...) *Es pertinente referir que las causales de inadmisibilidad contenidas en el artículo 133 de la nueva ley son plenamente aplicables a cualquier tipo de recurso, demanda o solicitud que se intente ante las Salas Constitucional y Electoral.*

En efecto, los artículos 128 y 145 distinguen entre causas que requieren de una tramitación y las que no están sujetas a sustanciación, respectivamente; pero el artículo 133 no es una norma procedimental sino una disposición que contempla las causales por las cuales la petición no es admisible a trámite.

En consecuencia, el artículo 133 se aplica a cualquier demanda o solicitud, requiera trámite procedimental o no esté sujeta a sustanciación; y así se declara...". (Negrillas añadidas).

De esta manera, con el escrito contentivo del recurso de nulidad interpuesto, los ciudadanos que dicen actuar en representación de la recurrente debieron, necesariamente, consignar original o copia certificada del acta donde conste su nombramiento; sin embargo, se omitió este requerimiento, por lo que resulta imperativo para esta Sala declarar, en atención a lo previsto en el artículo 133, numeral 3, de la Ley Orgánica del Tribunal Supremo de Justicia y la jurisprudencia antes citada, la inadmisibilidad del recurso de nulidad por inconstitucionalidad ejercido conjuntamente con medida cautelar.

Es necesario concluir que, de conformidad con la reiterada doctrina de esta Sala Constitucional, en concordancia con lo previsto en el artículo 133, cardinal 3, de la Ley Orgánica del Tribunal Supremo de Justicia, la presente acción debe ser declarada inadmisible por falta de legitimidad de la parte actora; y así se decide.

Como consecuencia del pronunciamiento anterior, resulta inoficioso pronunciarse sobre la medida cautelar de amparo, dado el carácter accesorio de la misma. Así se decide.

3.   *Acción de Amparo Constitucional*

   A.   *Admisibilidad*

     TSJ-SC (79)   **25-2-2014**

     Magistrado Ponente: Francisco Antonio Carrasquero López

     Caso: Henri Falcón Fuentes vs. Erick Mago y Pedro Carreño Escobar, Diputados de la Asamblea Nacional

     El artículo 6, cardinal 3, de la Ley Orgánica de Amparo sobre Derechos y Garantías Constitucionales, autoriza a declarar inadmisible una solicitud de amparo cuando la pretensión según la cual se pide que se restablezca el goce y ejercicio de un derecho o una garantía constitucionales no puede ser satisfecha en virtud de razones fácticas o jurídicas.

Analizado el escrito de solicitud de amparo y declarada como ha sido la competencia de esta Sala Constitucional del Tribunal Supremo de Justicia para conocer de la acción de amparo constitucional interpuesta, la Sala observa que el mismo cumple con todos los requisitos contenidos en el artículo 18 de la Ley Orgánica de Amparo sobre Derechos y Garantías Constitucionales.

En el referido escrito se afirma fundamentalmente que en el curso de una serie de investigaciones que sustancia la Subcomisión para el Control del Gasto Público e Inversión del Ejecutivo Nacional, Ejecutivo Regional Descentralizado, de los Poderes Nacionales y Popular, la cual hace parte de la Comisión Permanente de Contraloría de la Asamblea Nacional, le fueron violentados al ciudadano Henri Falcón Fuentes sus derechos fundamentales a la defensa, a la presunción de inocencia, a la seguridad jurídica y al juez natural, y que la manera de subsanar las lesiones causadas consistiría en que, como se solicita al final del escrito, se suspenda la discusión y aprobación del Informe Final ante la Comisión Permanente de Contraloría de la Asamblea Nacional hasta tanto se dicte una sentencia firme de amparo, entre otras medidas.

Sin embargo, esta Sala tiene conocimiento que, el viernes 6 de diciembre de 2013, fue publicado en la *Gaceta Oficial de la República Bolivariana de Venezuela* número 40.310 un acto de la Asamblea Nacional mediante el cual acuerda:

"Declarar la RESPONSABILIDAD POLÍTICA, al ciudadano Henri Falcón Fuentes Gobernador del estado Lara, venezolano y titular de la cédula de identidad N° 7.031.234".

Dicha declaración de responsabilidad política se fundó en las mismas circunstancias por las cuales el representante judicial del ciudadano Henri Falcón Fuentes interpuso el presente amparo, pues ello se desprende del examen de dicho acuerdo a la luz del oficio de 25 de febrero de 2013 mencionado por dicho apoderado judicial, en el cual se solicitó la comparecencia de su patrocinado, y en el cual se mencionan los números de expediente y se hace referencia al evento o actuación en el curso de los cuales se habrían producido las irregularidades objeto de investigación. Es decir, que tanto en dicho oficio como en dicho acuerdo se alude a presuntas irregularidades en la ejecución presupuestaria del proyecto de recuperación de las instalaciones de la antigua sede de Niños Cantores TV, a la inexistencia del Plan Operativo Anual y el origen de los fondos para la realización del Evento Top Festival, a la transferencia de recursos a Fundasalud Lara, y a la venta de los terrenos denominados Triángulo del Este.

Visto, pues, que la pretensión planteada en el presente amparo perseguía impedir que se discutiera y aprobara el Informe Final ante la Comisión Permanente de Contraloría de la Asamblea Nacional, y que sobre esta base la Asamblea Nacional declarase la responsabilidad política del mencionado ciudadano, y tomando en cuenta que la Asamblea Nacional acordó dicha declaración, es evidente que la petición hecha por el accionante no puede ser satisfecha.

En tal caso, procede aplicar lo que establece el artículo 6, cardinal 3, de la Ley Orgánica de Amparo sobre Derechos y Garantías Constitucionales, según el cual, no se admitirá la acción de amparo cuando "la violación del derecho o la garantía constitucionales constituya una evidente situación irreparable", entendiéndose que dicho artículo autoriza a declarar inadmisible una solicitud de amparo cuando la pretensión según la cual se pide que se restablezca el goce y ejercicio de un derecho o una garantía constitucionales no puede ser satisfecha en virtud de razones fácticas o jurídicas. En este caso se trata de una imposibilidad jurídica de satisfacer lo pedido por el accionante en virtud de que, como se afirmó anteriormente, se dictó el acto cuya emanación el solicitante pretendía que no se dictara.

En aplicación de dicho precepto, la presente acción de amparo se declara inadmisible. Así se establece.

En virtud de las consideraciones precedentes, resulta inoficioso cualquier pronunciamiento respecto a la pretensión cautelar. Así también se decide.

B.   *Amparo Cautelar*

TSJ-SC (135)   **12-3-2014**

Magistrada Ponente: Gladys María Gutiérrez Alvarado

Caso: Juan Ernesto Garantón Hernández vs. Gerardo Blyde, Alcalde del Municipio Baruta del Estado Miranda, y David Smolansky, Alcalde del Municipio El Hatillo del Estado Miranda.

La Sala Constitucional, en uso del amplio poder cautelar que ostenta, se aparta del fundamento legal dado por el demandante a la protección cautelar pretendida, acordando un "amparo cautelar" mediante el cual se ordena a los alcaldes de los municipios Baruta y El Hatillo, ciudadanos Gerardo Blyde y David Smolansky, respectivamente, que dentro del marco jurídico venezolano que lo rige, y en el ámbito territorial que abarca el municipio en el cual ejerce sus competencias, realice todas las acciones y utilicen los recursos materiales y humanos necesarios, a fin de evitar que se coloquen obstáculos en la vía pública que impidan, perjudiquen o alteren el libre tránsito de las personas y vehículos, entre otras medidas.

Corresponde a la Sala decidir sobre la solicitud de medida cautelar innominada peticionada por el demandante y, en tal sentido, advierte que el artículo 130 de la Ley Orgánica del Tribunal Supremo de Justicia establece que: *"En cualquier estado y grado del proceso las partes podrán solicitar, y la Sala Constitucional, podrá acordar, aun de oficio, las medidas cautelares que estime pertinentes. La Sala Constitucional contará con los más amplios poderes cautelares como garantía de la tutela judicial efectiva, para cuyo ejercicio tendrá en cuenta las circunstancias del caso y los intereses públicos en conflicto"*.

La norma transcrita, recoge la doctrina pacífica y reiterada de esta Sala (*Cfr.* s. S.C N° 269 del 25-04-2000, caso: *ICAP*), en la que se estableció que la tutela cautelar constituye un elemento esencial del derecho a la tutela judicial efectiva y, por tanto, un supuesto fundamental del proceso que persigue un fin preventivo de modo explícito y directo. De allí su carácter instrumental, esto es, que las medidas cautelares no constituyen un fin en sí mismas, sino que se encuentran pre-ordenadas a una decisión ulterior de carácter definitivo, por lo que en relación al derecho sustancial, fungen de tutela mediata y, por tanto, de salvaguarda del eficaz funcionamiento de la función jurisdiccional.

Significa entonces, que el citado carácter instrumental determina, por una parte, su naturaleza provisional y, al mismo tiempo, por su idoneidad o suficiencia para salvaguardar la efectividad de la tutela judicial, pues si se conceden providencias que no garantizan los resultados del proceso, la tutela cautelar se verá frustrada en la medida en que no será útil para la realización de ésta.

Entonces, el fundamento de la medida cautelar no depende de un conocimiento exhaustivo y profundo de la materia controvertida en el proceso principal, sino de un conocimiento periférico o superficial encaminado a obtener un pronunciamiento de mera probabilidad acerca de la existencia del derecho discutido, en el cual deben ponderarse las circunstancias concomitantes del caso así como los intereses públicos en conflicto.

En el contexto expuesto, se observa, sin que ello implique un adelanto sobre los hechos a demostrar y la cuestión de fondo a decidir, que se denuncia la supuesta vulneración de derechos constitucionales que resguardan bienes jurídicos de especial protección, tales como el derecho a la educación, a la salud, a un ambiente sano y a la conservación y preservación del mismo; que podrían verse seriamente afectadas como consecuencia de las actividades y conductas dirigidas a la obstaculización ilegal de vías públicas, en algunos casos con elementos que pueden poner en peligro la vida de las personas que transitan por las mismas y dañar el medio ambiente.

Ante tal situación esta Sala Constitucional, en uso del amplio poder cautelar que ostenta, se aparta de la calificación dada por el demandante a la protección cautelar pretendida en cuanto a su denominación como "cautelar innominada", en tanto que se observa que dicha medida sí está nominada y es la contenida en el artículo 3 de la Ley Orgánica de Amparo sobre Derechos y Garantías Constitucionales, conocida en el foro jurídico venezolano como "amparo cautelar", la cual es extensible al proceso como el de autos conforme a la doctrina sentada por esta Sala, entre otras, en la decisión N° 1084 del 13/2011, caso: *José Rafael García García*.

En efecto, en la citada decisión esta Sala afirmó:

"(…) los rasgos esenciales de las medidas cautelares, estas responden, tal como se afirmó supra, a condiciones de necesidad y urgencia, lo cual conlleva a que se concedan en aquellos casos en que se requiere de manera inmediata la prevención de perjuicios graves o de tal naturaleza que no pueden repararse por la sentencia que pongan fin al proceso principal. La urgencia es asimismo la razón de que las medidas cautelares del proceso se adopten inaudita parte, sin menoscabo del ulterior contradictorio.

Conforme a los rasgos enunciados y a la naturaleza garantista de la tutela cautelares, el legislador patrio reconoció en la nueva Ley que rige las funciones de este Máximo Tribunal, uno de los caracteres más novedosos y progresistas de estas medidas, a saber, su carácter innominado, el cual consiste, en que el poder de resguardo que tienen los jueces y, concretamente esta Sala, sobre las situaciones llevadas a juicio **se extiende a cualquier medida positiva o negativa que sea necesaria para la protección efectiva de los justiciables**.

De este modo, esta Máxima Instancia Jurisdiccional y en general, los tribunales, **pueden adoptar cualquiera de las medidas cautelares expresamente recogidas en el ordenamiento jurídico**, como ocurre con la suspensión de efectos, la prohibición de enajenar y gravar, etc., o dictar alguna providencia que sin estar expresamente mencionada en la ley, permita la protección a los intereses y derechos ventilados en juicio.

En el presente caso, el accionante solicitó un amparo cautelar y, sobre el particular, es preciso advertir que **aun cuando éste no se trata del amparo a que se refiere el primer aparte del artículo 3 de la Ley Orgánica de Amparo sobre Derechos y Garantías Constitucionales, pues no estamos en presencia de una pretensión anulatoria en la cual pueda acordarse la suspensión de la norma impugnada, ello no es óbice para que, en el marco de las amplísimas potestades cautelares que tiene esta Sala, los justiciables puedan invocar la protección provisional de sus derechos fundamentales mientras se tramita o resuelve una acción principal, pues los amparos cautelares (como medidas nominadas de salvaguarda de derechos humanos), no son un efecto del derecho positivo** (Entrena Cuesta, R. 1968. *Curso de Derecho Administrativo*. Madrid: Editorial Tecnos), **sino que constituyen parte del catalogo abierto de medidas que pueden adoptar los tribunales en el desarrollo de la función jurisdiccional que desarrollan**.

Por ello, mal podría esta Sala limitar la viabilidad del amparo cautelar a los juicios anulatorios, cuando, como afirma Rodríguez Zapata J. (1995. *Derecho Procesal Administrativo*. Editorial Tecnos, Madrid), la tutela cautelar es de orden público y es un poder jurisdiccional que debe ejercerse en salvaguarda de los justiciables aun cuando no se reconozca expresamente en la ley.

Significa entonces, que cualquier pretensión ejercitable ante esta Sala, puede ser acompañada de un amparo cautelar a los fines de la salvaguarda de los derechos fundamentales que pudieran encontrarse comprometidos por la actuación u omisión que se denuncia como lesiva, y la procedencia de éste se encontrará determinada, como en cualquier amparo constitucional, por los efectos dañosos sobre el derecho cuya tutela se invoca." (Negrillas de la presente decisión).

Por ende, visto el amplio poder cautelar de esta Sala en protección de los derechos y garantías constitucionales y de los bienes jurídicos que especialmente ellos resguardan y atendiendo a la situación fáctica planteada por el demandante como al hecho notorio del cual tiene conocimiento esta Sala, se acuerda amparo constitucional cautelar, con fundamento en lo previsto en el artículo 3 de la Ley Orgánica de Amparo sobre Derechos y Garantías Constitucionales y, en consecuencia, se ordena a los alcaldes de los municipios Baruta y El Hatillo, ciudadanos Gerardo Blyde y David Smolansky, respectivamente, que dentro de los municipios en los cuales ejercen sus competencias, realicen todas las acciones y utilicen los recursos materiales y humanos necesarios, en el marco de la Constitución y la Ley, a fin de evitar que se coloquen obstáculos en la vía pública que impidan el libre tránsito de las personas y vehículos; se proceda a la inmediata remoción de tales obstáculos y se mantengan las vías y zonas adyacentes a éstas libres de residuos y escombros y de cualquier otro elemento que pueda ser utilizado para obstaculizar la vialidad urbana. Asimismo, se les ordena que cumplan con su labor de ordenación del tránsito de vehículos a fin de garantizar un adecuado y seguro desplazamiento por las vías públicas de sus municipios. Adicionalmente se les ordena que velen por la protección del ambiente y el saneamiento ambiental, aseo urbano y domiciliario. Finalmente, se ordena a los mencionados alcaldes que giren las instrucciones necesarias en sus respectivos cuerpos de policía municipal, a fin de dar cumplimiento efectivo a lo previsto en los artículos 44 y 46 de la Ley Orgánica del Servicio de Policía y del Cuerpo de Policía Nacional Bolivariana. En ese sentido, se les ordena que desplieguen las actividades preventivas y de control del delito, así como, en el ámbito de sus competencias, promuevan estrategias y procedimientos de proximidad con las comunidades de sus espacios territoriales, a fin de lograr la comunicación e interacción con sus habitantes e instituciones locales con el propósito de garantizar y asegurar la paz social, la convivencia, el ejercicio pacífico de los derechos y el cumplimiento de la ley. Así se decide.

Asimismo, se les recuerda que conforme a lo previsto en el artículo 29 de la Ley Orgánica de Amparo sobre Derechos y Garantías Constitucionales, el presente mandamiento de amparo constitucional cautelar debe ser acatado por los alcaldes de los municipios Baruta y El Hatillo del estado Miranda, so pena de incurrir en desobediencia a la autoridad e incurrir en la sanción penal prevista en el artículo 31 *eiusdem*. Asimismo, visto que dicho mandamiento se sustenta en una conducta omisiva o por falta de cumplimiento por parte de las citadas autoridades municipales de lo previsto en el artículo 78, numerales 2, 4, 5 y 7 de la Constitución, se ordena la ejecución inmediata e incondicional de lo ordenado en el presente fallo., con fundamento en el artículo 30 *ibidem*.

V
DECISIÓN

Por las razones que se expusieron, este Tribunal Supremo de Justicia, en Sala Constitucional, administrando justicia en nombre de la República por autoridad de la Ley, se declara **COMPETENTE** para conocer la demanda ejercida por el ciudadano **JUAN ERNESTO GARANTÓN HERNÁNDEZ**, la cual se **ADMITE**.

Se remite el expediente al Juzgado de Sustanciación de esta Sala, a fin de que practique la citación, por cualquier medio, de los ciudadanos Gerardo Blyde y David Smolansky, alcaldes de los municipios Baruta y El Hatillo del estado Miranda, respectivamente; notifique a la Defensoría del Pueblo y al Ministerio Público y emplace por cartel a los interesados o interesadas, todo conforme a lo previsto en el artículo 153 y siguientes de la Ley Orgánica del Tribunal Supremo de Justicia.

Se acuerda amparo constitucional cautelar y, en tal sentido, se **ORDENA** a los ciudadanos Gerardo Blyde y David Smolansky, alcaldes de los municipios Baruta y El Hatillo del estado Miranda, respectivamente, que dentro de los municipios en los cuales ejercen sus competencias:

1. Realicen todas las acciones y utilicen los recursos materiales y humanos necesarios, a fin de evitar que se coloquen obstáculos en la vía pública que impidan el libre tránsito de las personas y vehículos; se proceda a la inmediata remoción de tales obstáculos y se mantengan las vías y zonas adyacentes a éstas libres de residuos y escombros y de cualquier otro elemento que pueda ser utilizado para obstaculizar la vialidad urbana;

2. Cumplir con su labor de ordenación del tránsito de vehículos a fin de garantizar un adecuado y seguro desplazamiento por las vías públicas de sus municipios;

3. Velar por la protección del ambiente y el saneamiento ambiental, aseo urbano y domiciliario;

4. Girar las instrucciones necesarias en sus respectivos cuerpos de policía municipal, a fin de dar cumplimiento efectivo a lo previsto en el artículo 44 de la Ley Orgánica del Servicio de Policía y del Cuerpo de Policía Nacional Bolivariana; y, en este sentido,

5. Desplegar las actividades preventivas y de control del delito, así como, en el ámbito de sus competencias, promover estrategias y procedimientos de proximidad con las comunidades de sus espacios territoriales, a fin de lograr la comunicación e interacción con sus habitantes e instituciones locales con el propósito de garantizar y asegurar la paz social, la convivencia, el ejercicio de los derechos y el cumplimiento de la ley.

TSJ-SC (136)   **12-3-2014**

Magistrada Ponente: Gladys María Gutiérrez Alvarado

Caso: Salas & Agentes Aduaneros Asociados, C.A. y otros vs. Vicencio Scarano Spisso, Alcalde del Municipio San Diego del Estado Carabobo.

La Sala Constitucional, en uso del amplio poder cautelar que ostenta, se aparta del fundamento legal dado por el demandante a la protección cautelar pretendida, acordando un "amparo cautelar" mediante el cual se ordena al Alcalde del municipio San Diego del Estado Carabobo, ciudadano Vicencio Scarano Spisso, que dentro del marco jurídico venezolano que lo rige, y en el ámbito territorial que abarca el municipio en el cual ejerce sus competencias, realice todas las acciones y utilicen los recursos materiales y humanos necesarios, a fin de evitar que se coloquen obstáculos en la vía pública que impidan, perjudiquen o alteren el libre tránsito de las personas y vehículos, entre otras medidas.

Corresponde a la Sala decidir sobre la solicitud de medida cautelar innominada peticionada por el demandante y, en tal sentido, advierte que el artículo 163 de la Ley Orgánica del Tribunal Supremo de Justicia establece que: "*En cualquier estado y grado del proceso las partes podrán solicitar al tribunal y éste podrá acordar, aun de oficio, las medidas cautelares que estime pertinentes. El tribunal contará con los más amplios poderes cautelares como garantía de la tutela judicial efectiva, teniendo en cuenta las circunstancias del caso y los intereses públicos en conflicto*".

La norma transcrita, recoge la doctrina pacífica y reiterada de esta Sala (*Cfr.* s.S.C N° 269 del 25-04-2000, caso: *ICAP*), en la que se estableció que la tutela cautelar constituye un elemento esencial del derecho a la tutela judicial efectiva y, por tanto, un supuesto fundamental del proceso que persigue un fin preventivo de modo explícito y directo. De allí su carácter instrumental, esto es, que las medidas cautelares no constituyen un fin en sí mismas, sino que se encuentran pre-ordenadas a una decisión ulterior de carácter definitivo, por lo que en relación al derecho sustancial, fungen de tutela mediata y, por tanto, de salvaguarda del eficaz funcionamiento de la función jurisdiccional.

Significa entonces, que el citado carácter instrumental determina, por una parte, su naturaleza provisional y, al mismo tiempo, por su idoneidad o suficiencia para salvaguardar la efectividad de la tutela judicial, pues si se conceden providencias que no garantizan los resultados del proceso, la tutela cautelar se verá frustrada en la medida en que no será útil para la realización de ésta.

Entonces, el fundamento de la medida cautelar no depende de un conocimiento exhaustivo y profundo de la materia controvertida en el proceso principal, sino de un conocimiento periférico o superficial encaminado a obtener un pronunciamiento de mera probabilidad acerca de la existencia del derecho discutido, en el cual deben ponderarse las circunstancias concomitantes del caso así como los intereses públicos en conflicto.

En el contexto expuesto, se observa, sin que ello implique un adelanto sobre los hechos a demostrar y la cuestión de fondo a decidir, que se denuncia la supuesta vulneración de derechos constitucionales que resguardan, directa o indirectamente, bienes jurídicos de especial protección, como la alimentación, salud, la vida, la libertad de tránsito, entre otros que podrían verse seriamente afectadas como consecuencia de las actividades y conductas dirigidas a la obstrucción ilegal de vías públicas, poniendo en riesgo la oportuna distribución de alimentos y otros productos, así como el transporte de personas.

Ante tal situación esta Sala Constitucional, en uso del amplio poder cautelar que ostenta, se aparta del fundamento legal dado por el demandante a la protección cautelar pretendida, por cuanto no se está ante una cautelar innominada, en tanto que se observa que dicha medida, en el marco de la presente acción de amparo constitucional, sí está nominada y es la contenida en el artículo 3 de la Ley Orgánica de Amparo sobre Derechos y Garantías Constitucionales, conocida en el foro jurídico venezolano como "amparo cautelar", la cual es extensible al proceso como el de autos conforme a la doctrina sentada por esta Sala, entre otras, en la decisión N° 1084 del 13 de julio de 2011, caso: *José Rafael García García*.

En efecto, en la citada decisión esta Sala afirmó:

"(…) los rasgos esenciales de las medidas cautelares, estas responden, tal como se afirmó supra, a condiciones de necesidad y urgencia, lo cual conlleva a que se concedan en aquellos casos en que se requiere de manera inmediata la prevención de perjuicios graves o de tal naturaleza que no pueden repararse por la sentencia que pongan fin al proceso principal. La urgencia es asimismo la razón de que las medidas cautelares del proceso se adopten inaudita parte, sin menoscabo del ulterior contradictorio.

Conforme a los rasgos enunciados y a la naturaleza garantista de la tutela cautelares, el legislador patrio reconoció en la nueva Ley que rige las funciones de este Máximo Tribunal, uno de los caracteres más novedosos y progresistas de estas medidas, a saber, su carácter innominado, el cual consiste, en que el poder de resguardo que tienen los jueces y, concretamente esta Sala, sobre las situaciones llevadas a juicio **se extiende a cualquier medida positiva o negativa que sea necesaria para la protección efectiva de los justiciables**.

De este modo, esta Máxima Instancia Jurisdiccional y en general, los tribunales, **pueden adoptar cualquiera de las medidas cautelares expresamente recogidas en el ordenamiento jurídico**, como ocurre con la suspensión de efectos, la prohibición de enajenar y gravar, etc., o dictar alguna providencia que sin estar expresamente mencionada en la ley, permita la protección a los intereses y derechos ventilados en juicio.

En el presente caso, el accionante solicitó un amparo cautelar y, sobre el particular, es preciso advertir que aun cuando éste no se trata del amparo a que se refiere el primer aparte del artículo 3 de la Ley Orgánica de Amparo sobre Derechos y Garantías Constitucionales, pues no estamos en presencia de una pretensión anulatoria en la cual pueda acordarse la suspensión de la norma impugnada, ello no es óbice para que, en el marco de las amplísimas potestades cautelares que tiene esta Sala, los justiciables puedan invocar la protección provisional de sus derechos fundamentales mientras se tramita una acción principal, pues los amparos cautelares (como medidas nominadas de salvaguarda de derechos humanos), no son un efecto del derecho positivo (Entrena Cuesta, R. 1968. *Curso de Derecho Administrativo*. Madrid: Editorial Tecnos), sino que constituyen parte del catalogo abierto de medidas que pueden adoptar los tribunales en el desarrollo de la función jurisdiccional que desarrollan.

Por ello, mal podría esta Sala limitar la viabilidad del amparo cautelar a los juicios anulatorios, cuando, como afirma Rodríguez Zapata J. (1995. *Derecho Procesal Administrativo*. Madrid. Editorial Tecnos), la tutela cautelar es de orden público y es un poder jurisdiccional que debe ejercerse en salvaguarda de los justiciables aun cuando no se reconozca expresamente en la ley.

Significa entonces, que cualquier pretensión ejercitable ante esta Sala, puede ser acompañada de un amparo cautelar a los fines de la salvaguarda de los derechos fundamentales que pudieran encontrarse comprometidos por la actuación u omisión que se denuncia como lesiva, y la procedencia de éste se encontrará determinada, como en cualquier amparo constitucional, por los efectos dañosos sobre el derecho cuya tutela se invoca". " (Negrillas de la presente decisión).

Por ende, visto el amplio poder cautelar de esta Sala en protección de los derechos y garantías constitucionales, la situación fáctica planteada por el demandante, la verosimilitud de las injurias constitucionales invocadas, los bienes jurídicos que ellas involucran, así como los hechos públicos y notorios de los cuales tiene conocimiento esta Sala, y a fin de evitar perjuicios irreparables de las situaciones jurídicas que se denuncian lesionadas, se acuerda amparo constitucional cautelar, con fundamento en lo previsto en el artículo 3 de la Ley Orgánica de Amparo sobre Derechos y Garantías Constitucionales y, en consecuencia, se ordena al actual Alcalde del municipio San Diego del estado Carabobo, ciudadano Vicencio Scarano Spisso, que, dentro del marco jurídico venezolano que lo rige, y en el ámbito territorial que abarca el municipio en el cual ejerce sus competencias como tales, a saber, municipio San Diego del estado Carabobo, realice todas las acciones y utilicen los recursos materiales y humanos necesarios, a fin de evitar que se coloquen obstáculos en la vía pública que impidan, perjudiquen o alteren el libre tránsito de las personas y vehículos; se proceda a la inmediata remoción de tales obstáculos que hayan sido colocados en esas vías, y se mantengan las rutas y zonas adyacentes a éstas libres de basura, residuos y escombros, así como de cualquier otro elemento que pueda ser utilizado para obstaculizar la vialidad urbana y, en fin, se evite la obstrucción de las vías públicas del referido municipio.

Asimismo, se le ordena al referido alcalde que cumpla con su deber de ordenación del tránsito de vehículos y personas a fin de garantizar un adecuado y seguro desplazamiento por las vías públicas de sus municipios. Adicionalmente se le ordena que vele por la protección del ambiente y el saneamiento ambiental, aseo urbano y domiciliario. Finalmente, se ordena al mencionado alcalde que gire las instrucciones necesarias en sus respectivos cuerpos de policía municipal, a fin de dar cumplimiento efectivo a lo previsto en los artículos 44 y 46 de la Ley Orgánica del Servicio de Policía y del Cuerpo de Policía Nacional Bolivariana. En ese sentido, se le ordena que despliegue lo inherente a las actividades preventivas y de control del delito, así como, también en el ámbito de sus competencias, promueva estrategias y procedimientos de proximidad con las comunidades de sus espacios territoriales, a fin de lograr la comunicación e interacción con sus habitantes e instituciones locales, con el propósito de garantizar y asegurar la paz social, la convivencia, el ejercicio pacífico de los derechos y el cumplimiento de la ley. Así se decide.

Asimismo, se ordena al actual Director General de la Policía Municipal de San Diego del Estado Carabobo, ciudadano Salvatore Lucchese Scaletta, que, dentro del marco jurídico venezolano que lo rige, y en el ámbito territorial que abarca el municipio en el cual ejerce sus competencias como tales, a saber, Municipio San Diego del Estado Carabobo, despliegue las acciones necesarias a fin de dar cumplimiento efectivo a lo previsto en los artículos 44 y 46 de la Ley Orgánica del Servicio de Policía y del Cuerpo de Policía Nacional Bolivariana, en especial para evitar la colocación de obstáculos en la vía pública que impidan, perjudiquen o alteren el libre tránsito de las personas y vehículos, en fin, que impida la obstrucción las vías públicas del referido municipio. Igualmente, se le ordena que despliegue las actividades preventivas y de control del delito, así como, en el ámbito de sus competencias, promueva estrategias y procedimientos de proximidad con las comunidades de sus espacios territoriales, a fin de lograr la comunicación e interacción con sus habitantes e instituciones locales, con el propósito de garantizar y asegurar la paz social, la convivencia, el ejercicio pacífico de los derechos y el cumplimiento de la ley. Así se decide.

En fin, se ordena a ambos funcionarios públicos que cumplan a cabalidad con las competencias que les atribuye el ordenamiento jurídico y garanticen el ejercicio de los derechos que correspondan, en tanto, Alcalde del municipio San Diego del estado Carabobo y Director General de la Policía Municipal de San Diego del Estado Carabobo, respectivamente, con especial atención a lo previsto en el artículo en el artículo 178 de la Constitución de la República Bolivariana de Venezuela.

Asimismo, se les recuerda que conforme a lo previsto en el artículo 29 de la Ley Orgánica de Amparo sobre Derechos y Garantías Constitucionales, el presente mandamiento de amparo constitucional cautelar debe ser acatado por los señalados funcionarios públicos, so pena de incurrir en el delito de desobediencia a la autoridad, previsto en el artículo 31 *eiusdem*. En fin, el incumplimiento del presente mandamiento acarreará todas las responsabilidades correspondientes que establece el ordenamiento jurídico. Por último, se ordena la ejecución inmediata e incondicional de lo ordenado en el presente fallo, con fundamento en el artículo 30 *ibidem*.

V

DECISIÓN

Por las razones que se expusieron, este Tribunal Supremo de Justicia, en Sala Constitucional, administrando justicia en nombre de la República por autoridad de la Ley, se **DECLARA-COMPETENTE** para conocer la presente demanda, la cual se **ADMITE**.

Se remite el expediente al Juzgado de Sustanciación de esta Sala, a fin de que practique la citación, por cualquier medio, del ciudadano Vicencio Scarano Spisso, Alcalde del municipio San Diego del estado Carabobo y al ciudadano Salvatore Lucchese Scaletta, Director General de la Policía Municipal de San Diego del Estado Carabobo; notifique a la Defensoría del Pueblo y al Ministerio Público y emplace por cartel a los interesados o interesadas, todo conforme a lo previsto en el artículo 153 y siguientes de la Ley Orgánica del Tribunal Supremo de Justicia.

Se acuerda amparo constitucional cautelar y, en tal sentido, se **ORDENA** al ciudadano Vicencio Scarano Spisso, Alcalde del municipio San Diego del estado Carabobo, que, dentro del marco jurídico que lo rige, y en el ámbito territorial que abarca el municipio en el cual ejerce sus competencias como tal:

1. Realice todas las acciones y utilicen los recursos materiales y humanos necesarios, en el maco de la Constitución y la Ley, a fin de evitar que se coloquen obstáculos en la vía pública que impidan, perjudiquen o alteren el libre tránsito de las personas y vehículos; se proceda a la inmediata remoción de tales obstáculos que hayan sido colocados en esas vías, y se mantengan las rutas y zonas adyacentes a éstas libres de basura, residuos y escombros, así como de cualquier otro elemento que pueda ser utilizado para obstaculizar la vialidad urbana y, en fin, se evite la obstrucción de las vías públicas del referido municipio.

2. Cumpla con su deber de ordenación del tránsito de vehículos y personas a fin de garantizar un adecuado y seguro desplazamiento por las vías públicas de sus municipios. Adicionalmente.

3. Vele por la protección del ambiente y el saneamiento ambiental, aseo urbano y domiciliario.

4. Gire las instrucciones necesarias en sus respectivos cuerpos de policía municipal, a fin de dar cumplimiento efectivo a lo previsto en los artículos 44 y 46 de la Ley Orgánica del Servicio de Policía y del Cuerpo de Policía Nacional Bolivariana; y, en este sentido,

5.	Despliegue las actividades preventivas y de control del delito, así como, también en el ámbito de sus competencias, promover estrategias y procedimientos de proximidad con las comunidades de sus espacios territoriales, a fin de lograr la comunicación e interacción con sus habitantes e instituciones locales con el propósito de garantizar y asegurar la paz social, la convivencia, el ejercicio pacífico de los derechos y el cumplimiento de la ley.

Asimismo, se **ORDENA** al actual Director General de la Policía Municipal de San Diego del Estado Carabobo, ciudadano Salvatore Lucchese Scaletta, que, dentro del marco jurídico que lo rige, y en el ámbito territorial que abarca el municipio en el cual ejerce sus competencias como tal:

1.	Despliegue las acciones necesarias a fin de dar cumplimiento efectivo a lo previsto en los artículos 44 y 46 de la Ley Orgánica del Servicio de Policía y del Cuerpo de Policía Nacional Bolivariana, en especial para evitar la colocación de obstáculos en la vía pública que impidan, perjudiquen o alteren el libre tránsito de las personas y vehículos, en fin, que impida la obstrucción las vías públicas del referido municipio.

2.	Despliegue las actividades preventivas y de control del delito, así como, en el ámbito de sus competencias, promueva estrategias y procedimientos de proximidad con las comunidades de sus espacios territoriales, a fin de lograr la comunicación e interacción con sus habitantes e instituciones locales, con el propósito de garantizar y asegurar la paz social, la convivencia, el ejercicio pacífico de los derechos y el cumplimiento de la ley.

Igualmente, se **ORDENA** al Alcalde del municipio San Diego del estado Carabobo, ciudadano Vicencio Scarano Spisso, y al Director General de la Policía Municipal de San Diego del Estado Carabobo, ciudadano Salvatore Lucchese Scaletta, que cumplan a cabalidad con las competencias que le atribuye el ordenamiento jurídico y garanticen el ejercicio de los derechos que correspondan, en tanto, Alcalde del municipio San Diego del estado Carabobo y Director General de la Policía Municipal de San Diego del Estado Carabobo, respectivamente, con especial atención a lo previsto en el artículo en el artículo 178 de la Constitución de la República Bolivariana de Venezuela.

C.	*Improponibilidad de la oposición al amparo cautelar*

TSJ-SC (139)	19-3-2014

Magistrada Ponente: Gladys María Gutiérrez Alvarado

Caso: Salas & Agentes Aduaneros Asociados, C.A. y otros vs. Vicencio Scarano Spisso, Alcalde del Municipio San Diego del Estado Carabobo.

En el procedimiento de amparo no hay incidencias distintas a las existentes en la propia ley que regula la materia, en el cual no se contempla la oposición al mandamiento de amparo constitucional cautelar, circunstancia que determina la improponibilidad de la referida oposición.

Mediante escrito presentado el 18 de marzo de 2014, el ciudadano Vicencio Scarano Spisso, actuando en su condición de alcalde del municipio San Diego del estado Carabobo, asistido del abogado León Alejandro Jurado Laurentín, inscrito en el Inpreabogado bajo el N° 122.100, en su condición de Síndico Procurador del mencionado municipio, interpuso escrito de oposición a la medida cautelar dictada en la presente causa, de conformidad con lo establecido en el artículo 164 de la Ley Orgánica del Tribunal Supremo de Justicia.

Alega en su escrito que se ha menoscabo su derecho de defensa, en tanto que los demandantes no han precisado las violaciones y amenazas que supuestamente ha cometido. Sin embargo, "(…) *con ánimo de colaborar con este órgano jurisdiccional en la tutela de la Constitución y de los derechos fundamentales de los residentes del Municipio San Diego y de todos los habitantes de Venezuela en general, y con la voluntad de ejercer [su] derecho a la defensa,* [presenta] *este escrito de oposición*". (Entre corchetes de la Sala).

Seguidamente hace una serie de consideraciones y pide que la "*medida cautelar dictada en* [su] *contra*" sea declarada inadmisible, "improponible" e "improcedente *in limine*". También argumenta respecto a la falta de cualidad de Salvatore Lucchese Scaletta, como Director General de la Policía Municipal de San Diego; y, finalmente, como "*pruebas*" de los hechos que alega, que califica como "*públicos, notorios y comunicacionales*", refiere varias notas de prensa publicadas en diversos sitios web, a fin de "*demostrar que en ningún momento* [ha] *hecho llamados a transgredir el orden constitucional y mucho menos a protestas que violen lo consagrado en nuestra carta magna (sic), muy por el contrario* [sus] *gestiones junto con* [su] *equipo de trabajo ha sido el de dialogar con los vecinos para que nos permitan limpiar* [su]*ciudad y juntos lo logra*[on]*, por lo que solicit*[a] *sean valoradas en su justo valor por esta Sala Constitucional*".

ÚNICO

Ahora bien, pasa esta Sala a pronunciarse respecto a la oposición al amparo constitucional cautelar planteada por el ciudadano Vicencio Scarano Spisso, lo cual hace en los siguientes términos:

El artículo 164 de la Ley Orgánica del Tribunal Supremo de Justicia –comprendido en el Capítulo III del Título XI de esa ley que regula el procedimiento respecto a las demandas de protección de derechos e intereses colectivos y difusos– prevé la posibilidad de oponerse a las medidas cautelares dictadas dentro de ese procedimiento, para lo cual se tramitará la incidencia prevista en dicha norma, a saber: apertura de cuaderno separado, de una articulación probatoria y decisión sobre la "*incidencia cautelar*".

No obstante, en la decisión N° 136 del 12 de marzo de 2014, mediante la cual se dictó *mandamiento de amparo constitucional cautelar* que ahora se impugna –mediante *incidencia de oposición*–, esta Sala expresó claramente que la protección cautelar pretendida por los demandantes estaba erradamente denominada por estos, por lo que se recalificó dicha protección como *amparo constitucional cautelar*, dictándose el mandamiento –que ahora se cuestiona–, bajo el fundamento previsto en el artículo 3 de la Ley Orgánica de Amparo sobre Derechos y Garantías Constitucionales y aplicando, por tanto, las normas establecidas en esa ley.

Dicho lo anterior, esta Sala ha sostenido reiteradamente que en el procedimiento de amparo no hay incidencias distintas a las existentes en la propia ley que regula la materia –antes referida–, en el cual no se contempla la oposición al mandamiento de amparo constitucional cautelar, circunstancia que determina la improponibilidad de la referida oposición.

En reciente decisión, esta Sala afirmó lo siguiente:

"(…) **en el procedimiento de amparo no hay lugar para incidencias procesales** cuya duración pueda exceder la que corresponda a la aplicación de las disposiciones procesales de amparo correspondientes previstas en la ley. **Lo antes dicho se corresponde con la naturaleza breve del amparo** que establece el artículo 27 de la Constitución de la República Bolivariana de Venezuela, así como con lo dispuesto por el artículo 12 de la Ley Orgánica de Amparo sobre Derechos y Garantías Constitucionales, que reza textualmente:

'Los conflictos sobre competencia que se susciten en materia de amparo ante Tribunales de Primera Instancia serán decididos por el Superior respectivo. Los trámites serán breves y sin incidencias procesales'." (Sentencia del 25 de abril de 2000). (Negrillas de la presente decisión).

Por su parte, en sentencia N° 1405 del 23 de octubre de 2012, esta Sala asentó lo siguiente:

"Ahora bien, lo planteado constituye una incidencia suscitada dentro de un proceso de amparo autónomo. En este sentido, es menester reiterar el criterio establecido por este Supremo Tribunal en cuanto a que **en el procedimiento de amparo no hay lugar para incidencias procesales** cuya duración pueda exceder la que corresponda a la aplicación de las disposiciones procesales de amparo correspondientes previstas en la ley. **Lo antes dicho se corresponde con la naturaleza breve del amparo que establece el artículo 27 de la Constitución de la República Bolivariana de Venezuela, así como con lo dispuesto por el artículo 12 de la Ley Orgánica de Amparo sobre Derechos y Garantías Constitucionales**, que reza textualmente:

'Los conflictos sobre competencia que se susciten en materia de amparo ante Tribunales de Primera Instancia serán decididos por el Superior respectivo. Los trámites serán breves y sin incidencias procesales'.

Al respecto, esta Sala ha establecido de manera pacífica y reiterada que:

'…**en el procedimiento de amparo no hay incidencias distintas a las existentes en la propia Ley de Amparo sobre Derechos y Garantías Constitucionales, por requerir la protección constitucional de un procedimiento cuya característica sea sumaria, efectiva y eficaz.**

La necesidad de que el procedimiento de amparo sea célere comprende que su sustanciación no sea desviada por aplicación de incidencias procesales, salvo, como lo ha venido implementando la Sala, que sea necesario en aras de preservar idóneamente el derecho a la defensa y la efectividad del sistema de justicia, la adopción de determinadas modalidades a las cuales se les recurre para asegurar las resultas del mandamiento de tutela…'. (Ver. entre otras sentencia N° 642 del 23 de abril de 2004).

En igual sentido, tal como lo ha sostenido esta Sala, en diversas decisiones (sentencia del 12 de diciembre de 2002. Caso: *Distribuidora Samtronic de Venezuela C.A*):

'...en el proceso de amparo no se admiten incidencia que den lugar a decisiones interlocutorias susceptibles de apelación autónoma, salvo que produzcan indefensión, o que dicha lesión no pueda ser reparada por la sentencia definitiva proferida por el juez de la alzada.

En este sentido, el recurso de hecho contra sentencia interlocutoria proferida en proceso de amparo constitucional, sólo sería admisible en los casos en que el juez de la causa se niegue a oír la apelación ejercida contra una decisión que produzca indefensión a la parte lesionada, o que no sea susceptible de reparación por la definitiva de la segunda instancia.

En los otros casos, la impugnación de estas decisiones debe acumularse a la apelación del fallo definitivo de primera instancia, sobre el cual, no cabe recurso de hecho, debido a que las decisiones de amparo tienen consulta obligatoria según lo dispuesto en el artículo 35 de la Ley Orgánica de Amparo sobre Derechos y Garantías Constitucionales'.

Es menester resaltar que esta Sala Constitucional en fallos reiterados ha negado la posibilidad del ejercicio de la apelación y del recurso de hecho contra decisiones interlocutorias dictadas en el curso de un juicio de amparo constitucional, por contravenir la brevedad de la que está revestido este mandato constitucional y por constituir incidencias impropias de este tipo de procesos; así, encontramos: la sentencia (Véase Sentencia N° 2600 en *Revista de Derecho Público* **N° 99-100. Julio-Diciembre, 2004 en pp. 279) y la N°**

310 del 6 de marzo de 2001, caso: *Jhony Castillo y otros*, en las que se determinaron las razones por las cuales no hay lugar a la interposición del recurso de apelación contra un auto de admisión de un amparo contra un auto que admite otro amparo constitucional; la sentencia N° 1.356 del 19 de octubre de 2009, caso: *Carlos Marcelino Chancellor*, donde se inadmitió la apelación previamente escuchada contra la inhibición de los jueces integrantes de una Corte de Apelaciones en una acción de amparo; la sentencia N° 911 del 4 de agosto de 2000, caso: *José Manuel Iglesias*, en la que se negó la posibilidad de constituir asociados en el juicio de amparo; la sentencia N° 1533 del 13 de agosto de 2001, caso: Luis del Valle Vásquez, **donde se negó la posibilidad de apelar u oponerse a las medidas cautelares dictadas en el curso del amparo constitucional**; y la sentencia N° 1.975, del 16 de octubre de 2001, caso: *Helmisan Beirutti*, en la que se negó la apelación contra un auto de reposición al estado de que se celebrara nuevamente la audiencia oral y pública". (Negrillas de la presente decisión).

Con fundamento en las razones antes expuestas, esta Sala declara **IMPROPONIBLE** en derecho la oposición al mandamiento de amparo constitucional cautelar planteada por el ciudadano Vicencio Scarano Spisso, asistido de abogado. Así se decide.

D. *Extensión de los efectos de un mandamiento de amparo cautelar a las partes en otro proceso*

TSJ-SC (137)   **17-3-2014**

Magistrada Ponente: Gladys María Gutiérrez Alvarado

Caso: Juan Ernesto Garantón Hernández vs. Alcalde del Municipio Baruta del Estado Miranda, Gerardo Blyde, y Alcalde del Municipio El Hatillo del Estado Miranda, David Smolansky.

La Sala Constitucional extiende los efectos del amparo constitucional cautelar contenidos en la decisión de esa Sala N° 135 del 12 de marzo de 2014, a los ciudadanos Ramón Muchacho, alcalde del municipio Chacao del estado Miranda; Daniel Ceballos, alcalde del municipio San Cristóbal del estado Táchira; Gustavo Marcano, alcalde del municipio Diego Bautista Urbaneja del estado Anzoátegui; y Eveling Trejo de Rosales, alcaldesa del municipio Maracaibo del estado Zulia; ordenándoles el ejercicio de ciertas acciones relacionadas con la obstrucción de las vías públicas dentro de los municipios en los cuales ejercen sus competencias.

Dicho lo anterior, se observa que mediante decisión N° 135 del 12 de marzo de 2014 esta Sala se declaró competente y admitió la demanda por derechos colectivos intentada por Juan Ernesto Garantón Hernández contra Gerardo Blyde y David Smolansky, en su condición de alcaldes de los municipios Baruta y El Hatillo del estado Miranda, respectivamente. Dicha demanda se sustenta en la supuesta la omisión por parte de los mencionados alcaldes de las competencias que tienen atribuidas en el artículo 178, numerales 2, 4, 5 y 7 de la Constitución, como consecuencia de las actividades y conductas dirigidas a la obstaculización ilegal de vías públicas, en algunos casos con elementos que pueden poner en peligro la vida de las personas que transitan por las mismas y dañar el medio ambiente, así como evitar libre circulación de personas y bienes, lo cual afecta derechos constitucionales que resguardan bienes jurídicos de especial protección, tales como: la educación, la salud, al ambiente sano y a la conservación y preservación del mismo.

Ahora bien, del planteamiento presentado por los terceros intervinientes, además por hecho notorio, público y comunicacional esta Sala tiene conocimiento que en los municipios Chacao del estado Miranda; San Cristóbal del estado Táchira; Diego Bautista Urbaneja del estado Anzoátegui; y Maracaibo del estado Zulia, desde hace más de un mes se está dando una situación idéntica a la denunciada en la presente demanda, consistente en la supuesta omisión por parte de los antes mencionados alcaldes de las competencias contenidas en el artículo 178, numerales 2, 4, 5, 6 y 7 de la Constitución, respecto a la debida vialidad urbana, circulación y ordenación del tránsito de los vehículos y personas y el servicio de transporte urbano y pasajeros en las vías de sus territorios municipales; la protección del ambiente y cooperación con el saneamiento ambiental, aseo urbano y domiciliario; gestión de la salubridad y atención primaria en salud, servicios de protección a la primera y segunda infancia, educación preescolar a la primera y segunda infancia, vigilancia y control de los bienes; y gestión de los servicios de agua potable, electricidad y gas doméstico, alcantarillado; así como brindar servicio de prevención y protección vecinal y servicios de policía municipal. Todo ello con ocasión de las actividades y conductas en los territorios de sus municipios que tienen por objeto la obstaculización ilegal de las vías que se ubican en los mismos.

Por tanto, dado que la presente demanda tiene por objeto la protección de derechos colectivos de trascendencia nacional, vinculados a bienes jurídicos de importante y especial protección constitucional, que esta Sala está obligada a tutelar y ante la presunta omisión por parte de los alcaldes de los municipios Chacao del estado Miranda; San Cristóbal del estado Táchira; Diego Bautista Urbaneja del estado Anzoátegui; y Maracaibo del estado Zulia, de las competencias contenidas en el artículo 178, numerales 2, 4, 5 y 7 de la Constitución, con ocasión de la obstrucción de vía públicas en sus respectivos territorios municipales; esta Sala ordena la citación de los ciudadanos Ramón Muchacho, alcalde del municipio Chacao del estado Miranda; Daniel Ceballos, alcalde del municipio San Cristóbal del estado Táchira; Gustavo Marcano, alcalde del municipio Diego Bautista Urbaneja del estado Anzoátegui, y Eveling Trejo de Rosales, alcaldesa del municipio Maracaibo del estado Zulia, como parte demandada en la presente causa. Así se decide.

II

En la presente causa, concretamente en la referida decisión N° 135 del 12 de marzo de 2014, se dictó amparo constitucional cautelar a fin de que los alcaldes demandados –dentro de los límites territoriales de sus competencias y ateniendo a su carácter de máximas autoridades en cuanto al gobierno y administración municipales– realicen todas las acciones y utilicen los recursos materiales y humanos necesarios, en el marco de la Constitución y la ley, a fin de evitar que se coloquen obstáculos en la vía pública que impidan el libre tránsito de las personas y vehículos; se proceda a la inmediata remoción de tales obstáculos y se mantengan las vías y zonas adyacentes a éstas libres de residuos y escombros y de cualquier otro elemento que pueda ser utilizado para obstaculizar la vialidad urbana.

Asimismo, se les ordenó que cumplan con su labor de ordenación del tránsito de vehículos a fin de garantizar un adecuado y seguro desplazamiento por las vías públicas de sus municipios. Adicionalmente, que velen por la protección del ambiente y el saneamiento ambiental, aseo urbano y domiciliario. Igualmente, que giren las instrucciones necesarias en sus respectivos cuerpos de policía municipal, a fin de dar cumplimiento efectivo a lo previsto en los artículos 44 y 46 de la Ley Orgánica del Servicio de Policía y del Cuerpo de Policía Nacional Bolivariana; y en ese sentido, se les ordenó que desplieguen las actividades preventivas y de control del delito, así como, en el ámbito de sus competencias, promuevan estrategias y procedimientos de proximidad con las comunidades de sus espacios territoriales, a fin de lograr la comunicación e interacción con sus habitantes e instituciones locales con el propósito de garantizar y asegurar la paz social, la convivencia, el ejercicio pacífico de los derechos y el cumplimiento de la ley.

Ahora bien, según delatan los intervinientes y por hecho notorio, público y comunicacional esta Sala tiene conocimiento de que la situación fáctica y jurídica sobre la cual se sustenta el mencionado amparo cautelar está presente en los municipios Chacao del estado Miranda; San Cristóbal del estado Táchira; Diego Bautista Urbaneja del estado Anzoátegui; y Maracaibo del estado Zulia, y atendiendo a la amplia potestad cautelar que ostenta esta Sala, particularmente en protección de los derechos colectivos, se acuerda extender los efectos del amparo constitucional cautelar contenido en la decisión N° 135 del 12 de marzo de 2014 a los referidos municipios y, consecuencia, el mandamiento de amparo a los ciudadanos Ramón Muchacho, alcalde del municipio Chacao del estado Miranda, respetivamente; Daniel Ceballos, alcalde del municipio San Cristóbal del estado Táchira; Gustavo Marcano, alcalde del municipio Diego Bautista Urbaneja del estado Anzoátegui; y Eveling Trejo de Rosales, alcaldesa del municipio Maracaibo del estado Zulia, en los términos que se expondrán en la dispositiva del presente fallo.

III
DECISIÓN

Por las razones que se expusieron, este Tribunal Supremo de Justicia, en Sala Constitucional, administrando justicia en nombre de la República por autoridad de la Ley, **ORDENA**, a la Secretaría de la Sala Constitucional, la citación, por cualquier medio, de los ciudadanos Ramón Muchacho, alcalde del municipio Chacao del estado Miranda; Daniel Ceballos, alcalde del municipio San Cristóbal del estado Táchira; Gustavo Marcano, alcalde del municipio Diego Bautista Urbaneja del estado Anzoátegui, y Eveling Trejo de Rosales, alcaldesa del municipio Maracaibo del estado Zulia, como parte demandada en la presente causa.

Se extienden los efectos del amparo constitucional cautelar contenidos en la decisión de esta Sala N° 135 del 12 de marzo de 2014 y, en tal sentido, se **ORDENA** a los ciudadanos Ramón Muchacho, alcalde del municipio Chacao del estado Miranda; Daniel Ceballos, alcalde del municipio San Cristóbal del estado Táchira; Gustavo Marcano, alcalde del municipio Diego Bautista Urbaneja del estado Anzoátegui; y Eveling Trejo de Rosales, alcaldesa del municipio Maracaibo del estado Zulia, que dentro de los municipios en los cuales ejercen sus competencias:

1. Realizar todas las acciones y utilicen los recursos materiales y humanos necesarios, a fin de evitar que se coloquen obstáculos en la vía pública que impidan el libre tránsito de las personas y vehículos; se proceda a la inmediata remoción de tales obstáculos y se mantengan las vías y zonas adyacentes a éstas libres de residuos y escombros y de cualquier otro elemento que pueda ser utilizado para obstaculizar la vialidad urbana;

2. Cumplir con su labor de ordenación del tránsito de vehículos a fin de garantizar un adecuado y seguro desplazamiento por las vías públicas de sus municipios;

3. Velar por la protección del ambiente y el saneamiento ambiental, aseo urbano y domiciliario;

4. Girar las instrucciones necesarias en sus respectivos cuerpos de policía municipal, a fin de dar cumplimiento efectivo a lo previsto en el artículo 44 de la Ley Orgánica del Servicio de Policía y del Cuerpo de Policía Nacional Bolivariana; y, en este sentido,

5. Desplegar las actividades preventivas y de control del delito, así como, en el ámbito de sus competencias, promover estrategias y procedimientos de proximidad con las comunidades de sus espacios territoriales, a fin de lograr la comunicación e interacción con sus habitantes e instituciones locales con el propósito de garantizar y asegurar la paz social, la convivencia, el ejercicio de los derechos y el cumplimiento de la ley.

E. *El régimen procesal del desacato al mandamiento de amparo, el poder sancionatorio penal asumido por la Sala Constitucional para la revocación de mandatos populares*

TSJ-SC (138)   **17-3-2014**

Magistrada Ponente: Gladys María Gutiérrez Alvarado

Caso: Salas & Agentes Aduaneros Asociados, C.A. y otros vs. Vicencio Scarano Spisso, Alcalde del Municipio San Diego del Estado Carabobo.

Visto que en la Ley Orgánica de Amparo sobre Derechos y Garantías Constitucionales no está contemplado procedimiento alguno para la valoración preliminar del posible incumplimiento de un mandamiento de amparo a efectos de su remisión al órgano competente, la Sala Constitucional estima que el procedimiento que más se adecúa para la consecución de la justicia en el caso de autos es el estipulado para el amparo constitucional.

Visto que, el 7 de marzo de 2014, los ciudadanos Osmer Castillo, titular de la cédula de identidad N° 11.745.348, en su condición de representante legal de **SALAS & AGENTES ADUANEROS ASOCIADOS, C.A.**, Nelson Marcano, titular de la cédula de identidad N° 3.808.271, en su condición de representante legal de la **ASOCIACIÓN COOPERATIVA NEL MAR, R.L.**, Julio Faria, titular de la cédula de identidad N° 3.512.090, en su condición de representante legal de **SERVITRANS ADUANA, C.A.**, Marcos Lacava, titular de la cédula de identidad N° 7.174.791, en su condición de representante legal de la **COOPERATIVA GRANELCA, R.L.**, José Simón Méndez Torres, titular de la cédula de identidad N° 8.193.608, en su condición de representante de la **COOPERATIVA EL VARADERO DE MORON R.L.**, Lesbia Miquilarena, titular de la cédula de identidad N° 14.167.317, en su condición de representante de **TRANSPORTE ROMERO, C.A**, Blanca Aida Gómez de Aguilar, titular de la cédula de identidad N° 4.092.801, en su condición de representante legal de **TRANSPORTE LOS ALMENDROS, C.A.**, Daniel Tiago Da Silva Pita, titular de la cédula de identidad N° 7.064.182, en su condición de representante legal de **TRANSPORTE FATIMA, C.A.**, Alfonso Antonio Nava Romero, titular de la cédula de identidad N° 5.812.638, en su condición de representante legal de la **COOPERATIVA REVOLUCIONARIA MIRANDINA DEL ZULIA, RS.**, Manuela Goncalves, titular de la cédula de identidad N° 16.184.331, en su condición de representante legal de la **COOPERATIVA GM Y ASOCIADOS, R.L.**, Jesús Vergara, titular de la cédula de identidad N° 17.006.593, en su condición de representante legal de la **COOPERATIVA APUSHUNA EVENTOS, R.S.**, George Ramón Haroun, venezolano, titular de la cédula de identidad N° 7.407.535, en su condición de representante legal de la **ASOCIACIÓN COOPERATIVA TRANSPORTE LA GRAN PROMESA, R.S.**, Omar Enrique Rodríguez Noroño, titular de la cédula de identidad N° 4.477.389, en su condición de representante legal de la **TRANSPORTE FERTICARGAS 2021, C.A.**, todos asistidos por el abogado Oscar Johny Martínez Sarmiento, inscrito en el Inpreabogado bajo el N° 133.753, interpusieron, ante esta Sala, conjuntamente con medida cautelar innominada, demanda por derecho e intereses colectivos o difusos

"...contra el ciudadano VICENCIO SCARANO SPISSO, Alcalde del municipio San Diego del estado Carabobo y el ciudadano SALVATORE LUCCHESE SCALETTA en su condición de Director General de la Policía Municipal de San Diego del Estado Carabobo".

Visto que, el 12 de marzo de 2014, esta Sala, mediante sentencia N° 136 admitió la demanda ejercida y acordó amparo constitucional cautelar, en los siguientes términos:

"...Se acuerda amparo constitucional cautelar y, en tal sentido, se **ORDENA** al ciudadano Vicencio Scarano Spisso, Alcalde del municipio San Diego del estado Carabobo, que, dentro del marco jurídico que lo rige, y en el ámbito territorial que abarca el municipio en el cual ejerce sus competencias como tal:

1.   Realice todas las acciones y utilicen los recursos materiales y humanos necesarios, en el maco de la Constitución y la Ley, a fin de evitar que se coloquen obstáculos en la vía pública que impidan, perjudiquen o alteren el libre tránsito de las personas y vehículos; se proceda a la inmediata remoción de tales obstáculos que hayan sido colocados en esas vías, y se mantengan las rutas y zonas adyacentes a éstas libres de basura, residuos y escombros, así como de cualquier otro elemento que pueda ser utilizado para obstaculizar la vialidad urbana y, en fin, se evite la obstrucción de las vías públicas del referido municipio.

2.   Cumpla con su deber de ordenación del tránsito de vehículos y personas a fin de garantizar un adecuado y seguro desplazamiento por las vías públicas de sus municipios. Adicionalmente.

3.   Vele por la protección del ambiente y el saneamiento ambiental, aseo urbano y domiciliario.

4.   Gire las instrucciones necesarias en sus respectivos cuerpos de policía municipal, a fin de dar cumplimiento efectivo a lo previsto en los artículos 44 y 46 de la Ley Orgánica del Servicio de Policía y del Cuerpo de Policía Nacional Bolivariana; y, en este sentido,

5.   Despliegue las actividades preventivas y de control del delito, así como, también en el ámbito de sus competencias, promover estrategias y procedimientos de proximidad con las comunidades de sus espacios territoriales, a fin de lograr la comunicación e interacción con sus habitantes e instituciones locales con el propósito de garantizar y asegurar la paz social, la convivencia, el ejercicio pacífico de los derechos y el cumplimiento de la ley.

Asimismo, se **ORDENA** al actual Director General de la Policía Municipal de San Diego del Estado Carabobo, ciudadano Salvatore Lucchese Scaletta, que, dentro del marco jurídico que lo rige, y en el ámbito territorial que abarca el municipio en el cual ejerce sus competencias como tal:

1.   Despliegue las acciones necesarias a fin de dar cumplimiento efectivo a lo previsto en los artículos 44 y 46 de la Ley Orgánica del Servicio de Policía y del Cuerpo de Policía Nacional Bolivariana, en especial para evitar la colocación de obstáculos en la vía pública que impidan, perjudiquen o alteren el libre tránsito de las personas y vehículos, en fin, que impida la obstrucción las vías públicas del referido municipio.

2.   Despliegue las actividades preventivas y de control del delito, así como, en el ámbito de sus competencias, promueva estrategias y procedimientos de proximidad con las comunidades de sus espacios territoriales, a fin de lograr la comunicación e interacción con sus habitantes e instituciones locales, con el propósito de garantizar y asegurar la paz social, la convivencia, el ejercicio pacífico de los derechos y el cumplimiento de la ley.

Igualmente, se **ORDENA** al Alcalde del municipio San Diego del estado Carabobo, ciudadano Vicencio Scarano Spisso, y al Director General de la Policía Municipal de San

Diego del Estado Carabobo, ciudadano Salvatore Lucchese Scaletta, que cumplan a cabalidad con las competencias que le atribuye el ordenamiento jurídico y garanticen el ejercicio de los derechos que correspondan, en tanto, Alcalde del municipio San Diego del estado Carabobo y Director General de la Policía Municipal de San Diego del Estado Carabobo, respectivamente, con especial atención a lo previsto en el artículo en el artículo 178 de la Constitución de la República Bolivariana de Venezuela.

Visto que, el 12 de marzo de 2014 la sentencia fue notificada vía telefónica al ciudadano Vicencio Scarano Spisso, Alcalde del municipio San Diego del Estado Carabobo.

Visto que, por la prensa se ha difundido información de la que pudiera denotarse el presunto incumplimiento del mandato constitucional librado en la sentencia N° 136 de 12 de marzo de 2014, lo cual esta Sala califica como un hecho notorio y comunicacional (*vid.* Sentencia N° 98 del 15 de marzo de 2000).

Visto que en la Ley Orgánica de Amparo sobre Derechos y Garantías Constitucionales no está contemplado procedimiento alguno para la valoración preliminar del posible incumplimiento de un mandamiento de amparo a efectos de su remisión al órgano competente.

Visto que, conforme con lo señalado en el artículo 98 de la Ley Orgánica del Tribunal Supremo de Justicia, cuando en el ordenamiento jurídico no se preceptúe un proceso especial a seguir se aplicará el que exclusivamente las Salas de este Alto Tribunal juzguen más conveniente para la realización de la justicia, siempre que tenga fundamento legal.

Esta Sala, para determinar el presunto incumplimiento al mandamiento de amparo cautelar decretado, estima que el procedimiento que más se adecúa para la consecución de la justicia en el caso de autos es el estipulado para el amparo constitucional, por lo que, de conformidad con lo dispuesto en el artículo 26 de la Ley Orgánica de Amparo sobre Derechos y Garantías Constitucionales, se convoca al ciudadano Vicencio Scarano Spisso, Alcalde del municipio San Diego del Estado Carabobo; y al ciudadano Salvatore Lucchese Scaletta, Director General de la Policía Municipal de San Diego del Estado Carabobo, a una audiencia pública que se celebrará dentro de las noventa y seis (96) horas siguientes a que conste en autos su notificación, para que expongan los argumentos que a bien tuvieren en su defensa. Para la celebración de la mencionada audiencia, se ordena también la notificación del Ministerio Público y de la Defensora del Pueblo.

A tenor de lo señalado en el artículo 23 de la Ley Orgánica de Amparo sobre Derechos y Garantías Constitucionales, en concordancia con la sentencia N° 7 de 1 de febrero de 2000 (caso: José Amando Mejía), en la cual se señaló que: "*La falta de comparecencia del presunto agraviante a la audiencia oral aquí señalada producirá los efectos previstos en el artículo 23 de la Ley Orgánica de Amparo Sobre Derechos y Garantías Constitucionales*", la inasistencia de los aludidos funcionarios municipales a la audiencia pública se tendrá como aceptación de los hechos.

Una vez celebrada la audiencia la Sala podrá decidir inmediatamente; en cuyo caso expondrá de forma oral la decisión, y la publicará dentro de los cinco (5) días siguientes; o diferir la audiencia por un lapso que en ningún momento será mayor de cuarenta y ocho (48) horas, por estimar que es necesaria la presentación o evacuación de alguna prueba que sea fundamental para decidir el caso.

Esta Sala Constitucional, en caso de quedar verificado el desacato, impondrá la sanción conforme a lo previsto en el artículo 31 de la Ley Orgánica de Amparo sobre Derechos y Garantías Constitucionales y remitirá la decisión para su ejecución a un juez de primera instancia en lo penal en funciones de ejecución del Circuito Judicial Penal correspondiente.

TSJ-SC (150)   **20-3-2014**

Magistrada Ponente: Gladys María Gutiérrez Alvarado

Caso: Juan Ernesto Garantón Hernández vs. Alcalde del Municipio Baruta del Estado Miranda, Gerardo Blyde, y Alcalde del Municipio El Hatillo del Estado Miranda, David Smolansky.

Visto que, el 5 de marzo de 2014, el abogado Juan Ernesto Garantón HERNÁNDEZ, titular de la cédula de identidad N° 14.689.864 e inscrito en el Inpreabogado bajo el N° 105.578, actuando en su propio nombre, intentó ante esta Sala Constitucional "DEMANDA DE PROTECCIÓN DE INTERESES COLECTIVOS Y DIFUSOS de conformidad con lo previsto en el artículo 26 de la Constitución de la República Bolivariana de Venezuela en concordancia con lo previsto en el artículo 146 y siguientes de la Ley Orgánica del Tribunal Supremo de Justicia en contra de los ALCALDES DEL MUNICIPIO BARUTA Y MUNICIPIO EL HATILLO, los ciudadanos Gerardo Blyde y David Smolansky", conjuntamente con medida cautelar innominada, para cuya fundamentación denunció el incumplimiento por parte de los mencionados alcaldes del artículo 178 de la Constitución de la República Bolivariana de Venezuela y la violación de los derechos contenidos en los artículos 50, 55, 75, 78, 80, 83, 87, 102, 111, 112 y 127 *eiusdem*.

Visto que el 6 de marzo de 2014, se dio cuenta en Sala y se designó ponente a la Magistrada Gladys María Gutiérrez Alvarado.

Visto que, el 12 de marzo de 2014, esta Sala, mediante sentencia N° 135 admitió la demanda ejercida y acordó amparo constitucional cautelar, en los siguientes términos:

Se acuerda amparo constitucional cautelar y, en tal sentido, se ORDENA a los ciudadanos Gerardo Blyde y David Smolansky, alcaldes de los municipios Baruta y El Hatillo del estado Miranda, respectivamente, que dentro de los municipios en los cuales ejercen sus competencias:

1. Realicen todas las acciones y utilicen los recursos materiales y humanos necesarios, a fin de evitar que se coloquen obstáculos en la vía pública que impidan el libre tránsito de las personas y vehículos; se proceda a la inmediata remoción de tales obstáculos y se mantengan las vías y zonas adyacentes a éstas libres de residuos y escombros y de cualquier otro elemento que pueda ser utilizado para obstaculizar la vialidad urbana;

2. Cumplir con su labor de ordenación del tránsito de vehículos a fin de garantizar un adecuado y seguro desplazamiento por las vías públicas de sus municipios;

3. Velar por la protección del ambiente y el saneamiento ambiental, aseo urbano y domiciliario;

4. Girar las instrucciones necesarias en sus respectivos cuerpos de policía municipal, a fin de dar cumplimiento efectivo a lo previsto en el artículo 44 de la Ley Orgánica del Servicio de Policía y del Cuerpo de Policía Nacional Bolivariana; y, en este sentido,

5. Desplegar las actividades preventivas y de control del delito, así como, en el ámbito de sus competencias, promover estrategias y procedimientos de proximidad con las comunidades de sus espacios territoriales, a fin de lograr la comunicación e interacción con sus habitantes e instituciones locales con el propósito de garantizar y asegurar la paz social, la convivencia, el ejercicio de los derechos y el cumplimiento de la ley.

Visto que el 14 de marzo de 2014, los abogados Julio César Lattan, Francisco Morillo, Reyes Ramón Ruíz y Eneida Villanueva, titulares de las cédulas de identidad N° 8.452.139, 8.400.047, 5.341.371 y 5.622.140, respectivamente, inscritos en el Inpreabogado bajo los números 37.429, 170.718,138.964 y 69.974, en ese orden, actuando en nombre propio y en su condición de Presidente –el primero de los prenombrados– y Coordinadores Nacionales –los restantes– de la ASOCIACIÓN CIVIL FRENTE NACIONAL DE ABOGADOS BOLIVA-RIANOS, asistidos por el abogado José Gregorio Mendoza G., inscrito en el Inpreabogado bajo el N° 37.157, solicitan, mediante escrito presentado, "(…) *en su carácter de Terceros Coadyuvantes de la parte accionante* (…)", "(…) *LA APLICACIÓN POR EFECTOS EX-TENSIVOS DEL AMPARO CONSTITUCIONAL CAUTELAR ACORDADO EN LA SEN-TENCIA UT-SUPRA INDICADA* [N° 135 del 12 de marzo de 2014, dictada por esta Sala] *A LOS ALCALDES DE LOS MUNICIPIOS: CHACAO Y SUCRE DEL ESTADO MIRANDA, RAMÓN MUCHACHO Y CARLOS OCARIZ; MUNICIPIO SAN CRISTÓBAL DEL ESTADO TÁCHIRA, DANIEL CEBALLOS; MUNICIPIO DIEGO BAUTISTA URBANEJA (LECHE-RÍAS) DEL ESTADO ANZOÁTEGUI, GUSTAVO MARCANO; VALENCIA Y NAGUANA-GUA DEL ESTADO CARABOBO, MICHELLE COCCHIOLA Y ALEJANDRO FEO LA CRUZ (…)"*.

Visto que el mismo día, el ciudadano Francisco Morillo, con la cualidad antes señalada, presentó diligencia mediante la cual señaló que el efecto extensivo solicitado en el escrito indicado en el aparte precedente, le sea aplicado *"exclusivamente en los siguientes municipios: Maracaibo del Estado Zulia, San Cristóbal del Estado Táchira, Diego Bautista Urbaneja (Lecherías) del Estado Anzoátegui y Chacao del estado Miranda* (sic)".

Visto que, el 17 de marzo de 2014, mediante sentencia N° 137, la Sala decidió lo siguiente:

"Se extienden los efectos del amparo constitucional cautelar contenidos en la decisión de esta Sala N° 135 del 12 de marzo de 2014 y, en tal sentido, se ORDENA a los ciudadanos Ramón Muchacho, alcalde del municipio Chacao del estado Miranda; Daniel Ceballos, alcalde del municipio San Cristóbal del estado Táchira; Gustavo Marcano, alcalde del municipio Diego Bautista Urbaneja del estado Anzoátegui; y Eveling Trejo de Rosales, alcaldesa del municipio Maracaibo del estado Zulia, que dentro de los municipios en los cuales ejercen sus competencias:

1. Realizar todas las acciones y utilicen los recursos materiales y humanos necesarios, a fin de evitar que se coloquen obstáculos en la vía pública que impidan el libre tránsito de las personas y vehículos; se proceda a la inmediata remoción de tales obstáculos y se mantengan las vías y zonas adyacentes a éstas libres de residuos y escombros y de cualquier otro elemento que pueda ser utilizado para obstaculizar la vialidad urbana;

2. Cumplir con su labor de ordenación del tránsito de vehículos a fin de garantizar un adecuado y seguro desplazamiento por las vías públicas de sus municipios;

3. Velar por la protección del ambiente y el saneamiento ambiental, aseo urbano y domiciliario;

4. Girar las instrucciones necesarias en sus respectivos cuerpos de policía municipal, a fin de dar cumplimiento efectivo a lo previsto en el artículo 44 de la Ley Orgánica del Servicio de Policía y del Cuerpo de Policía Nacional Bolivariana; y, en este sentido,

5. Desplegar las actividades preventivas y de control del delito, así como, en el ámbito de sus competencias, promover estrategias y procedimientos de proximidad con las comunidades de sus espacios territoriales, a fin de lograr la comunicación e interacción con sus habitantes e instituciones locales con el propósito de garantizar y asegurar la paz social, la convivencia, el ejercicio de los derechos y el cumplimiento de la ley".

Visto que, el 18 de marzo de 2014 la sentencia fue notificada al ciudadano Daniel Ceballos, alcalde del municipio San Cristóbal del estado Táchira.

Visto que, por la prensa se ha difundido información de la que pudiera denotarse el presunto incumplimiento del mandato constitucional librado en la sentencia N° 135 de 12 de marzo de 2014, con efectos extensivos al ciudadano Daniel Ceballos, alcalde del municipio San Cristóbal del estado Táchira, por virtud de la precitada sentencia N° 137 del día 17 del mismo mes y año, lo cual esta Sala califica como un hecho notorio y comunicacional (*vid.* Sentencia N° 98 del 15 de marzo de 2000).

Visto que en la Ley Orgánica de Amparo sobre Derechos y Garantías Constitucionales no está contemplado procedimiento alguno para la valoración preliminar del posible incumplimiento de un mandamiento de amparo a efectos de su remisión al órgano competente.

Visto que, conforme con lo señalado en el artículo 98 de la Ley Orgánica del Tribunal Supremo de Justicia, cuando en el ordenamiento jurídico no se preceptúe un proceso especial a seguir se aplicará el que exclusivamente las Salas de este Alto Tribunal juzguen más conveniente para la realización de la justicia, siempre que tenga fundamento legal.

Esta Sala, para determinar el presunto incumplimiento al mandamiento de amparo cautelar decretado, estima que el procedimiento que más se adecúa para la consecución de la justicia en el caso de autos es el estipulado para el amparo constitucional, por lo que, de conformidad con lo dispuesto en el artículo 26 de la Ley Orgánica de Amparo sobre Derechos y Garantías Constitucionales, se convoca al ciudadano Daniel Ceballos, alcalde del municipio San Cristóbal del estado Táchira; a una audiencia pública que se celebrará dentro de las noventa y seis (96) horas siguientes a que conste en autos su notificación, para que exponga los argumentos que a bien tuviere en su defensa.

Para la celebración de la mencionada audiencia, se ordena también la notificación del Ministerio Público y de la Defensora del Pueblo.

A tenor de lo señalado en el artículo 23 de la Ley Orgánica de Amparo sobre Derechos y Garantías Constitucionales, en concordancia con la sentencia N° 7 de 1 de febrero de 2000 (caso: *José Amando Mejía*), en la cual se señaló que: "*La falta de comparecencia del presunto agraviante a la audiencia oral aquí señalada producirá los efectos previstos en el artículo 23 de la Ley Orgánica de Amparo Sobre Derechos y Garantías Constitucionales*", la inasistencia del aludido funcionario municipal a la audiencia pública se tendrá como aceptación de los hechos.

Una vez celebrada la audiencia la Sala podrá decidir inmediatamente; en cuyo caso expondrá de forma oral la decisión, y la publicará dentro de los cinco (5) días siguientes; o diferir la audiencia por un lapso que en ningún momento será mayor de cuarenta y ocho (48) horas, por estimar que es necesaria la presentación o evacuación de alguna prueba que sea fundamental para decidir el caso.

Esta Sala Constitucional, en caso de quedar verificado el desacato, impondrá la sanción conforme a lo previsto en el artículo 31 de la Ley Orgánica de Amparo sobre Derechos y Garantías Constitucionales y remitirá la decisión para su ejecución a un juez de primera instancia en lo penal en funciones de ejecución del Circuito Judicial Penal correspondiente.

Comentarios Jurisprudenciales

EL FIN DE LA LLAMADA "DEMOCRACIA PARTICIPATIVA Y PROTAGÓNICA" DISPUESTO POR LA SALA CONSTITUCIONAL EN FRAUDE A LA CONSTITUCIÓN, AL JUSTIFICAR LA EMISIÓN DE LEGISLACIÓN INCONSULTA EN VIOLACIÓN AL DERECHO A LA PARTICIPACIÓN POLÍTICA

Allan R. Brewer-Carías
Profesor de la Universidad Central de Venezuela

Resumen: *Este comentario está destinado a analizar la sentencia de la Sala Constitucional N° 203 de 25 de marzo de 2014, mediante la cual la misma resolvió que el derecho constitucional a la participación política previsto en el proceso de formación de las leyes mediante su sometimiento a consulta pública, no existe cuando se trata de leyes dictadas por el Ejecutivo mediante decretos leyes.*

Palabras Clave: *Leyes. Consulta Pública; Participación política. Decretos Ley.*

Abstract: *This comment has the purpose of analyzing the decision of the Constitutional Chamber N° 203 of March 25, 2014, by means of which it was decided that the constitutional right to political participation established in the process of formation of statues through their public consultation, does not exists when the statutes are issued by the Executive through means of decree laws.*

Key words: *Statutes. Public consultation; Political participation; Decree Laws.*

I

Desde cuando se utilizó por primera vez, en 2000, al inicio del régimen autoritario, la modalidad de legislar masivamente mediante legislación delegada, es decir, a través de decretos leyes dictados por el Presidente de la República en Consejo de Ministros en ejecución de una ley habilitante en los términos del artículo 203 de la Constitución de 1999; varios de los decretos leyes fueron impugnados por razones de inconstitucionalidad, entre otros vicios, por violación del derecho ciudadano a la participación política al haber sido dictados inconsultamente, es decir, sin haber sido sometidos a consulta popular a los ciudadanos y a la sociedad organizada, violándose el texto expreso del artículo 211 de la Constitución en materia de consulta popular de las leyes durante el procedimiento de su formación.[1]

---

[1] Véase Allan R. Brewer-Carías, "Apreciación general sobre los vicios de inconstitucionalidad que afectan los Decretos Leyes Habilitados" en *Ley Habilitante del 13-11-2000 y sus Decretos Leyes*, Academia de Ciencias Políticas y Sociales, Serie Eventos N° 17, Caracas 2002, pp. 63-103, y "El derecho ciudadano a la participación popular y la inconstitucionalidad generalizada de los decretos leyes 2010-2012, por su carácter inconsulto," en *Revista de Derecho Público*, N° 130, (abril-junio 2012), Editorial Jurídica Venezolana, Caracas 2012, pp. 85-88.

En la Constitución de 1999, en efecto, cuyo texto está imbuido por el concepto de democracia "participativa y protagónica," además de establecerse en forma general en los artículos 62 y 70 de la Constitución, el derecho ciudadano a la participación política, éste se estableció en forma específica en dos supuestos que tienen, por tanto, rango constitucional: primero, el derecho constitucional a la participación política para la designación de altos funcionarios del Estado a través de Consejos de Postulaciones integrados por "representantes de los diferentes sectores de la sociedad," en particular para la designación de los magistrados del Tribunal Supremo (art. 270), y en otros Comités similares en el caso de la designación de los jefes de los órganos del Poder Ciudadano y del Poder Electoral (arts. 279 y 295);[2] y el derecho constitucional de los ciudadanos y de la sociedad organizada a participar en el procedimiento de formación de las leyes a través de los mecanismos de consulta popular que se deben efectuar (art. 211).

La legislación básica del país, en los últimos catorce años, sin duda ha sido dictada mediante decretos leyes conforme a sucesivas leyes habilitantes y en ningún caso se ha cumplido, en la emisión de dichos decretos leyes con el procedimiento de consulta popular, ni se ha garantizado el derecho de los ciudadanos ni de la sociedad organizada a participar en el proceso de formación de las leyes.

II

Por ello, en todos los casos, durante los tres lustros de vigencia de la Constitución, en distintas oportunidades se impugnaron diversos decretos leyes precisamente por violación del derecho constitucional a la participación política consagrado en el artículo 211 de la Constitución, pero nunca la Sala Constitucional se pronunció sobre dichas denuncias formuladas en sucesivas acciones populares de inconstitucionalidad. Solo fue mediante sentencia N° 203 de 25 de marzo de 2014 (Caso *Síndica Procuradora Municipal del Municipio Chacao del Estado Miranda, impugnación del Decreto Ley de Ley Orgánica de la Administración Pública de 2008*),[3] cuando por primera vez la Sala Constitucional entró a conocer de la denuncia de inconstitucionalidad formulada, declarándola sin embargo sin lugar, por considerar simplemente que como la legislación no se dictó por la Asamblea Nacional sino por el Poder Ejecutivo, entonces, en fraude a la Constitución, la Sala estimó que las leyes dictadas mediante decretos leyes no exigían la previa consulta popular. Es decir, en definitiva, la Sala admitió una forma de "evadir" la obligación del Estado de asegurar la participación popular, y de burlarse del derecho ciudadano a la participación; todo, sin embargo, en una supuesta "democracia participativa y protagónica" que tanto se pregona pero que quedó extinguida con dicha sentencia.

En efecto, al contrario de lo decidido, conforme al espíritu "participativo y protagónico" de la democracia que orientó la letra de la Constitución de 1999 –aún cuando ignorada en la ejecución de la misma–, una de las dos manifestaciones específicas del mismo, inserta en el propio texto constitucional, como se ha dicho, es la imposición a los órganos del Poder Legislativo de la obligación de someter los proyectos de leyes, durante el proceso de su elabora-

---

[2]   Véase Allan R. Brewer-Carías, "La participación ciudadana en la designación de los titulares de los órganos no electos de los Poderes Públicos en Venezuela y sus vicisitudes políticas", en *Revista Iberoamericana de Derecho Público y Administrativo*, Año 5, N° 5-2005, San José, Costa Rica 2005, pp. 76-95.

[3]   Véase en http://www.tsj.gov.ve/decisiones/scon/marzo/162349-203-25314-2014-09-0456.HTML La Ley impugnada fue publicada en *Gaceta Oficial* N° 5.890 Extra. de 31 de julio de 2008.

ción, a consulta pública. Ello se concretó entre otras, en la norma específica contenida en el artículo 211 de la Constitución, la cual dispone:

> Artículo 211. *La Asamblea Nacional o las Comisiones Permanentes, durante el procedimiento de discusión y aprobación de los proyectos de leyes, consultarán a los otros órganos del Estado, a los ciudadanos y ciudadanas y a la sociedad organizada su opinión sobre los mismos.*

La previsión, que está incluida en la sección relativa al procedimiento de formación de las leyes, cuya elaboración y sanción en una de las "funciones propias" (art. 134 de la Constitución) del órgano legislativo, es decir, de la Asamblea Nacional en ejercicio del Poder Legislativo. Por ello, evidentemente, en la norma se identifican con precisión a los órganos del Estado que deben primariamente cumplir con dicha obligación que son los que normalmente participan en el procedimiento de formación de las leyes, es decir, la propia Asamblea Nacional o las Comisiones Permanentes de las mismas. Y no podría ser de otro modo, pues dichos órganos son los que normalmente legislan.

III

Lo importante de la norma del artículo 211 de la Constitución, en realidad, no es su aspecto formal de regulación de un "procedimiento legislativo" específico y, en el mismo, la identificación de cuál órgano del Estado es el que debe cumplir específicamente con la obligación de consultar al pueblo la legislación que se proyecta; sino su aspecto sustantivo, en cuanto a la regulación en el propio texto constitucional, de un derecho constitucional de los ciudadanos y de la sociedad organizada a ser consultados en el proceso de formación de las leyes que se proyecta que han de regirlos, que es un derecho correlativo a una obligación impuesta a los órganos que ejercen la función normativa de rango legal de consultar al pueblo sobre los proyectos de leyes antes de su sanción.

Bajo este ángulo sustantivo del derecho y de la obligación establecidos en el artículo 211, lo importante por tanto, no es cuál órgano específico del Estado sanciona la ley, y a través de cuál procedimiento, sino el derecho constitucional a la participación ciudadana que establece la norma y la obligación de los órganos del Estado de asegurar dicha participación, en este caso, mediante consulta pública de los proyectos de leyes.

La ley, como se ha dicho, puede sancionarse por la Asamblea Nacional en ejercicio del Poder Legislativo, cumpliendo la función normativa como "función propia" de la misma; o por el Presidente de la República en ejercicio del Poder Ejecutivo, cumpliendo la función normativa en virtud de delegación legislativa; en ambos casos, la obligación constitucional establecida en el artículo 211 de la Constitución, al margen de las normas generales que garantizan el derecho a la participación ciudadana (art. 62 y 70), originan un correlativo derecho constitucional específico de los ciudadanos y de la sociedad organizada a ser consultada no sólo sobre las políticas públicas, sino especialmente sobre los proyectos de leyes con las cuales van a regularlos, antes de que se sancionen, independientemente de que tengan la "forma" de ley o de decreto ley. Lo contrario significaría sostener que el derecho ciudadano a la participación política consagrado constitucionalmente, sólo estaría garantizado en el caso de leyes dictadas por la Asamblea Nacional pero no de leyes dictadas por el Poder Ejecutivo a través de decretos leyes, lo que por supuesto no tendría sentido alguno.

Al contrario, el sentido del derecho constitucional consagrado en el artículo 211 de la Constitución implica que cuando la Asamblea Nacional, en ejercicio del Poder Legislativo y de la función normativa, sanciona una ley, o cuando el Presidente de la República en ejercicio del Poder Ejecutivo y de la función normativa derivada de una delegación legislativa, dicta decretos leyes, en todo caso, se debe siempre consultar a los ciudadanos antes de la sanción definitiva del texto legal, de manera que si esta se produce sin someter el proyecto de ley previamente a consulta pública, en particular, a los ciudadanos y a la sociedad organizada, se viola el derecho a la participación establecido en el artículo 211 de la Constitución y además, por derivación, se violan las previsiones generales que establecen el derecho político a la participación que están en los artículos 62 y 70 de la Constitución.

IV

Sin embargo, la Sala Constitucional del Tribunal Supremo, en la mencionada sentencia N° 203 de 25 de marzo de 2014, al declarar sin lugar la acción de inconstitucionalidad intentada por la Síndica Procuradora Municipal del Municipio Chacao del Estado Miranda contra el Decreto Ley de Ley Orgánica de la Administración Pública de 2008, en la cual se denunció que el mencionado decreto ley no fue sometido al procedimiento de consulta popular que exigía el artículo 211 de la Constitución, consideró que los ciudadanos tenían derecho constitucional a participar, estimando que ese derecho ciudadano a participar en el proceso de formación de las leyes sólo existe cuando las mismas las dicta la Asamblea Nacional, pero no existe cuando las leyes las dicta el Poder Ejecutivo mediante una delegación legislativa.

En esa forma, la Sala Constitucional formalizó una forma más de fraude a la Constitución, al establecer que el derecho a la participación política en materia de formación de las leyes se puede ignorar, o simplemente no existe, con el sólo hecho de que la ley que se le va a aplicar al ciudadano sea dictada mediante decreto ley en uso de delegación legislativa, y no mediante una ley de la Asamblea Nacional. En otros términos, que una forma de burlar el derecho ciudadano a la participación política mediante consulta popular de las leyes en una "democracia participativa y protagónica," es que el Poder legislativo simplemente delegue la legislación al Poder Ejecutivo y así se obvia la obligación de legislar. Ello, se insiste, no es más que un fraude a la Constitución.

V

Pero para configurar este fraude, lo más insólito de la sentencia es que, contradictoriamente, la Sala Constitucional, procedió a constatar con lujo de detalles, lo contrario, es decir, que el derecho a la participación política se encuentra establecido dentro de los derechos políticos de los ciudadanos, para lo cual procedió a citar exhaustivamente la Exposición de Motivos de la Constitución cuando expresa que "se reconoce la necesidad de la intervención del pueblo en los procesos de formación, formulación y ejecución de las políticas públicas, lo cual redundaría en la superación de los déficits de gobernabilidad que han afectado nuestro sistema político debido a la carencia de sintonía entre el Estado y la sociedad;" a citar el artículo 62 de la Constitución que entre otras cosas establece que "es obligación del Estado y deber de la sociedad facilitar la generación de las condiciones más favorables para su práctica;" a indicar que "en nuestro derecho constitucional se consagra un sistema dual de ejercicio de la participación política" de democracia indirecta y de democracia directa, en el cual ninguna de las dos prevalece sobre la otra; a precisar que "el sistema democrático envuelve la conjunción de los principios de representación y el principio de participación;" a reconocer como "principio fundamental en el desarrollo de los postulados democráticos que deben regir un Estado de Derecho," y entre ellos, el principio de "publicidad de sus actuaciones," que es el que permite a los ciudadanos "ejercer cabalmente su derecho a la participación política;" y a citar indiscriminadamente autores como Alessandro Pizzorusso, *Lecciones de Derecho Constitucional*, Centro de Estudios Constitucionales, 1984, p. 104, 110), Carl Schmitt; *Teoría de la Constitución*, Madrid, Alianza, 1982, p. 174); y Norberto Bobbio, *Diccionario de Política*, Madrid 1983, pp. 1209-1210).

Con todo ello, cualquier lector habría sacado la conclusión de que el resultado de la argumentación y de la doctrina citada conduciría a declarar que la falta de consulta pública de las leyes dictadas mediante decretos leyes, en el marco de la "democracia participativa y protagónica" prevista en la Constitución, violaba el derecho ciudadano a la participación política.

Pero: sorpresa!! No!! La conclusión a la que llegó la Sala Constitucional, al contrario y contradictoriamente a los mencionados postulados y doctrina, fue que en Venezuela se puede impunemente violar el derecho ciudadano a la participación política mediante consulta pública de los proyectos de leyes, si estos se dictan mediante decretos leyes.

Para llegar a esta conclusión, la Sala Constitucional utilizó dos argumentos: Primero, al "descubrir" que el ejercicio del derecho a participar por parte de los ciudadanos es de:

"ejercicio facultativo de los ciudadanos en la presentación de las observaciones al igual a lo que ocurre en la iniciativa legislativa, por ende su falta de ejercicio no acarrea sanción alguna por su inejecución por parte de los ciudadanos".

El argumento, por supuesto, no tiene lógica ni consecuencia jurídica algunas, pues el ejercicio de los derechos por los ciudadanos cuando implica el goce de la libertad en la realización de una actividad, como por ejemplo, el derecho de votar, el derecho a expresar el pensamiento, el derecho al libre tránsito, el derecho de petición, el derecho a manifestar, el derecho a tener una religión, el derecho a participar, siempre es de ejercicio facultativo, pues nadie puede ser obligado a votar, a escribir o hablar públicamente, a circular, a manifestar, a tener una religión o a participar. Todos son libres de ejercer esos derechos, por ello son de ejercicio facultativo, pero ello no implica que por ese "ejercicio facultativo" dejen de ser derechos ni ello excluye la obligación del Estado de garantizar y asegurar su ejercicio. La falta de aseguramiento y garantía por parte del Estado es la que acarrea una sanción, y es la nulidad del la acción u omisión del Estado, y nada tiene que ver eso con la falta de ejercicio por parte del ciudadano que efectivamente es libre.

VI

Pero la Sala Constitucional para formalizar el fraude a la Constitución y a la democracia "participativa y protagónica" que se pregona, recurrió a un segundo argumento, aún más absurdo y es el hecho de que supuestamente en el "procedimiento legislativo" establecido en el artículo 211 del Texto Constitucional, y el "procedimiento legislativo" para la emisión de decretos leyes, "el supuesto fáctico de la aplicación de la norma así como el sujeto pasivo difieren palmariamente entre ambos," cuando como se ha dicho, lo esencial de la norma no es el aspecto formal o procedimental sino el sustantivo relativo al derecho constitucional que consagra.

Con base en esa distinción formal, la Sala Constitucional, entonces consideró que la obligación establecida en el artículo 211 de la Constitución, supuestamente contiene un "imperativo" "dirigido al órgano legislativo de acuerdo con sus funciones naturales –formación de leyes–" siendo que en cambio, "el supuesto de la ley habilitante es un supuesto excepcional en el proceso legislativo."

Se olvidó así, sin embargo, la Sala Constitucional, de nuevo, que el texto del artículo 211 lo que establece en realidad es un derecho específico a la participación política de los ciudadanos en el proceso de formación de las leyes, siendo su esencia, por supuesto, el de la "participación" sea cual fuere la forma de emisión de las leyes, si mediante sanción parlamentaria o mediante emisión de un decreto ley. Lo importante y esencial en una democracia "participativa y protagónica" es el derecho a la participación, no los aspectos procedimentales que se regulen.

VII

Pero lo más insólito de la sentencia, fue la conclusión a la cual llegó la Sala después de argumentar erradamente que los ciudadanos supuestamente tienen derecho de participar en el procedimiento de formación de las leyes sólo cuando la ley la dicta la Asamblea Nacional, pero no cuando la dicta el Poder Ejecutivo mediante decreto ley, expresando, como lo hubiera hecho el personaje "Cantinflas," que:

"Lo anterior, no implica como erradamente se podría pretender que el Presidente de la República no está sujeto a la apertura de los mecanismos de participación cuando hace uso de las potestades legislativas previamente aprobadas, sino que en virtud de la excepcionalidad que implica la habilitación legislativa, el procedimiento de formación difiere estructural y funcionalmente del procedimiento en el órgano legislativo por lo que su incidencia varía en cuanto a su formación, no solo en cuanto a la representatividad de los funcionarios encargados de su discusión y aprobación sino en cuanto a los lapsos para su ejercicio; por lo que el ejercicio de dicho derecho se desarrolla en atención a uno de los principios fundamentales que rige el sistema democrático como es la publicidad."

Qué dijo o quiso decir la Sala Constitucional en este párrafo, realmente es indescifrable, pero no así la conclusión rotunda a la cual llegó a renglón seguido de dicho párrafo, sin fundamento alguno, en el sentido de que:

"visto que el procedimiento establecido en el artículo 211 de la Constitución de la República Bolivariana de Venezuela, *no podría ser exigido al Presidente de la República por carecer de especificidad el procedimiento de formación de leyes dentro del marco de una ley habilitante*".

O sea, que cuando se dictan leyes mediante decretos leyes en ejecución de una ley habilitante no hay "procedimiento de formación de las leyes," es decir, supuestamente se estaría dentro del "reino de la arbitrariedad," y los ciudadanos en "democracia participativa y protagónica" no podrían gozar ni ejercer su derecho constitucional de participar en el proceso de formación de la ley que los va a regir.

Ello, por supuesto, no tiene sentido alguno, pues el derecho a la participación ciudadana en materia de formación de las leyes es absoluto, sea cual fuere el procedimiento de formación de las mismas; de lo contrario, bastaría acudir a una ley habilitante y dictar decretos leyes para, en fraude a la Constitución, quitarle al ciudadano su derecho a participar.

VIII

La Sala Constitucional, sin embargo, en la sentencia, trató de seguir justificando el fraude a la Constitución, expresando que la "inaplicación" del derecho a la participación previsto en el artículo 211 de la Constitución, supuestamente

"deviene igualmente en cuanto al procedimiento de discusión ante la Cámara en el cual se maneja un proyecto legislativo, a diferencia de la presentación y promulgación de Decretos los cuales responden a una excepcionalidad o a una urgencia en cuanto a su realización, por ende, se aprecia que mal puede exigirse la aplicación del artículo 211 de la Constitución de la República Bolivariana de Venezuela" en el caso [del decreto ley impugnado de la ley Orgánica de la Administración Pública].

Ello, por supuesto, no tiene fundamento alguno en el texto de la Constitución de 1999, donde se reguló la delegación legislativa en sentido amplio, sin que necesariamente exista excepcionalidad, extra ordinariedad o urgencia alguna en la sanción de una ley habilitante. Recuérdese que el artículo 203 definió las leyes habilitantes como "las sancionadas por la Asamblea Nacional por las tres quintas partes de sus integrantes, a fin de establecer las directrices, propósitos y marco de las materias que se delegan al Presidente o Presidenta de la

República, con rango y valor de ley" fijando "el plazo de su ejercicio," y que el artículo 236.8 se limitó a indicar dentro de las atribuciones del Presidente de la República, el "dictar, previa autorización por una ley habilitante, decretos con fuerza de ley."[4] Es errado y falso el argumento de la Sala Constitucional, el cual que en cambio pudo ser válido en el marco de la Constitución de 1961, al tratar de establecer una distinción entre el "procedimiento legislativo" de formación de las leyes y el de la emisión de los decretos leyes que no existe en la Constitución de 1999, en el sentido de que estos últimos, supuestamente "responden a una excepcionalidad o a una urgencia en cuanto a su realización", lo cual no sólo no tiene fundamento constitucional, sino que nunca se ha invocado en la sanción de las múltiples leyes habilitantes que se han sancionado a lo largo de los últimos catorce años.

Pero además, al tratar de justificar lo injustificable, al Sala Constitucional llegó a argumentar que a pesar de que el decreto ley impugnado no se sometió a consulta popular como lo imponía el artículo 211 de la Constitución, violándose el derecho constitucional a la participación política, sin embargo, tal:

"derecho a la participación política no se vio conculcado o restringido en virtud que en función del conocimiento público y notorio de la promulgación de la Ley Habilitante los ciudadanos pueden presentar o formular proyectos sobre la discusión de las materias delegadas al Ejecutivo Nacional, para garantizar el ejercicio del derecho a la participación política."

El mismo errado y falso razonamiento lo repite la sentencia al indicar que "cuando se promulga dicha habilitación existe una notoriedad en cuanto a la potestad conferida" en razón de lo cual dijo la Sala, "la participación puede ser realizada por parte de las comunidades organizadas con la finalidad de formular propuestas y opiniones".

O sea, que sin que se lleguen a conocer por los ciudadanos los proyectos de decretos leyes a ser dictados en forma clandestina e inconsulta en ejecución de la ley habilitante, supuestamente el derecho a la participación política queda asegurado según la Sala, por el hecho de que al conocerse la sanción de una ley habilitante cualquiera puede presentar al Ejecutivo algún proyecto de ley para su aprobación. El argumento, por supuesto, no soporta análisis alguno, porque simplemente, el proyecto de ley emitido mediante decreto ley en ejecución de la ley habilitante nunca fue del conocimiento de los ciudadanos o de la sociedad organizada.

IX

Por último, debe mencionarse que en materia de derecho ciudadano a la participación política en relación con el ejercicio de potestades normativas por parte del Poder Ejecutivo, la obligación de consulta pública no sólo está establecida en el mencionado artículo 211 de la Constitución, que fue violado abiertamente en el caso del decreto ley impugnado en este caso de Ley Orgánica de la Administración Pública de 2008, sino en la propia Ley Orgánica de la Administración Pública desde que fue sancionada inicialmente en 2001. En efecto, en el

---

[4] Véase Allan R. Brewer-Carías, "El régimen constitucional de los Decretos Leyes y de los actos de gobierno" en *Bases y Principios del Sistema Constitucional Venezolano* (Ponencias del VII Congreso Venezolano de Derecho Constitucional realizado en San Cristóbal del 21 al 23 de noviembre de 2001), Asociación Venezolana de Derecho Constitucional, Universidad Católica del Táchira, San Cristóbal, 2002, pp. 25-74; y Las potestades normativas del Presidente de la República: los actos ejecutivos de orden normativo", en *Tendencias Actuales del Derecho Constitucional, Homenaje a: Jesús María Casal Montbrun* (Coordinadores: Jesús María Casal, Alfredo Arismendi A. y Carlos Luis Carrillo), Tomo I, Caracas 2007.

artículo 130 de dicha Ley se dispone que para la adopción de "normas reglamentarias o de otra jerarquía" por los órganos del Poder Ejecutivo, entre las cuales sin duda están los decretos leyes, éstos están obligados a "iniciar un proceso de consulta pública y remitir el anteproyecto a las comunidades organizadas," de tal importancia desde el punto de vista de la "democracia participativa y protagónica" que se pregona, al punto de que el artículo 140 de la misma Ley Orgánica dispone no sólo que el respectivo órgano del Poder Ejecutivo "no podrá aprobar normas para cuya resolución sea competente, ni remitir a otra instancia proyectos normativos que no sean consultados," sino que "las normas que sean aprobadas por los órganos o entes públicos o propuestas por éstos a otras instancias serán nulas de nulidad absoluta si no han sido consultadas según el procedimiento previsto" en la propia Ley Orgánica.

Esta obligación por supuesto, se aplicaba al decreto ley de reforma de la Ley Orgánica de la Administración Pública, pues estaba prevista en su texto desde 2001, razón por la cual es incomprensible que la Sala Constitucional haya considerado en su sentencia que habría "imposibilidad de aplicar el procedimiento establecido en la Ley Orgánica de la Administración Pública, por ser ésta la ley impugnada" cuando dicho procedimiento era obligatorio y estaba incluido en el texto de la Ley Orgánica desde 2001, siendo el decreto ley impugnado de 2008 sólo una reforma de dicha Ley.

X

En definitiva, la Sala Constitucional al concluir en su sentencia respecto del decreto ley impugnado, a pesar de que no fue sometido a consulta pública para asegurar la participación de los ciudadanos y de la sociedad organizada en el procedimiento de formación del mismo, como le exige la Constitución y la Ley Orgánica de la Administración Pública; que el mismo, sin embargo, supuestamente no habría contrariado "elementos esenciales de validez formal" previstos en la Constitución "referente a la violación del derecho a la participación política," lo que hizo fue formalizar el fraude a la Constitución, para eludir la obligación de garantizar la participación política, sujetando a dicha consulta solamente a las leyes sancionadas por la Asamblea Nacional, y excluyendo de la misma a leyes sancionadas por el Poder Ejecutivo en ejecución de una delegación legislativa, incluso si en la practica, estas últimas son las más numerosas en los últimos quince años de vigencia de la Constitución. Con ello, en definitiva, lo que ha hecho la Sala Constitucional es dictar la sentencia de muerte a la llamada "democracia participativa y protagónica," al negarle a los ciudadanos y a la sociedad organizada el derecho de participar en el proceso de formación de las leyes que le van a ser aplicadas, cuando se dicten mediante decretos leyes, que por lo demás, son la mayoría.

LA REVOCACIÓN DEL MANDATO POPULAR DE UNA DIPUTADA A LA ASAMBLEA NACIONAL POR LA SALA CONSTITUCIONAL DEL TRIBUNAL SUPREMO, DE OFICIO, SIN JUICIO NI PROCESO ALGUNO
(*El caso de la Diputada María Corina Machado*)

Allan R. Brewer-Carías
Profesor de la Universidad Central de Venezuela

Resumen: *Este comentario tiene por objeto analizar el significado y alcance de la sentencia Nº 207 de 31 de marzo de 2014, de la Sala Constitucional, mediante la cual luego de declarar inadmisible un amparo en protección de la diputada María Corina Machado contra las amenazas del Presidente de la Asamblea Nacional de eliminarle su carácter de diputado, el Tribunal Supremo de Justicia violando el principio democrático, en un obiter dictum, le revocó el mandato a la misma por haber expuesto sobre la situación de Venezuela en el Consejo Permanente de la Organización de Estados Americanos, desde el asiento del representante de Panamá.*

Palabras Clave: *Asamblea Nacional. Diputados; Mandato Popular. Revocación; Principio democrático.*

Abstract: *This comment has the purpose of analyzing the sense and scope of the Constitutional Chamber decision Nº 207 of March 31, 2014, by which the Supreme Tribunal, after declaring inadmissible an injunction filed to protect the representative María Corina Machado against the threats made by the President of the National Assembly to deny his condition as representative, violated the democratic principle, and proceed to revoke her popular mandate because her intervention explaining the situation of Venezuela in he Permanent Council of the Organization of American States, from the chair of the representative of Panamá.*

Key words: *National Assembly. Representatives. Popular Mandate. Revocation; Democratic Principle.*

I. LA ELECCIÓN POPULAR DE LOS DIPUTADOS Y LA EXCLUSIVA REVOCACIÓN POPULAR DE SU MANDATO

Conforme a lo establecido en la Constitución, los diputados que integran la Asamblea Nacional en Venezuela, que son electos por el pueblo mediante sufragio universal directo y secreto conforme a sus artículo 63 y 186 de la Constitución, "son representantes del pueblo y de los Estados en su conjunto, no sujetos a mandatos ni instrucciones, sino sólo a su conciencia" (art. 201), por lo que su voto en la Asamblea "es personal" (art. 201). Dado su origen popular, su mandato sólo puede ser revocado por el mismo pueblo que lo eligió en la "circunscripción" respectiva, como también lo indica el artículo 197 de la Constitución, siguiendo para ello las previsiones del artículo 72 de la misma, donde se regulan los referendos revocatorios de mandatos de elección popular.

Estas referidas normas regulan parte de la esencia del principio democrático en la Constitución, con las consecuencias de que: *primero*, el origen democrático de la elección popular de un diputado implica que su mandato sólo puede revocarse por el mismo voto del pueblo que lo eligió; y *segundo*, que los diputados, electos por el pueblo, conforme a los dictados de su conciencia, deben actuar en beneficio de los intereses del pueblo, atendiendo a las opiniones y sugerencias de los electores, ante quienes deben dar cuenta de su gestión (art. 197). En sus atribuciones, como se indicó, los diputados no están sujetos a mandatos ni a instrucciones de ninguna naturaleza, ni de partidos, ni de bloques o fracciones parlamentarias, ni de directiva alguna del parlamento, ni de lo que decida el Ejecutivo Nacional o cualquier otro órgano de cualquier otro poder del Estado. Sólo están sujetos a su conciencia en lo que estimen es lo que beneficia a los intereses del pueblo.

Estas disposiciones constitucionales fueron desconocidas por la Sala Constitucional del Tribunal Supremo de Justicia, mediante sentencia N° 207 de 31 de marzo de 2014,[1] a través de la cual declaró inadmisible una demanda intentada por dos concejales del Municipio Baruta del Estado Miranda (*José Alberto Zambrano García y David Ascensión*), negándoles su legitimación activa para accionar en defensa de "intereses colectivos o difusos" que habían formulado contra el Presidente de la Asamblea Nacional Sr. Diosdado Cabello, por la usurpación de funciones y vías de hecho en que había incurrido al eliminarle el día 24 de marzo de 2014, sin tener competencia para ello, el carácter de diputado a la diputada María Corina Machado, es decir, pretender revocarle su mandato, porque ésta habría acudido en tal carácter de diputada a exponer en la reunión del Consejo Permanente de la Organización de Estados Americanos del día 21 de marzo de 2014, sobre la situación política de Venezuela, como su conciencia le exigía en representación del pueblo que la eligió, siendo para ello acreditada por la representación de Panamá.

En efecto, la Sala, después de desestimar la demanda por considerar que los concejales que la habían intentado carecían de la cualidad necesaria para ello, en lugar archivar el expediente (que era lo que correspondía), "aprovechó la ocasión" para, de oficio, –es decir, sin que nadie se lo pidiera–, "interpretar" el artículo 191 de la Constitución –mal interpretado, por cierto–, y de paso, pronunciarse, pero cuidándose de no "decidir" sobre la pérdida de la investidura de la diputada María Corina Machado, sobre lo cual afirmó que su mandato popular había quedado revocado "de pleno derecho"; y todo ello sin debido proceso alguno, es decir, sin juicio ni pruebas, y sin siquiera oír a la diputada garantizándole el derecho a la defensa. Como si ello no fuera suficiente, la Sala Constitucional no decidió lo que realmente se le había requerido por los concejales demandantes y era que, como lo afirmaron en su libelo, el Diputado Cabello había incurrido "en usurpación de funciones, la violación del debido proceso y el menoscabo de los derechos políticos de los ciudadanos del Municipio Baruta y de todos los ciudadanos venezolanos," al haber anunciado "el día 24 de marzo al país, que haría cesar en sus funciones a la Diputada María Corina Machado por su participación en la Organización de Estados Americanos, lo cual fue ratificado en el día de ayer 25 de marzo, retirándola de la nómina de parlamentarios."

Para no decidir lo que se le había pedido que era declarar que el Presidente de la Asamblea Nacional había incurrido en arbitrariedad y abuso de poder, y para no proteger al mandato popular de la diputada María Corina Machado, lo que hizo la Sala Constitucional

---

[1]   Véase en http://www.tsj.gov.ve/decisiones/scon/marzo/162546-207-31314-2014-14-0286.HTML Véase además en *Gaceta Oficial* N° 40385 de 2 de abril de 2014.

fue avalar lo que aquél había dicho para despojar a la diputada Machado de su curul parlamentaria, afirmando, cínicamente, que actuaba así:

> "como máxima autoridad de la Jurisdicción Constitucional, siendo la garante de la supremacía y efectividad de las normas y principios constitucionales, y máximo y último intérprete de la Constitución, [por lo que] le corresponde velar por su uniforme interpretación y aplicación, tal como lo dispone el artículo 335 constitucional, tiene el deber de interpretar el contenido y alcance de las normas y principios constitucionales, y por ello, si bien puede declarar inadmisible una demanda como la planteada en el caso de autos, también puede, para cumplir su función tuitiva y garantista de la Constitución, como norma suprema conforme lo expresa su artículo 7, analizar de oficio la situación de trascendencia nacional planteada, que tal y como se ha indicado, y así fue planteado en el escrito *"afecta la institucionalidad democrática"*.

Lo cierto es que la Sala Constitucional, si bien podría entrar a analizar de oficio una "situación de trascendencia nacional" *en el curso de un juicio*, la verdad es que no tenía ni tiene competencia alguna para pretender iniciar de oficio un proceso constitucional, así fuera el de interpretación de la Constitución,[2] fuera de un proceso en curso o que ya ha concluido, así fuera con la excusa de analizar una "situación de trascendencia nacional," que sólo podría iniciarse a petición de parte interesada, como la propia Sala lo tiene establecido; y ello no cambia al auxilio del artilugio o subterfugio al que recurrió la Sala para pretender revestir de "legalidad" su actuación, de aprovechar el "expediente" de un proceso terminado formalmente (al haberse declarado inadmisible la demanda que había sido intentada), para pasar, con la excusa de interpretar el artículo 191 de la Constitución, a revocarle el mandato popular a una diputado para lo que no tiene competencia.

En realidad, con la sentencia que se comenta, lo que se puso en evidencia fue que la Sala Constitucional ya tenía instrucciones o sugerencias de decidir revocarle el mandato a la diputada Machado de inmediato, con o sin proceso, antes del día martes 1º de abril de 2014, para cuando estaba anunciada movilización en Caracas para acompañar a la diputado Machado a la Asamblea Nacional a incorporarse en sus sesiones, a los efectos de que para ese momento la diputada Machado ya no fuera "formalmente" diputado. El Presidente de la Asamblea Nacional ya la había despojado de hecho de su mandato popular;[3] quien ejerce como

---

[2]   Véase sobre los poderes de actuación de oficio del Tribunal Supremo de Justicia, en Allan R. Brewer-Carías, "Régimen y alcance de la actuación judicial de oficio en materia de justicia constitucional en Venezuela", en *Estudios Constitucionales. Revista Semestral del Centro de Estudios Constitucionales,* Año 4, Nº 2, Universidad de Talca, Santiago, Chile 2006, pp. 221-250. Publicado también en *Crónica sobre la "In" Justicia Constitucional. La Sala Constitucional y el autoritarismo en Venezuela,* Colección Instituto de Derecho Público. Universidad Central de Venezuela, Nº 2, Editorial Jurídica Venezolana, Caracas 2007, pp. 129-159

[3]   Como en efecto lo reportó la agencia EFE sobre lo dicho por Cabello: "Caracas. EFE.- El presidente de la Asamblea Nacional (Congreso unicameral) de Venezuela, Diosdado Cabello, informó este lunes que se le retiró la inmunidad parlamentaria a la diputada opositora María Corina Machado y que pedirá que sea juzgada por traición a la patria. Cabello dijo a periodistas que solicitará al Ministerio Público investigar si Machado cometió el delito de traición a la patria, por su participación en una sesión de embajadores de la Organización de Estados Americanos (OEA)." En efecto, el Presidente de la Asamblea Nacional, expresó según fue reseñado por Globovisión: "Cabello explicó que Machado violó el artículo 191 y el 149 de la Carta Magna, este último se refiere a la autorización a funcionarios públicos para aceptar cargos, honores o recompensas de gobiernos extranjeros..", "Hay que sumarle a la investigación (el delito de) tradición a la patria", dijo Cabello, / Aclaró que ya no hace falta allanarle la inmunidad parlamentaria a Machado "porque según el artículo 191, según este nombramiento (por parte de Panamá), y según sus actuaciones y acciones la señora Machado dejó de ser diputada"./ El presidente

Presidente de la República, ya la había calificado como "ex diputada,"[4] y la propia Presidenta del Tribunal Supremo ya había anunciado formalmente por dónde vendría la actuación de la Sala Constitucional, al declarar en la televisión el domingo 30 de marzo de 2014, que:

> "obviamente tiene consecuencias jurídicas" que la parlamentaria María Corina Machado haya "aceptado un destino diplomático en un país extranjero", pero indicó que era necesario esperar el pronunciamiento del Máximo Tribunal sobre ese tema.

> Hemos tenido noticia por la prensa en el sentido de que ella en la condición de diputada habría aceptado un destino diplomático en un país extranjero. Obviamente tiene consecuencias jurídicas pero preferimos hacer el estudio, y de manera formal pronunciarnos en el Tribunal Supremo, esto no es una conclusión, es necesario esperar el pronunciamiento del Tribunal Supremo de Justicia."[5]

Las "consecuencias jurídicas, por supuesto ya estaban establecidas, de manera que al día siguiente se publicó la sentencia que comentamos, con ponencia conjunta de todos los magistrados para que no cupiera duda de su colusión, pero no sin antes aclarar la propia Presidenta del Tribunal Supremo, en el mismo programa de televisión donde ya anunciaba la "justicia" que iba a impartir, que en Venezuela:

> "Hoy en día contamos con un Poder Judicial autónomo, independiente, apegado en sus actuaciones a la Constitución y a las leyes de manera irrestricta y haciendo cumplir la voluntad del pueblo; es al pueblo al que nos debemos, estamos allí haciéndole llegar al colectivo la seguridad que cuenta con un Poder Judicial cuyas decisiones dependen solamente del bien común, de lo que les beneficie, por cuanto esa es la misión, ese es el mandato que tenemos constitucional y legalmente."[6]

---

del Parlamento anunció que Machado no tendrá más acceso al Hemiciclo "por lo menos, en este periodo". "No tienen acceso porque ella ya no es diputada", recalcó Véase "Cabello: Por el artículo 191 de la Constitución, María Corina machado "dejó de ser diputada", *Globovisión,* 24 de marzo de 2014, en http://globovision.com/articulo/junta-directiva-de-la-an-anuncia-rueda-de-prensa

4   Véase lo expresado por Nicolás Maduro: Primero: "El Presidente calificó a María Corina Machado de "exdiputada" y rechazó las intenciones de la parlamentaria de presentarse en la reunión de la Organización de Estados Americanos (OEA) que se realizó este viernes en Washington," en reseña de Alicia de la Rosa, *El Universal,* 23 de marzo de 2014, en http://www.eluniver-sal.com/nacional-y-politica/140323/maduro-califico-a-maria-corina-machado-de-exdiputada. Segundo: "Exdiputada", la llamó el presidente Nicolás Maduro el sábado, pero ayer el coordinador de la fracción del PSUV, Pedro Carreño, citó la Constitución para argumentar que Machado estaría fuera del Parlamento. "El Artículo 191 de la Constitución señala: 'Los diputados o diputadas a la AN no podrán aceptar o ejercer cargos públicos sin perder su investidura'. Machado es delegada de Panamá en OEA," en la reseña sobre "Presumen despojo de inmunidad de Machado", *La Verdad,* 24 de marzo de 2014, en http://www.laverdad demonagas.com/noticia.php?ide=25132. Tercero: "Nicolás Maduro, indicó que "la exdiputada María Corina Machado la nombraron embajadora de la Organización de Estados Americanos, de un gobierno extranjero, se convirtió en funcionaria para ir a mal poner a Venezuela, a pedir la intervención", Reseña de M.C. Henríquez, "Maduro: "La exdiputada de la AN, María Corina Machado fue a mal poner a Venezuela," 22 de marzo de 2014, en http://noti-cias24carabobo.com/actualidad/noticia/38925/maduro-la-exdiputada-de-la-an-maria-corina-machado-fue-a-mal-poner-a-venezuela/

5   Véase la reseña de lo que expresó durante el programa *José Vicente Hoy*, transmitido por Televen, publicado por @Infocifras, 31 de marzo de 2014, en http://cifrasonlinecomve.wordpress. com/2014/03/30/presidenta-del-tsj-actuacion-de-machado-tiene-consecuencias-juridicas/

6   Véase la Nota de Prensa del Tribunal Supremo de Justicia: "Aseguró la Presidenta del Tribunal Supremo de Justicia: Contamos con un Poder Judicial autónomo, independiente y apegado a la Constitución y las leyes", 30 de marzo de 2014, en http://www.tsj.gov.ve/informacion/notasdeprensa/notasdeprensa.asp?codigo=11797 Debe destacarse que la Presidenta del Tribunal, afirmó que el Poder

Pero no! En este caso, como resulta de las propias expresiones públicas de la Presidenta del Tribunal Supremo de Justicia el día antes de tomar la decisión revocándole inconstitucionalmente el mandato a la diputada Machado, en lugar de quedar "patente" que el Tribunal actuaría con independencia (teniendo en cuenta que la independencia judicial es cuando un tribunal actúa sólo sometido a la Constitución y a la ley), lo que quedó "patente" fue lo que la misma funcionaria dijo en el antes indicado programa de televisión, en el sentido de que el Tribunal actuaría:

"dando cumplimiento al principio de colaboración entre los Poderes, abogamos por los fines esenciales del Estado trabajando de manera coordinada, de manera armónica, con los demás Poderes del Estado."[7]

Es decir, había una decisión tomada entre todos los poderes del Estado para actuar de manera coordinada y en colaboración, de manera de arrebatarle en breve tiempo y sin debido proceso, pero con apariencia de legalidad (es decir, con auxilio de una decisión judicial), el mandato popular a una diputada a la Asamblea Nacional (que si es representante del pueblo). Esa era la "consecuencia jurídica" de la aplicación del artículo 191 de la Constitución a las actuaciones de la Diputado Machado, que la Presidenta del Tribunal Supremo había anunciado, y que operaba –dijo–:

"*de pleno derecho*, ante la aceptación de una representación alterna de un país, indistintamente a su tiempo de duración, ante un órgano internacional por parte de la ciudadana María Corina Machado, quien estaba desempeñando su cargo de diputada a la Asamblea Nacional, lo cual constituye una actividad incompatible durante la vigencia de su función legislativa en el período para el cual fue electa, pues esa función diplomática no solo va en desmedro de la función legislativa para la cual fue previamente electo o electa, sino en franca contradicción con los deberes como venezolana (artículo 130 constitucional) y como Diputada a la Asamblea Nacional (artículo 201 *eiusdem*)."[8]

Esto, que se anunció en la Nota de Prensa del Tribunal Supremo, es precisamente el texto del párrafo final de la sentencia dictada en el "caso" Nº 207 de 31 de marzo de 2014, la cual, sin duda, para los anales de la justicia, o de la "in" justicia en Venezuela, amerita unos comentarios jurídicos más detallados.

II.   SOBRE LA DECLARATORIA DE INADMISIBILIDAD DE LA DEMANDA POR CARECER LOS DEMANDANTES DE LEGITIMACIÓN PARA REPRESENTAR INTERESES COLECTIVOS Y DIFUSOS EN DEFENSA DEL PRINCIPIO DEMOCRÁTICO Y EN CONTRA DEL ABUSO DE PODER DEL PRESIDENTE DE LA ASAMBLEA NACIONAL

La demanda intentada en el caso concreto en el cual, de paso, como *obiter dictum* pero *decisorum*, la Sala Constitucional formalizó la inconstitucional revocatoria del mandato de

---

Judicial era una institución que supuestamente tiene la misión de "cumplir la voluntad del pueblo," como si se tratase de un órgano electo popularmente, lo cual no es cierto. El Poder Judicial y el Tribunal Supremo imparten justicia, y actúan "en nombre de la República y por autoridad de la ley" como lo expresa el artículo 253 de la Constitución, siendo su misión la de impartir justicia, única y exclusivamente aplicando la Constitución y las leyes de la República.

[7]   *Idem*.

[8]   Véase la *Nota de* Prensa del Tribunal Supremo de Justicia, de 31 de marzo de 2014: "Operó de pleno derecho. Tribunal Supremo de Justicia se pronuncia sobre la pérdida de la Investidura de la diputada María Corina Machado," en http://www.tsj.gov.ve/informacion/notasdeprensa/ notasdeprensa.asp?codigo=11799

diputado de María Corina Machado, fue intentada el día 26 de marzo de 2014, por dos concejales del Municipio Baruta del Estado Miranda en su condición de "concejales y ciudadanos"
por "intereses difusos y colectivos contra el Presidente de la Asamblea Nacional Diputado
Diosdado Cabello" por haber incurrido, éste, en *"una vía de hecho contra la Diputada"* revocándole su mandato popular, vulnerándose "de este modo nuestros derechos de participación en el sufragio directo de nuestros representantes," siguiendo la misma línea de contenido
que tuvieron las demandas que habían dado lugar a sendas sentencias del Tribunal Supremo
de Justicia, de condena y encarcelamiento de Alcaldes por concepto de un supuesto delito de
desacato a mandamientos cautelares de amparo del Tribunal Supremo que se habían dictado
días antes.[9]

Los demandantes, en efecto hicieron mención al hecho de que el Diputado Diosdado
Cabello Presidente de la Asamblea, el día 24 de marzo de 2014 había anunciado al país,

> "que haría cesar en sus funciones a la Diputada María Corina Machado por su participación
> en la Organización de Estados Americanos, lo cual fue ratificado en el día de ayer 25 de
> marzo, retirándola de la nómina de parlamentarios, con lo cual incurrió en usurpación de
> funciones, la violación del debido proceso y el menoscabo de los derechos políticos de los
> ciudadanos del municipio Baruta y de todos los ciudadanos venezolanos".

Concluyeron su demanda los concejales solicitando de la Sala que ordenase al Presidente de la Asamblea Nacional, "permitir la entrada a la Asamblea Nacional a la Diputada María
Corina Machado con todos los poderes inherentes a su cargo, y así poner fin a esta gravísima
situación que atenta contra la institucionalidad democrática y contra los derechos políticos de
los electores del Municipio Baruta".

Tremenda sorpresa que los demandantes debieron haberse llevado, cuando al ir a clamar
justicia ante el máximo Tribunal de la República en defensa de intereses colectivos y difusos
como electores, contra la arbitrariedad del Presidente de la Asamblea Nacional y en defensa
del mandato popular de la diputada María Corina Machado, electa con abrumadora mayoría
en el Municipio Baruta, donde los concejales demandantes actúan; se encontraron con que
ese Tribunal no sólo declaró inadmisible su demanda, sino que con la sentencia dictada produjo el efecto que los demandantes buscaban evitar, ahorrándole al Presidente de la Asamblea Nacional la necesidad de incurrir en una inconstitucionalidad más, al decidir además el
propio Tribunal, la revocación del mandato de la diputada Machado, con la excusa de que "de
pleno derecho", es decir, supuestamente sin que nadie tenga que resolverlo, había perdido su
investidura, por haber aceptado que se la acreditara en la OEA, en la representación de Panamá, para hablar como diputada venezolana, sobre la situación política venezolana.

La declaratoria de inadmisibilidad de la demanda intentada (y con razón cualquiera se
puede preguntar, ¿Cómo, si se declaró inadmisible la demanda, se podía resolver algo que
además era distinto y contrario a lo que los demandantes solicitaron?), se basó en dos precedentes anteriores a los que hizo referencia la sentencia:

Primero, la sentencia N° 656 de 30 de junio de 2000 (caso: *Defensoría del Pueblo* vs.
Comisión Legislativa Nacional) en la que la Sala, si bien admitió que los particulares pueden
accionar en protección de los intereses difusos o colectivos, precisó que "dentro de la estructura del Estado":

---

9   Véase las *Notas de Prensa* sobre estas sentencias en http://www.tsj.gov.ve/informacion/notas
deprensa/notasdeprensa.asp?codigo=11777 y http://www.tsj.gov.ve/informacion/notasdeprensa/notasde-
prensa.asp?codigo=11768.

"sólo la Defensoría del Pueblo puede proteger a las personas en materia de intereses colectivos o difusos, no teniendo tal atribución (ni la acción), ni el Ministerio Público (excepto que la ley se la atribuya), ni los Alcaldes, ni los Síndicos Municipales, a menos que la ley se las otorgue."

Segundo, la sentencia Nº 1395 del 21 de noviembre de 2000, sobre los sujetos autorizados "para reclamar la tutela efectiva de los derechos e intereses colectivos," ratificando que en la estructura del Estado "sólo la Defensoría del Pueblo tenía la potestad," agregando que también podrían actuar:

"una pluralidad de organizaciones con personalidad jurídica, cuyo objeto esté destinado a actuar en el sector de la vida donde se requiere la actividad del ente colectivo, y que –a juicio del Tribunal– constituya una muestra cuantitativamente importante del sector".

Agregó además, la Sala Constitucional en relación con los sujetos privados, que también los ciudadanos podrían actuar en sede judicial y solicitar la tutela efectiva de los derechos e intereses colectivos, pero que:

"tales actuaciones podían ser adelantadas por organizaciones sociales con o sin personalidad jurídica, o por individuos que acrediten debidamente en qué forma y medida ostentan la representación de al menos un sector determinado de la sociedad y cuyos objetivos se dirijan a la solución de los problemas de comunidad de que se trate."

De ello concluyó la Sala en dicha sentencia, que "es a dichas organizaciones o actores sociales, a los que corresponde, solicitar ante esta Sala Constitucional, la tutela judicial efectiva de los derechos o intereses colectivos de rango constitucional.".

Con base en todo ello, sin embargo, la Sala Constitucional, a pesar de que reconoció que los accionantes en el caso habían aducido actuar "afectados en este caso," sin embargo, dijo que en los alegatos o documentos del escrito no constaba:

"que sus propios intereses estén lesionados con la actuación indicada como lesiva proveniente del Presidente de la Asamblea Nacional, lo cual los hace carecer de cualidad para intentar una acción en protección de sus intereses particulares.

Por ello declaró inadmisible la demanda, por ausencia de legitimación, a pesar de que en otras demandas intentadas con legitimación similar por otros ciudadanos contra diversos alcaldes, por intereses colectivos o difusos, la Sala si encontró que había la legitimación activa necesaria.

En todo caso, para "reforzar" su rechazo a admitir la demanda, la Sala también se refirió al hecho de que los demandantes hubiesen invocado su condición de "concejales municipales" del Municipio Baruta, indicando que además de que actuaban a título personal como ciudadanos, lo hacían "...en representación y a nombre de la mayoría de los ciudadanos electores del municipio Baruta y en defensa de los intereses colectivos del resto de los habitantes del municipio Baruta", lo cual le fue negado por la Sala, argumentando que no constaba en autos "documento alguno del cual pueda desprenderse que se les ha atribuido la representación que dicen tener de la mayoría de los habitantes de ese Municipio, que están o se podrían ver afectados por la denunciada vía de hecho proveniente del Presidente de la Asamblea." Agregó además la Sala, que menos aún constaba en el expediente que tuvieran "la representación del órgano legislativo municipal del cual son miembros," con lo cual la Sala, adicionalmente, resolvió que no estaban "legitimados para actuar en protección de los intereses colectivos que dicen representar", y declaró "*inadmisible*" la presente acción."

En esta forma, la Sala Constitucional declaró inadmisible la demanda intentada en contra las vías de hecho cometidas por el Presidente de la Asamblea Nacional y en defensa del mandato popular de la diputada Machado, frente a la pretensiones de aquél de revocarle el mandato a ésta, para lo cual no tenía competencia, a pesar de que hubiera "concierto" en el propósito con los órganos de los otros Poderes del Estado.

III. LA DECISIÓN DEL TRIBUNAL SUPREMO, ADOPTADA DE OFICIO, MEDIANTE UN *OBITER DICTUM*, SIN JUICIO NI PROCESO, QUE DESPOJÓ DE SU MANDATO POPULAR A LA DIPUTADA MARÍA CORINA MACHADO

En todo caso, la consecuencia de declarar inadmisible una demanda por falta de legitimación del demandante, es que una vez rechazada la cualidad para demandar, el juicio que se pretendía iniciar no puede iniciarse, y el expediente que se abrió para considerarla, simplemente debe archivarse. Declarada inadmisible una demanda, ya no puede haber "proceso," "causa" o "juicio" alguno. Es decir, no puede haber juicio y menos puede haber una sentencia distinta a la que decide la inadmisibilidad, ni esta puede tener un contenido distinto al fijado en la pretensión del demandante.[10]

Pero no!. En Venezuela, y no es esta la primera vez, la Sala Constitucional ha "inventado" contra todo principio elemental de la justicia constitucional, que luego de declarar inadmisible una demanda, puede de oficio decidir otros asuntos que nadie le ha planteado, ni solicitado. Es de antología el caso de la decisión de inadmisibilidad de una acción de nulidad contra unos artículos de la Ley de Impuesto sobre la Renta, en la cual, luego de declarar inadmisible la acción por falta de legitimación de los actores, de oficio, la Sala "aprovechó" la oportunidad para "reformar" el artículo 31 de la misma relativo a la renta neta presuntiva de los trabajadores asalariados, que ni siquiera había sido de los impugnados.[11]

Pues bien, en el caso de la sentencia N° 207 nos encontramos con una situación similar, pero más grave, pues declarada sin lugar una demanda intentada en protección de intereses difusos o colectivos, la Sala procedió a "iniciar" un proceso constitucional de interpretación de la Constitución, sin proceso alguno, y "de paso" le revocó el mandato popular a una diputada, sin siquiera haber oído sus argumentos. Tan simple como eso.

---

[10]   Como lo ha dicho la profesora María Amparo Grau, con su conocida experiencia como juez y Presidenta que fue de la Corte Primera de lo Contencioso Administrativo en Venezuela: "Una regla básica del derecho procesal es que al producirse la inadmisibilidad de la acción propuesta termina la labor del juez y éste no puede realizar ningún otro pronunciamiento. Inadmisible, no admite peros. Inadmisible en el derecho procesal significa que no hay proceso porque no hay acción. La función jurisdiccional, es decir, la función de decidir un caso concreto mediante la aplicación del derecho, requiere de una acción. Salvo en los casos de la actividad de control político de ciertos actos, la Sala Constitucional no puede decidir nada si no hay una acción debidamente admitida, que da inicio al proceso. De manera que inadmisible la acción nada puede el Juez agregar sobre el tema *decidendum*." Véase en María Amparo Grau, "La sentencia política del TSJ: Inadmisible, pero…", publicado en *Badell & Grau*, disponible en http://www.ba-dellgrau.com/?pag=37&ct=1458

[11]   Véase la sentencia de la Sala Constitucional, N° 301 de 27 de febrero de 2007, (Caso: *Adriana Vigilanza y Carlos A. Vecchio*), (Expediente N° 01-2862), en *Gaceta Oficial* N° 38.635 de fecha 01-03-2007. Véanse los comentarios en Allan R. Brewer-Carías, "El juez constitucional en Venezuela como legislador positivo de oficio en materia tributaria", en *Revista de Derecho Público*, N° 109 (enero – marzo 2007), Editorial Jurídica Venezolana, Caracas 2007, pp. 193-212; y "De cómo la Jurisdicción constitucional en Venezuela, no sólo legisla de oficio, sino subrepticiamente modifica las reformas legales que "sanciona", a espaldas de las partes en el proceso: el caso de la aclaratoria de la sentencia de Reforma de la Ley de Impuesto sobre la Renta de 2007, *Revista de Derecho Público*, N° 114, Editorial Jurídica Venezolana, Caracas 2008, pp. 267-276.

Debe recordarse que la expresión latina *obiter dictum*, que significa literalmente "dicho de paso" o "dicho de pasada," normalmente se refiere a argumentos que se exponen por el juez fuera de la decisión concreta del caso, pero que la corroboran, y que por ello, al no formar parte de la decisión, no son ni vinculantes ni obligatorias para las partes ni para el caso. Sin embargo, en la modalidad inventada por la Sala Constitucional, sus *obiter dicta* con frecuencia se convierten en verdaderas sentencias adicionales a la que se dictan en determinados casos, con los cuales se resuelven otros asuntos, en general de oficio, pero sin debido proceso alguno, es decir, a escondidas, en la oscuridad de los cubículos del tribunal, sin que nadie se entere hasta que se publica la sentencia. Sorpresa!! Casi como por arte de magia, pero maligna !! Pero sin embargo, usando argumentos o informaciones del expediente ya cerrado.

Así, en este caso, la Sala procedió a decidir sobre otras cosas distintas a las planteadas en la demanda, y en particular, sobre una "pretensión" de interpretación constitucional sobre el sentido y alcance del artículo 191 de la Constitución, artículo que ni siquiera se citó en la demanda que dio inicio al expediente.[12] Pero por supuesto, frente a esas "formalidades" quizás privaba la instrucción que había de "cooperación" con los otros poderes del Estado, como lo destacó la Presidenta del Tribunal Supremo, sobre la "consecuencia jurídica" de la aplicación del artículo 191 de la Constitución en relación con las actuaciones de la diputado Machado. Por ello, la Sala Constitucional, "no obstante" la declaratoria de inadmisibilidad de la demanda, pasó entonces a decidir otra cosa partiendo de la consideración de que la situación planteada "en el presente caso" era de "trascendencia nacional," como si el "caso" siguiese en "proceso" y sin darse cuenta que ya estaba concluido con la decisión de inadmisibilidad. La mencionada "trascendencia nacional" derivaba, como lo afirmó la Sala, de que se trataba de "un asunto relacionado con la alegada pérdida de la investidura de una Diputada a la Asamblea Nacional." En realidad, los demandantes nada habían "alegado" sobre ello, y al contrario, lo que habían hecho había hecho era rechazar la actuación arbitraria y usurpadora del Presidente del Poder Legislativo Nacional, que pretendía despojar a una diputada de su mandato popular. Así, lo que se solicitó de la Sala Constitucional fue que:

> "ordene al Presidente de la Asamblea Nacional, Diputado Diosdado Cabello Rondón, permitir la entrada a la Asamblea Nacional a la Diputada María Corina Machado con todos los poderes inherentes a su cargo, y así poner fin a esta gravísima situación que atenta contra la institucionalidad democrática y contra los derechos políticos de los electores del Municipio Baruta."

De allí en realidad fue que la Sala invocó sus poderes de "máximo y supremo intérprete de la Constitución," que advirtió, *"no decae porque se declare inadmisible la acción,"* pero no para aplicar la Constitución, sino para distorsionarla, dándose la Sala Constitucional, a sí misma, carta blanca para decidir mediante "decisiones jurisdiccionales," lo que quiera y cuando quiera, sólo invocando tal carácter. En este caso, a lo que procedió la Sala, fue a:

> "analizar lo relativo al ejercicio de la función pública legislativa, y las disposiciones constitucionales que la regulan, esto es, hacer una *interpretación en beneficio de la Constitución,* y del Estado democrático y social de Derecho y de Justicia que propugna la misma en su artículo 2."

Sin que se sepa en el mundo del control de la constitucionalidad en el derecho comparado, qué puede entenderse por una "interpretación *en beneficio* de la Constitución" (no puede

---

[12]   Al menos, así se deduce de la narrativa de la sentencia, cuando glosa la demanda y los argumentos de los demandantes.

haber interpretación *válida* "en perjuicio" de la Constitución),[13] la Sala comenzó por analizar el artículo 186 de la Constitución, sobre la forma de elección de los diputados, y el ejercicio del cargo de diputado, como medio de participación política del pueblo. Sobre la materia, sin embargo, la Sala no mencionó siquiera el contenido del artículo 201 de la Constitución que declara a los diputados como "representantes del pueblo y de los Estados en su conjunto," pasando más bien a referirse al artículo 191 de la misma Constitución para concluir en que conforme al mismo, "de pleno derecho" la diputada Machado había "perdido su investidura" de diputado.

La Sala Constitucional aplicó incorrecta e indebidamente dicha norma al caso de la diputada Machado, pues para que su texto tuviese "consecuencias jurídicas" habría sido necesario que un diputado aceptase o ejerciera "cargos públicos," se entiende, dentro del Estado venezolano,[14] a dedicación exclusiva, y en cualquiera de los órganos de los poderes del Estado.

IV. EL SENTIDO DEL ARTÍCULO 191 DE LA CONSTITUCIÓN SOBRE LA PÉRDIDA DE LA INVESTIDURA DE LOS DIPUTADOS EN EL MARCO DEL SISTEMA DE SEPARACIÓN DE PODERES Y DEL SISTEMA PRESIDENCIAL DE GOBIERNO

El artículo 191 de la Constitución, mencionado en la sentencia, y cuyas consecuencias jurídicas fueron la que se aplicaron "de pleno derecho" a la diputado Machado, en efecto establece lo siguiente:

Artículo 191. Los diputados o diputadas a la Asamblea Nacional no podrán aceptar o ejercer cargos públicos sin perder su investidura, salvo en actividades docentes, académicas, accidentales o asistenciales, siempre que no supongan dedicación exclusiva.

Esta norma, que ha sido tradicional en el constitucionalismo histórico de Venezuela, encontró su primera expresión en la Constitución de 1830 en la cual se dispuso que:

"*Art. 82.* El ejercicio de cualquier otra función pública es incompatible durante las sesiones con las de representante y Senador."

Luego, a partir de la Constitución de 1858, la norma encontró el sentido de la regulación que se refleja en la norma actual, al establecerse la "consecuencia jurídica" derivada de la prohibición, al disponer que:

"*Art. 45.* Los Senadores y Diputados no podrán aceptar destino alguno de libre elección del Poder Ejecutivo, con excepción de las Secretarías del despacho, empleados diplomáticos y mandos militares en tiempo de guerra; pero la admisión de estos empleos deja vacante los que ocupen en las Cámaras."

Por tanto, históricamente, en el constitucionalismo venezolano, con la sola excepción de la Constitución de 1947 (art. 147), la previsión constitucional del artículo 191 de la Constitución de 1999 ha derivado de un principio tradicional en los sistemas presidenciales, conforme al cual, quien haya sido electo por el pueblo como representante o diputado al órgano legisla-

---

[13]   Un caso, precisamente, de interpretación inválida "en perjuicio de la Constitución," es precisamente el de la sentencia que comentamos.

[14]   El profesor José Ignacio Hernández interpreta con razón, que la referencia a cargo público en el artículo 191 de la Constitución es a "cargo público" como sinónimo de "cargo dentro del Estado". Véase en su trabajo: ¿María Corina Machado dejó de ser diputada?, en *Prodavinci.com*, 24 de marzo de 2014, en http://noticias24carabobo.com/actualidad/noticia/38925/maduro-la-exdiputada-de-la-an-maria-corina-machado-fue-a-mal-poner-a-venezuela/

tivo, en nuestro caso a la Asamblea Nacional, no puede aceptar o ejercer un "cargo público" dentro del Estado, es decir, en ningún otro órgano del mismo Estado, y particularmente en el Ejecutivo Nacional, y si lo hace, pierde su investidura, con la consecuencia jurídica de que cuando cese en el ejercicio del cargo ejecutivo que aceptó o ejerció, no puede regresar a ocupar o ejercer el cargo de diputado para el cual había sido inicialmente electo.

El sentido de la norma, en el sistema de separación de poderes que regula la Constitución, en particular, en las relaciones entre el Poder Legislativo y el Poder Ejecutivo en el marco del sistema presidencial de gobierno, es evitar que se produzca una *turbatio* de funciones entre ambos poderes del Estado, evitando que los diputados electos a la Asamblea Nacional puedan ser nombrados para desempeñar cargos ejecutivos, que están sometidos al control del órgano legislativo, y que luego de cesar en el ejercicio de éstos, puedan volver a realizar funciones legislativas y de control político desde la Asamblea, precisamente en relación con los órganos del Poder Ejecutivo del cual habrían formado parte.

Como lo decidió la propia Sala Constitucional en la sentencia N° 698 de 29 de abril de 2005, citada en la sentencia que comentamos:

> "un segundo destino público para un Diputado casi de seguro será en una rama distinta del Poder Público, con lo que se generaría una situación que debe siempre ser tratada con cuidado: la posible interferencia –y no colaboración– de una rama en otra. No puede olvidarse que el Poder Legislativo es contralor del Ejecutivo y a su vez controlado, de diferente manera, por el Judicial y por el Ciudadano. Una indefinición de roles pone en riesgo el principio de separación en el ejercicio del poder."[15]

Ese es el sentido y no otro, de la norma del artículo 191, que ha estado con tal intención en todas las Constituciones anteriores, en particular en el artículo 141 de la Constitución de 1961.[16]

Conforme a ella, por tanto, para preservar la separación de poderes en el régimen presidencial de gobierno, un diputado, *primero*, no puede aceptar o ejercer un "cargo público" en cualquier otro órgano del Estado, y si lo hace pierde su investidura; *segundo*, puede ejercer

---

[15] Véase la sentencia en http://www.tsj.gov.ve/decisiones/scon/abril/698-290405-03-1305.HTM

[16] Debe recordarse que en la sesión del día 3 de noviembre de 1999, al discutirse el proyecto de articulado sobre el Poder Legislativo nacional, se leyó el texto de un artículo que tuvo sucesivamente los números 208 y 210, con el siguiente texto: "*Los miembros de la Asamblea Nacional no podrán aceptar cargos públicos sin perder su investidura.*" Hubo un largo debate sobre la conveniencia de la propia norma e incluso sobre la necesidad de prever algunas, para actividades como las docentes y de otra índole. Incluso el Constituyente Nicolás Maduro llegó a proponer que la norma no debía incluirse y que al contrario debía preverse que "cualquier miembro del Parlamento que sea requerido por el Gobierno para una función ministerial pueda ir a cumplir su función y no pierde la investidura como miembro del Parlamento." Luego propuso que el artículo no se aprobara, lo que fue acogido y el mismo pasó de nuevo a la Comisión para darle una nueva redacción. En la sesión del día 13 de noviembre de 1999, se sometió a discusión la norma, con la siguiente redacción propuesta por el Constituyente Di Giampaolo, con quien había discutido personalmente la importancia de que la norma se incluyera en el texto constitucional, con el siguiente texto: "*Artículo 210.– Los miembros de la Asamblea Nacional no podrán aceptar o ejercer cargos públicos sin perder su investidura, salvo en actividades docentes y asistenciales, siempre que no supongan dedicación exclusiva,*" habiendo resultado aprobado, sin discusión de ninguna naturaleza. Es en definitiva el texto del artículo 191 de la Constitución de 1999, aún cuando en alguna Comisión "de estilo," como sucedió con tantas normas, entre las excepciones se agregaron los cargos "académicos" y "accidentales." Véase en el *Diario de Debates*, de la Asamblea Nacional Constituyente, sesiones del 3 y 13 de noviembre de 1999.

un "cargo público" en actividades docentes, académicas, accidentales o asistenciales, siempre que no supongan dedicación exclusiva, en cuyo caso no pierde su investidura; y *tercero*, no puede ejercer "cargos públicos" en dichas actividades si ello supone dedicación exclusiva, y si lo hace, pierde su investidura.

De ello deriva que la aplicación de la norma, es decir, la "consecuencia jurídica" que se deriva de la misma, que es la posible "pérdida de investidura" del diputado, nunca es automática, es decir, no puede operar "de pleno derecho;" y ello, *primero*, porque si se trata de la aceptación o ejercicio de un "cargo público," no basta ni siquiera con que por ejemplo aparezca publicado el nombramiento en *Gaceta Oficial*, o que el mismo esté plasmado en una comunicación oficial, para que la "consecuencia jurídica" de la norma se produzca, sino que el "cargo público" de que se trate tiene que ser "aceptado" o debe ser "ejercido," y todo ello requiere ser probado. *Segundo*, porque si se trata del ejercicio de un *cargo público en actividades* docentes, académicas, accidentales o asistenciales, es necesario determinar si dicho ejercicio del cargo supone o no dedicación exclusiva, lo que de nuevo es casuístico y requiere de prueba.

Sin embargo, ignorando completamente el origen, el sentido, y el mismo texto de la norma que habla de "cargos públicos," y no de "actividades" la Sala Constitucional pasó a interpretarla incurriendo, de entrada en un error de lectura y apreciación, al referirse a que la salvedad que hace el artículo es respecto de "otras *actividades*" que puede realizar el diputado "que no generan la pérdida de su investidura, señalando *actividades* docentes, académicas, accidentales o asistenciales, cuando el desempeño de las mismas no supongan dedicación exclusiva o desmedro de las funciones que ya ejerza." Esa errada interpretación aparentemente inadvertida, fue sin duda deliberada, como se verá más adelante, para terminar "mutando" la Constitución,[17] como ya lo ha hecho en otras ocasiones.[18] En todo caso, dicha interpretación es errada: la norma no establece excepciones respecto de "actividades" que pueden o no ejercerse por los diputados sin perder su investidura. La norma lo que establece es que los diputados no pueden aceptar o ejercer "*cargos públicos*," estableciendo sin embargo como excepción, los casos de ejercicio de *cargos públicos "en actividades* docentes, académicas, accidentales o asistenciales" que no supongan dedicación exclusiva, ya que conforme al artículo 197 de la Constitución, los diputados "están obligados a cumplir sus labores a dedicación exclusiva."

Esta norma nada tiene que ver con alguna supuesta "ética parlamentaria o legislativa," sino con la preservación de la separación de poderes, al no permitir que los diputados ejerzan otros cargos públicos, y si lo hacen, al cesar en ellos siguieran siendo diputados. Eso es lo que busca evitar la norma, siendo la excepción sólo para los cargos en docentes, académicos, accidentales o asistenciales que no sean de dedicación exclusiva, porque si lo son, el diputado para seguir siendo tal y no perder su investidura, no lo puede aceptar o ejercer.

---

[17]   Una mutación constitucional ocurre cuando se modifica el contenido de una norma constitucional de tal forma que aún cuando la misma conserva su contenido, recibe una significación diferente. Véase Salvador O. Nava Gomar, "Interpretación, mutación y reforma de la Constitución. Tres extractos" en Eduardo Ferrer Mac-Gregor (coordinador), *Interpretación Constituci*onal, Tomo II, Ed. Porrúa, Universidad Nacional Autónoma de México, México 2005, pp. 804 ss. Véase en general sobre el tema, Konrad Hesse, "Límites a la mutación constitucional," en *Escritos de derecho constitucional*, Centro de Estudios Constitucionales, Madrid 1992

[18]   Véase Allan R. Brewer-Carías, "El juez constitucional al servicio del autoritarismo y la ilegítima mutación de la Constitución: el caso de la Sala Constitucional del Tribunal Supremo de Justicia de Venezuela (1999-2009)", en *Revista de Administración Pública*, N° 180, Madrid 2009, pp. 383-418.

Nada tiene que ver esta norma, con una supuesta "prohibición" que como erradamente lo afirmó la Sala Constitucional:

"responde a la necesidad de que exista una ética parlamentaria o legislativa, y está plenamente concatenada con otras disposiciones constitucionales tendientes a preservar la ética como valor superior de la actuación de los órganos del Estado, y principios como la honestidad, eficiencia, transparencia y responsabilidad, entre otros, en el ejercicio de la función pública, siendo la condición de funcionario o funcionaria pública, inherente a la prestación de un servicio a los ciudadanos y ciudadanas de la República Bolivariana de Venezuela, independientemente que aquélla se lleve a cabo a través del cargo que se ocupe en alguno de los órganos que conforman el Poder Público Nacional, esto es, sea el cargo ocupado de carrera, de confianza o de elección popular."

Ello, aparte de tratarse de frases floridas relativas a importantes principios y valores constitucionales, es un argumento vacío, que ignora la razón de ser de la norma, cuyas previsiones y consecuencia jurídica nada tiene que ver con el florido argumento contenido en el párrafo. Se insiste, lo que la norma busca es preservar la separación de poderes y evitar que con el vaso comunicante que se pueda establecer con diputados que pasen al Ejecutivo y luego vuelvan a la Asamblea, se pueda empeñar la función de control y balance entre los poderes; y nada cambia por el hecho de que los diputados, a los efectos de las previsiones contra la corrupción, se consideren como funcionarios públicos (art. 3.1 Ley contra la Corrupción), pero a los cuales por supuesto no se les aplica la Ley del Estatuto de la Función Pública como lo menciona la sentencia.

Sobre esta última Ley que se indica en la sentencia, además, debe advertirse que el artículo 1.1 de dicho Estatuto de la Función Pública, al disponer que "quedan excluidos de la aplicación de esta Ley [...] los funcionarios y funcionarias públicos al servicio del Poder Legislativo Nacional," no se refiere en forma alguna a los diputados, que "no están al servicio del Poder Legislativo Nacional" ya que los mismos son precisamente parte por excelencia del mismo, es decir, son quienes ejercen en la Asamblea dicho Poder. Los mismos, además, por supuesto, no ejercen sus funciones por vía "nombramiento" de nadie sino porque son electos popularmente, siendo la exclusión establecida en la norma de la Ley del Estatuto de la Función Pública destinada a los funcionarios (no electos) que están al servicio del Poder Legislativo, es decir, a los funcionarios administrativos que laboran en la Asamblea Nacional, y que están sometidos a su propio estatuto de personal. Ello no excluye por supuesto que los diputados, como todos los funcionarios públicos, estén sujetos como se recuerda en la sentencia, a la "Constitución, las leyes, los Reglamentos y normas que rijan sus funciones" sometidos a los "principios de la ética" y "sin que por ningún motivo puedan menoscabar la soberanía e independencia del país, su integridad territorial, la autodeterminación y los intereses nacionales de Venezuela."

Pero ello nada tiene que ver con el sentido del artículo 191 de la Constitución que lo que busca es evitar que los diputados pasen a ocupar cargos públicos en el Ejecutivo Nacional, a dedicación exclusiva, y luego pretendan volver a su curul parlamentaria, al cesar en el ejercicio de esos cargos. Si hay algún hecho público y notorio en el caso que fue sometido al Tribunal Supremo al demandarse la conducta de hecho y usurpadora del Presidente de la Asamblea, fue que María Corina Machado como diputada de la Asamblea Nacional, nunca aceptó ni ejerció "cargo público" alguno en el Ejecutivo Nacional, ni en la Administración Pública, ni en general, en ninguno de los otros órganos de los Poderes del Estado, por lo que la norma era completamente inaplicable a la situación generada por el hecho de haber sido acreditada, en su carácter de diputada a la Asamblea Nacional, en forma *ad hoc* y *ad tempore* en la representación de Panamá ante la OEA, para precisamente hablar en tal carácter de diputada a la Asamblea Nacional de Venezuela, sobre la crisis política y sobre la situación en el país.

Como lo ha expresado el propio Secretario General de la OEA, José Miguel Insulza, "la Diputada María Corina Machado intervino ante el Consejo Permanente de dicha Organización, en calidad de parlamentaria venezolana y que sólo a tal fin, la República de Panamá solicitó su acreditación en calidad de Representante Alterna," ratificando "que es una práctica usual de esta institución aceptar y permitir "la participación y uso de la palabra en sesiones de los órganos políticos de la OEA de representantes que no necesariamente tenían la nacionalidad del Estado miembro al que representaban", tal y como ocurrió en 2009, cuando la ex canciller hondureña, Patricia Rodas, se dirigió al Consejo Permanente como representante de Venezuela."[19]

V. LA PROHIBICIÓN A LOS DIPUTADOS DE ACEPTACIÓN DE CARGOS, HONORES O RECOMPENSAS DE GOBIERNOS EXTRANJEROS

Otra de las normas invocadas en la sentencia de la Sala Constitucional, fue el artículo 149 de la Constitución, supuestamente incorporado en la Constitución, al decir de la Sala Constitucional, para "impedir que las personas que presten la función pública incurran en hechos contrarios a la ética, a la moral y honestidad que debe imperar en todas sus actuaciones; que atenten contra la independencia y soberanía nacional, la integridad territorial, la autodeterminación y los intereses de la nación, o contra el funcionamiento de las instituciones del Estado." Después de afirmar esto la Sala se refirió al mencionado artículo 149, que dispone:

> *Artículo 149.* Los funcionarios públicos y funcionarias públicas no podrán aceptar cargos, honores o recompensas de gobiernos extranjeros sin la autorización de la Asamblea Nacional.

Esta norma también tiene una larga tradición en el constitucionalismo histórico de Venezuela, habiendo estado en todas las Constituciones anteriores desde que fue incorporada por primera vez en la Constitución Federal de los Estados de Venezuela de 1811, en la cual se dispuso:

> "205. Cualquiera persona que ejerza algún empleo de confianza u honor, bajo la autoridad del Estado, no podrá aceptar regalo, título o emolumento de algún Rey, Príncipe o Estado extranjero, sin el consentimiento del Congreso."

Como se desprende del texto de dicho artículo 149, antes transcrito, y de su antecedente remoto de 1811, ningún funcionario público puede "aceptar cargos, honores o recompensas de gobiernos extranjeros sin la autorización de la Asamblea Nacional"; autorización que, por supuesto, conforme al artículo 187.13 de la Constitución, debe darla la "Asamblea Nacional" como cuerpo colegiado. Por ello esta última norma dispone que "corresponde a la Asamblea Nacional […] autorizar a los funcionarios públicos para aceptar cargos, honores o recompensas de gobiernos extranjeros." Es un exabrupto jurídico, por tanto, lo afirmado en la sentencia que comentamos de la Sala Constitucional, en el sentido de que supuestamente:

> "en concordancia con lo establecido en el numeral 13 del artículo 187 de la Constitución, para que un funcionario público o una funcionaria pública acepte de un gobierno extranjero, un cargo, honor o recompensa, es obligatorio que cuente con la autorización, esto es, el *permiso o licencia del Poder Legislativo Nacional, en la persona de su Presidente, por cuanto es quien ejerce la dirección de esa función pública en el Poder Legislativo Nacional.*"

---

[19]   Véase "Insulza: Machado habló en la OEA en su condición de diputada venezolana," en El Universal, 28 de marzo de 2014, en http://www.eluniversal.com/nacional-y-politica/protestas-en-vene zuela/140328/insulza-machado-hablo-en-la-oea-en-su-condicion-de-diputada-venezolana

Es imposible creer que esta barbaridad jurídica de atribuir al Presidente de la Asamblea el ejercicio de las competencias que el artículo 187 de la Constitución dispone que "corresponden a la Asamblea Nacional," sea un error jurídico inocente de la Sala Constitucional. Lo que corresponde a la Asamblea (art. 187) sólo lo puede ejercer el cuerpo colegiado en sesión de los diputados; no teniendo el Presidente de la Asamblea en la Constitución sino atribuciones formales particularmente en el procedimiento de formación de las leyes (por ejemplo, artículos 213 y 216). Es totalmente inconstitucional, por tanto, esta atribución que la Sala Constitucional del Tribunal Supremo hace al Presidente de la Asamblea Nacional de las competencias que en la Constitución sólo corresponden a la Asamblea nacional, como cuerpo colegiado.

La norma del artículo 149, en cuanto a la prohibición que establece a los funcionarios públicos en general de aceptar "cargos, honores o recompensas de gobiernos extranjeros," y de la posibilidad de su aceptación sólo con autorización de la Asamblea Nacional, tiene el propósito de regular un mecanismo de control político por parte del órgano representativo nacional en relación con las relaciones o vínculos que existan o se establezcan entre los funcionarios públicos y los gobiernos extranjeros, y nada más. Nada tiene que ver esta norma con argumentaciones como las expresadas en la sentencia en el sentido de que la misma tenga:

"su razón de ser y es que toda persona tiene el deber de cumplir y acatar la Constitución, las leyes y demás actos que en ejercicio de sus funciones dicten los órganos del Poder Público, y aun mas quienes ejerzan la función pública, pues de conformidad con lo dispuesto en el artículo 25 de la Constitución, *Todo acto dictado en ejercicio del Poder Público que viole o menoscabe los derechos garantizados por esta Constitución y la Ley es nulo, y los funcionarios públicos y funcionarias públicas que las ordenen o ejecuten incurren en responsabilidad penal, civil y administrativa, según los casos, sin que les sirvan de excusa órdenes superiores*".

Aún cuando sea difícil encontrar relación alguna entre el artículo 25 de la Constitución que establece la garantía objetiva respecto de los derechos humanos, y el artículo 149 de la Constitución; lo cierto es que en cuanto a la prohibición que se establece en dicha norma, no hay en el texto fundamental, al contrario de lo regulado en el artículo 191, previsión alguna que indique cual es "la consecuencia jurídica" de la aplicación de la norma, es decir qué consecuencia existe cuando un funcionario público acepte "cargos, honores o recompensas de gobiernos extranjeros" sin haber obtenido autorización de la Asamblea Nacional. Puede tratarse, por ejemplo, de una condecoración, o de un reconocimiento o recompensa por servicios humanitarios prestados en otro país, o del ejercicio de un cargo en un Estado extranjero, si acaso un país aceptaría que un extranjero ejerza cargos que usualmente se reservan a los nacionales.

En cualquier caso, nada dice la Constitución en relación con cuál es la "consecuencia jurídica" que deriva del hecho de no obtenerse la autorización de la Asamblea Nacional respecto de los funcionarios públicos de cualquiera de las ramas del Poder Público, cuando lleguen a aceptar "cargos, honores o recompensas de gobiernos extranjeros." Es más, en relación con los funcionarios públicos en general, ni siquiera la Ley del Estatuto de la Función Pública de 2002, tipifica esa posible ausencia de autorización como "falta" disciplinaria que amerite "amonestación" y menos destitución (arts. 82 y 86).[20] La única consecuencia

---

[20]   Debo mencionar que a propuesta nuestra, en la Ley de Carrera Administrativa de 1971, en cambio, sí se previó la sanción de destitución respecto de los funcionarios públicos que aceptaren hono-

jurídica vinculada a la norma, en todo caso, es la previsión del artículo 142 del Código Penal que sanciona, no sólo a los funcionarios sino en general a cualquier venezolano "que acepte honores, pensiones u otras dádivas de alguna nación *que se halle en guerra con Venezuela*" en cuyo caso se prevé un castigo de seis a doce años de presidio.

Ahora bien, en cuanto a los diputados a la Asamblea Nacional, en este caso, al contrario de lo previsto en el artículo 191 de la Constitución, si llegaren a incumplir con la obligación de obtener la autorización mencionada de la Asamblea Nacional, no se prevé en norma alguna constitucional o de otra índole, sanción alguna ni que el diputado "pierda su investidura," por lo cual en el caso de la diputada Machado, para el caso negado de que el haber sido acreditada en la representación de Panamá ante el Consejo Permanente de la OEA, para hablar como diputada de Venezuela y no como "representante" de Panamá, sobre Venezuela en una sesión de la OEA sobre la situación en Venezuela, se llegase a considerar que se requería de la autorización del la Asamblea Nacional, ello en ningún caso produciría en forma alguna la pérdida de su investidura.

Para que pueda aplicarse alguna sanción a un diputado en tal caso, se requeriría de una regulación legal que prevea dicha conducta como delito, en cuyo caso, se le tendría que aplicar la pena que se establezca mediante un proceso penal con las garantías debidas.[21]

VI. EL VERDADERO PROPÓSITO DE LA SALA CONSTITUCIONAL AL HABER PROCEDIDO A DECIDIR, DE OFICIO, SIN PROCESO, TORCIENDO LA INTERPRETACIÓN DEL ARTÍCULO 191 DE LA CONSTITUCIÓN, PARA REVOCARLE SU MANDATO POPULAR A LA DIPUTADA MARÍA CORINA MACHADO

La sentencia N° 270 del Tribunal Supremo de Justicia, luego del excurso en relación con el artículo 149 de la Constitución que antes hemos destacado, volvió sobre el tema del artículo 191 constitucional a cuyo efecto citó y transcribió parte de otra sentencia de la misma Sala, la N° 698 del 29 de abril de 2005, en la cual decidió sobre un recurso de interpretación que se había interpuesto respecto de los artículos 148, 162 y 191 de la Constitución considerándolos aplicables a los miembros de los Consejos Legislativos de los Estados, y nada más. Esta sentencia nada agregó sobre el sentido de las normas, salvo como antes se ha dicho, precisar que la norma tiene por objeto salvaguardar la separación de poderes y el contrapeso entre los Poderes Legislativo y Ejecutivo.

Pero independientemente de la cita jurisprudencial, la Sala Constitucional siguió "explicando," sobre la incompatibilidad establecida en el artículo 191, indicando que:

> "la *pérdida de investidura a la que alude el artículo 191 constitucional, es la consecuencia jurídica* prevista por el Constituyente ante el hecho o circunstancia de la aceptación de actividades **incompatibles** –que por su carácter– van en desmedro de la función pública ejercida."

Esa "explicación," en todo caso, como se ha dicho, era errada, pues el artículo 191 no se refiere a "*actividades* incompatibles" sino a "*cargos públicos*" y a "*cargos públicos en actividades"* varias. Pero de esta premisa errada, y distorsionante, fue que derivó, entonces, lo único que la Sala Constitucional quería en realidad decidir, de oficio, siguiendo sin

---

res, cargos o recompensas de gobiernos extranjeros, sin la autorización del Congreso (arts. 29.4 y 62.9. Véase en *Gaceta Oficial* N° 1745 de 23 de mayo de 1975.

[21]   Véase Claudia Nikken, "Notas sobre el artículo 187.20 de la Constitución," *Revista de Derecho Público*, Editorial Jurídica Venezolana, N° 137 (enero-marzo 2014), (en preparación)..

duda el lineamiento fijado por los otros Poderes del Estado, antes mencionados, atendiendo a la "coordinación, "cooperación" y "colaboración" entre los mismos a lo cual había hecho referencia la propia Presidente de la Sala Constitucional la víspera de la decisión; y era que:

> "la aceptación de una representación (sea permanente o alterna), indistintamente a su tiempo de duración, ante un órgano internacional por parte de un Diputado o Diputada a la Asamblea Nacional que está desempeñando su cargo durante la vigencia del período para el cual fue electo o electa, constituye una *actividad* a todas luces incompatible, y no puede considerarse como actividad accidental o asistencial, pues esa función diplomática va en desmedro de la función legislativa para la cual fue previamente electo o electa."

Esta "interpretación," por supuesto, se insiste, es totalmente errada, por múltiples razones:

Primero, porque la "incompatibilidad" que establece el artículo 191 de la Constitución, como viene de decirse, es entre la condición de diputado y el ejercicio o aceptación de un "cargo público." No es una incompatibilidad entre "actividades" como se advirtió anteriormente, siendo el argumento de la Sala deliberadamente distorsionante para buscar una interpretación igualmente torcida, pero favorable al objetivo perseguido en virtud del lineamiento que debía atender.

Segundo, para que se pueda producir la "incompatibilidad," el diputado debe haber aceptado o ejercicio un "cargo público," que además sea incompatible con la dedicación exclusiva de la función parlamentaria. Sin embargo, la Sala de lo que habla en su sentencia es de la supuesta "aceptación de una representación […] en un organismo internacional," que si se hubiese producido nada tiene que ver con "cargos públicos." Por lo demás, nada se dice en qué consiste eso de aceptar una "representación ante un organismo internacional." ¿En qué consistiría esa "representación"? ¿En cuál carácter sería aceptada? Lo que tenía que decidir la Sala, si acaso, era que ser acreditado para hablar en una sesión de un organismo internacional con el carácter de diputado de la Asamblea Nacional de Venezuela, no era aceptar o ejercer un cargo público. Nada más. Y eso no fue lo que hizo la Sala. Esta lo que hizo fue distorsionar la norma a conveniencia, argumentando sobre supuestos que la misma no regula.

Tercero, el que un diputado venezolano sea acreditado por la representación de un país que lo invite a asistir a una sesión de la OEA en el que se trataría el tema de Venezuela, para que hable en tal carácter de diputado de la Asamblea Nacional venezolana; aparte de que en los términos de la Constitución no es aceptar o ejercer ningún "cargo público" –única posibilidad de que se aplique la incompatibilidad–, es una "actividad" completamente compatible con las funciones de diputado, lo que es más, es de la esencia de dicha función teniendo en cuenta, como lo dice la Constitución, que los diputados "son representantes del pueblo, no sujetos a mandatos ni instrucciones, sino a su conciencia" (art. 201), por lo que de su actuación sólo tienen que dar cuenta a sus electores (art. 197).

Ante la sentencia, lo que cabe es preguntarse: ¿Cómo puede entenderse que realizar esa actividad (que no es ejercer "cargo público" alguno), al decir de la Sala, sin argumentación alguna, sino sólo porque sí, "constituye una actividad a todas luces incompatible, y no puede considerarse como actividad accidental o asistencial, pues esa función diplomática va en desmedro de la función legislativa para la cual fue previamente electo o electa."? ¿Cómo puede llegar la Sala a calificar la acreditación para hablar en un organismo internacional como una "función diplomática? Una función diplomática es la que realizan los funcionarios diplomáticos en representación de un Estado ante otros Estados o ante la comunidad internacional. Para ello, en cualquier Estado del mundo, esos funcionarios requieren de un nombramiento que les permita ostentar el "cargo diplomático" que es el que le puede permitir realizar funciones diplomáticas. Nada de eso ocurre cuando un diputado de la Asamblea Nacional de Venezuela va a hablar sobre Venezuela en tal carácter, sin aceptar ni ejercer "cargo público" de Venezuela ni de Estado alguno, en una sesión de la OEA donde se va a discutir la situación de Venezuela. ¿Cómo puede decirse que ello va "en desmedro de la función legislativa para la cual fue previamente electo" el diputado, cuando quien define la función legislativa es el diputado que la ejerce en representación del pueblo, conforme a su conciencia?

Pues bien, con base en todas las distorsiones del texto, letra, espíritu y razón de la norma a las cuales hemos hecho referencia, la Sala concluyó con que:

"Esa es la interpretación que debe dársele al artículo 191 de la Constitución concatenadamente a otras disposiciones como el artículo 149 *eiusdem*, en aras de preservar la ética como valor superior del ordenamiento jurídico, el respeto a las instituciones del Estado Venezolano y el deber de cumplir de acatar la Constitución, las leyes y las normas del ordenamiento jurídico de la República Bolivariana de Venezuela. Así se declara."

Después de esta "declaración," que no es otra que considerar que el artículo 191 de la Constitución no establece lo que establece, es decir, una incompatibilidad de la situación de diputado con el ejercicio o aceptación de un "cargo público," sino que establece otra cosa –que no establece–, como es una supuesta incompatibilidad del la función legislativa con otras "actividades" que la Sala evalúa libremente, pasó entonces la Sala a arrebatarle el mandato popular a la diputada Machado. Tal como la Presidenta del Tribunal Supremo lo había anunciado el día antes, cuando expresó en un programa de televisión, como antes se ha dicho que: "obviamente tiene consecuencias jurídicas" que la parlamentaria María Corina Machado haya "aceptado un destino diplomático en un país extranjero."[22]

VII. EL RECURSO AL "HECHO PÚBLICO, NOTORIO Y COMUNICACIONAL" PARA SENTENCIAR SIN PRUEBAS, VIOLANDO EL DEBIDO PROCESO

Para "decidir" sin probar nada sobre lo que ya tenía decidido, la Sala Constitucional recurrió al ya inveterado expediente de la existencia de un "hecho público, notorio y comunicacional" para decidir, sin probar nada, recurriendo a "recortes de periódicos," para lo cual citó y transcribió lo que ya antes había decidido en sentencias N° 98 del 15 de marzo de 2000 (caso: "*Oscar Silva Hernández*")[23] y N° 280 del 28 de febrero de 2008 (caso: "*Laritza Marcano Gómez*"),[24] considerando por tanto, como hechos que no requerían prueba para decidir, "*y se tienen como ciertos*," una serie de hechos que, dijo la Sala "se refiere el asunto examinado en la presente causa," cuando en realidad no había "causa" pues la Sala Constitucional en la sentencia, decidió terminar la única causa que se había iniciado mediante demanda, al declararla inadmisible por falta de legitimación de los demandantes, con lo cual la causa había quedado terminada..

Por ello, antes de referirnos a los "hechos públicos y notorios comunicacionales" que usó la Sala para decidir –no se sabe cuál "causa"–, es por tanto necesario y obligado volver a

---

[22]   Véase la reseña de lo que expresó durante el programa José Vicente Hoy, transmitido por Televen, publicado por @Infocifras, 31 de marzo de 2014, en http://cifrasonlinecomve.wordpress.com/2014/03/30/presidenta-del-tsj-actuacion-de-machado-tiene-consecuencias-juridicas/

[23]   Véase sobre esta sentencia véase los comentarios en Allan R. Brewer-Carías, "Consideraciones sobre el "hecho comunicacional" como especie del "Hecho Notorio" en la doctrina de la Sala Constitucional del Tribunal Supremo" en *Revista de Derecho Público*, N° 101, enero-marzo 2005, Editorial Jurídica Venezolana, Caracas 2005, pp. 225-232.

[24]   Véase en http://www.tsj.gov.ve/decisiones/scon/febrero/280-280208-07-1732.HTM

preguntarse sobre el tema de a cuál causa se refirió la Sala al mencionar la "presente causa." Es decir, es necesario saber cuál era la "causa" que estaba decidiendo la sala, para poder saber cuál era "el asunto examinado en la presente causa" que mencionó en la sentencia.

Y la verdad es que no había "causa" alguna, es decir, la Sala decidió revocarle el mandato popular a una diputada a la Asamblea Nacional, sin "causa" ni proceso; siendo la "causa" en materia procesal, la expresión común utilizada en el foro para referirse a un "juicio," o a un "proceso," lo que significa que la Sala Constitucional, como "máxime garante de la Constitución" actuó inconstitucionalmente al decidir un asunto de tanta trascendencia como es, en violación del principio democrático, revocarle el mandato popular a una diputada que sólo le corresponde al pueblo mediante un referendo revocatorio; y todo ello, sin causa, sin proceso, sin juicio, es decir, además, en violación del artículo 49 de la Constitución que garantiza el debido proceso.

La Sala, en efecto, decidió arrebatarle el mandato popular a una diputada, sin garantizarle el derecho a la defensa, "que es inviolable en todo estado y grado de la investigación y del proceso" (art. 49.1). Quizás la Sala para justificar lo injustificable llegue entonces a decir, que como no hubo "proceso" no tenía que garantizarle este derecho a la diputado Machado, lo que haría más aberrante la decisión.

Pero sin duda que si hubo proceso o "causa" como lo calificó la propia Sala al decidir, por lo que estaba obligada a respetar la regla de que "toda persona tiene derecho a ser oída en cualquier clase de proceso" (art. 49.3) y a ser "juzgada con las garantías establecidas en la Constitución y en la ley" (art. 49.4). Nada de ello ocurrió en este caso, en el cual violando todas esas garantías, la Sala decidió una causa o proceso de interpretación de la Constitución, pero para despojar de su mandato popular a una diputado para lo cual en ningún caso tiene competencia, pues ello sólo corresponde al pueblo que la eligió.

La Sala Constitucional además, violó la regla de que "toda persona se presume inocente mientras no se pruebe lo contrario" (art. 49.2), lo que en materia procesar exige que quien alegue algo contra alguien debe probar su alegato. Es decir, que la prueba está a cargo de quien acusa o demanda. Y en este caso de inexistencia de "causa", a la pregunta de quién era el "demandante" o "acusador", no habría otra respuesta que no sea señalar a la propia Sala, que fue la que decidió actuar en este caso de oficio. A la Sala Constitucional le correspondía entonces probar el supuesto de hecho de la norma el artículo 191 de la Constitución para sacar su conclusión preconcebida sobre las "consecuencias jurídicas" de la misma, que era la pérdida de la investidura. Para ello, la Sala tenía que haber probado primero que había un "cargo público" determinado y que la diputado Machado lo había efectivamente aceptado o ejercido, para lo cual debía probar, además, por ejemplo, el nombramiento publicado en *Gaceta Oficial* o el oficio de nombramiento, o actuaciones que demostraran el "ejercicio" efectivo del cargo; y en todo caso, probar además –si estaba demostrada la aceptación o ejercicio de un "cargo público" que no era el caso–, que el nuevo "cargo público" aceptado o ejercido suponía una "dedicación exclusiva." Todo ello requería de actividad probatoria, que en este caso, como el Tribunal estaba actuando de oficio, era la Sala la que tenía que asegurarla.

Pero no! La Sala Constitucional apeló al absurdo expediente de que la norma "opera de pleno derecho" para lo cual nadie debía probar nada, sino dar por probados o por ciertos determinados hechos, y simplemente, basados en que un enemigo político de la persona involucrada formule acusaciones sin fundamento jurídico ni de hecho. Pero como quien las formuló fue el Presidente de la Asamblea Nacional, además del Presidente de la República, la Sala entonces juzgó que había que actuar de oficio, "coordinadamente," en "colaboración" y "cooperación" con ellos, y simplemente decidir que "de pleno derecho" la diputada Machado había perdido su investidura, sin alegatos ni pruebas algunas, es decir, se le revocó el mandato popular a una diputada porque así lo resolvió el "máximo intérprete y garante de la Constitución," sin causa ni proceso ni prueba alguna, de oficio.

Una vez decidida la causa iniciada por los concejales Zambrano y Ascensión del Municipio Baruta, y declarada inadmisible la demanda, que en el caso era la única "causa" existente, la misma cesó, se terminó, y había que archivar el Expediente; y si bien la Sala podía formular argumentaciones adicionales o complementarias en un *obiter dictum*, ello no lo podía hacer para iniciar otra nueva supuesta "causa," sin partes, o actuando la propia Sala Constitucional como juez y parte, que fue lo que ocurrió en esta caso, violando uno de los principios más elementales de la administración de justicia en el mundo, y es que nadie puede ser juez y parte en una causa.

Ahora bien, para cometer esta aberración jurídica, con el único propósito de revocarle el mandato a la diputada María Corina Machado, la Sala Constitucional estableció que los siguientes eran hechos notorios y comunicacionales que daba por ciertos, es decir, por probados, y por tanto que no requerían prueba:

Primero,

"Que con fecha 5 de marzo de 2014, el Presidente Constitucional de la República Bolivariana de Venezuela, ciudadano Nicolás Maduro Moros, en su condición de Jefe de Estado, decidió romper relaciones comerciales y diplomáticas con la República de Panamá, anunciando al país lo siguiente: *"He decidido romper con las relaciones diplomáticas y comerciales con Panamá. Nadie va a conspirar contra nuestro país. A Venezuela se respeta y no voy a aceptar que nadie conspire contra Venezuela para pedir una intervención".* Tomado de la página web http://www.el-nacional.com/politica/Maduro-Venezuela-rompio-relaciones-Panama_0_367163449.html (resaltado de este fallo).

Segundo,

"Que con fecha 20 de marzo de 2014, fue dirigida una misiva al Secretario General de la Organización de Estados Americanos, ciudadano José Miguel Insulza, por parte del Representante Permanente de Panamá ante ese organismo, ciudadano Arturo Vallarino, para solicitar que a partir de ese día, la ciudadana María Corina Machado, fungiera como Representante Alterna de la Delegación de Panamá. En la misma, se lee: *"Tengo el honor de dirigirme a vuestra excelencia a fin de solicitarle tenga a bien acreditar a la diputada María Corina Machado, como Representante Alterna de la Delegación de la República de Panamá ante la Organización de Estados Americanos, a partir de la fecha".*(Resaltado de este fallo). Tomado de la página web http://www.informatico.com/25-03-2014/lo-dijo-insulza-maria-corina-silla-prestada."

Tercero,

"Que en Sesión Plenaria de la Asamblea Nacional del día 25 de marzo de 2014, fue solicitada la Moción de Urgencia del Diputado Andrés Eloy Méndez, mediante la cual requirió la declaratoria de pérdida de la investidura de la ciudadana María Corina Machado, como Diputada a la Asamblea Nacional; **la cual fue aprobada por ese órgano legislativo.**"

De todo lo anterior, la Sala Constitucional dedujo que:

"es un hecho notorio comunicacional, el que la ciudadana María Corina Machado, en su condición de Diputada a la Asamblea Nacional, aceptó participar en el Consejo Permanente de la Organización de Estados Americanos "como representante alterna del gobierno de Panamá", por lo que la circunstancia que haya podido participar o no, y los términos en que lo hubiese hecho, son irrelevantes, ante la evidente violación de las disposiciones constitucionales que regulan la función pública legislativa, la condición de ocupar un cargo de Diputada a la

Asamblea Nacional de la República Bolivariana de Venezuela, y el deber que como todo venezolano y venezolana tiene de honrar y defender a la patria, sus símbolos, valores culturales, resguardar y proteger la soberanía, la nacionalidad, la integridad territorial, la autodeterminación y los intereses de la nación (artículo 130 constitucional)."

La conclusión, por supuesto, nada tiene que ver con lo que regula el artículo 191 de la Constitución cuya "consecuencia jurídica" fue la que la Sala consideró que operaba de pleno derecho: que *pierde la investidura de diputado el que acepte o ejerza un cargo público que suponga dedicación exclusiva*. En su argumentación, sin embargo, la Sala Constitucional no se refirió a ello, sino que a lo que se refirió, fue a que la diputada Machado lo que había aceptado era "participar en el Consejo Permanente de la Organización de Estados Americanos *'como representante alterna del gobierno de Panamá,'"* que nada tiene que ver con el supuesto de hecho ni de derecho de la norma que se refiere a la aceptación de un "cargo público dentro del Estado' venezolano; para concluir entonces, que esa sola circunstancia, planteaba una:

> "evidente violación de las disposiciones constitucionales que regulan la función pública legislativa, la condición de ocupar un cargo de Diputada a la Asamblea Nacional de la República Bolivariana de Venezuela, y el deber que como todo venezolano y venezolana tiene de honrar y defender a la patria, sus símbolos, valores culturales, resguardar y proteger la soberanía, la nacionalidad, la integridad territorial, la autodeterminación y los intereses de la nación (artículo 130 constitucional)."

Nada dijo la sentencia, sin embargo, respecto de cómo y porqué una diputado de la Asamblea Nacional de Venezuela que hable sobre Venezuela, en tal condición de diputada venezolana que actúa en representación del pueblo, en un Consejo Permanente de la OEA donde se discutía el caso de la situación en Venezuela, podría haber "violado disposiciones constitucionales" que no se citaron, sobre el deber de honrar y defender a la patria, la nacionalidad, la integridad territorial, la autodeterminación y los intereses de la nación. Una afirmación de tal calibre y envergadura no se puede formular sin pruebas que demuestren esas agresiones al país, y menos por el "máximo intérprete y garante de la Constitución," y peor, si nada tienen que ver con la aplicación del artículo 191 de la Constitución cuya "consecuencia jurídica" era lo que la Sala Constitucional a toda costa quería aplicar a la diputado Machado.

La argumentación final de la sentencia sobre cómo se desarrollan las reuniones de la Organización de Estados Americanos, y cómo los países están representados en las mismas con miembros permanentes, no tiene relevancia alguna, y menos para concluir como lo hizo la Sala que:

> "resulta evidente que la ciudadana María Corina Machado no sólo omitió solicitar la autorización al Presidente de la Asamblea Nacional, en atención al artículo 149 de la Constitución, para aceptar la designación como representante alterna de otro país (Panamá) ante un organismo internacional como lo es la Organización de Estados Americanos, sino que, peor aún, pretendió actuar como Diputada a la Asamblea Nacional ante ese organismo internacional, sin estar autorizada por la Asamblea Nacional ni por las autoridades que dirigen las Relaciones Exteriores de la República Bolivariana de Venezuela, en evidente transgresión de lo dispuesto en los artículos 152 y 236, numeral 4, de la Constitución de la República Bolivariana de Venezuela."

VIII. DE NUEVO SOBRE EL TEMA DE LA AUTORIZACIÓN DE LA ASAMBLEA
NACIONAL PARA ACEPTAR CARGOS, HONORES Y RECOMPENSAS DE
GOBIERNOS EXTRANJEROS, Y LA APLICACIÓN DE PLENO DERECHO DE
LA PÉRDIDA DE LA INVESTIDURA DE LA DIPUTADA MACHADO, SIN
PROCESO

Con el antes transcrito párrafo de la sentencia, la Sala Constitucional pasó a realizar otra argumentación, alejada del artículo 191 de la Constitución, y es la vuelta a lo dispuesto en el artículo 149 de la Constitución sobre la necesidad de los funcionarios públicos de obtener "autorización de la Asamblea Nacional" –no del Presidente de la misma, como lo afirmó erradamente la Sala en la misma sentencia– para aceptar "cargos, honores o recompensas de gobiernos extranjeros." Esta norma, tal como está redactada no tiene "en su propio texto consecuencia jurídica" alguna, y para aplicarse tendría que seguirse un procedimiento que en ningún caso podría iniciarse de oficio por la Sala Constitucional, pues es de la competencia exclusiva del Poder Legislativo, luego de que mediante legislación establezca las consecuencias jurídicas de la no obtención de la mencionada autorización.

Pero por lo demás, el hecho de haber sido acreditada la diputado Machado para hablar desde el puesto físico de Panamá en la sala de sesiones del Consejo Permanente de la OEA, como diputada de la Asamblea Nacional de Venezuela –no como "funcionaria" de Panamá ni en representación alguna de Panamá–, sobre la situación de Venezuela –no de la situación en Panamá–; es una actuación perfectamente legítima que la diputada como representante del pueblo puede hacer, quedando sólo sometida a su conciencia (at. 201) y a dar cuenta de ello al pueblo que la eligió (art. 197).

Para ello no necesitaba estar autorizada por la Asamblea Nacional, pues como se lo garantiza el artículo 201 de la Constitución, como representante del pueblo, no está sujeta a mandatos ni instrucciones y sólo a su conciencia. Tampoco estaba sujeta a obtener "autorización" de las "autoridades que dirigen las Relaciones Exteriores de la República," como impropiamente lo afirma la Sala en flagrante violación al principio de la separación de poderes, pues son sólo dichas autoridades las que deben ejecutar los principios establecidos en los artículos 152 y 236.4 de la Constitución, los cuales por supuesto la Diputada Machado no trasgredió en forma alguna, como errada y maliciosamente lo afirmó la Sala.

Lo cierto es que como ya la decisión de arrebatarle la investidura parlamentaria a la diputada Machado, o sea, su mandato popular, ya estaba tomada porque así lo querían todos los órganos de los Poderes del Estado, tal y como todos lo habían manifestado públicamente,[25] la Sala Constitucional concluyó la "causa" que no existía, y que ella inventó, de oficio, en la cual fue juez y parte, sin que la parte afectada pudiera alegar ni defenderse, afirmando impropiamente que la "aplicación de la consecuencia jurídica prevista en el artículo 191 de la Constitución resulta ajustada al caso planteado, al operar de pleno derecho." Por supuesto, ante este párrafo surgen las preguntas necesarias y obligantes: ¿Cuál "caso"? ¿"Planteado" por quién? En el expediente, en realidad, el único "caso planteado" fue la demanda de unos

[25] Véase "Cabello: Por el artículo 191 de la Constitución, María Corina machado "dejó de ser diputada", *Globovisión*, 24 de marzo de 2014, en http://globovision.com/articulo/junta-directiva-de-la-an-anuncia-rueda-de-prensa ; y "Nicolás Maduro, indicó que "la exdiputada María Corina Machado la nombraron embajadora de la Organización de Estados Americanos, de un gobierno extranjero, se convirtió en funcionaria para ir a mal poner a Venezuela, a pedir la intervención", Reseña de M.C. Henríquez, "Maduro: "La exdiputada de la AN, María Corina Machado fue a mal poner a Venezuela," *Noticias 24,* 22 de marzo de 2014, en http://noticias24carabobo.com/actualidad/noticia/38925/maduro-la-exdiputada-de-la-an-maria-corina-machado-fue-a-mal-poner-a-venezuela/

Concejales del Municipio Baruta contra el Presidente de la Asamblea Nacional acusándolo de usurpación de funciones, que la Sala declaró inadmisible con lo cual quedó concluida antes de iniciarse el proceso correspondiente.

La decisión de la Sala Constitucional de darle efectos "de pleno derecho," es decir, sin formula de juicio, a la consecuencia jurídica del artículo 191, que es la pérdida de la investidura de un diputado por aceptar o ejercer un "cargo público," aplicada a la diputada Machado, violó la misma norma que se quiso aplicar, pues como se dijo anteriormente, nunca dicha norma podría "operar de pleno derecho," sin que exista previamente una actividad probatoria en un juicio contradictorio, con partes, y las garantías judiciales debidas, *primero*, de la existencia de un "cargo público" determinado; *segundo*, de que dicho cargo público fue "aceptado o ejercido" efectivamente por el diputado; y *tercero*, que el mencionado "cargo público" supone "dedicación exclusiva." Sólo probando esos tres supuestos, es que la consecuencia jurídica de la aplicación de la norma podría aplicarse por el juez competente, en un proceso judicial.[26]

La Sala Constitucional no probó nada de eso, a pesar de que en la "causa" era juez y parte, sin que ninguna otra parte participara, y lo único que afirmó fue que la Diputado María Corina Machado había aceptado "una representación alterna de un país, [...] ante un órgano internacional," considerando sin fundamentación o prueba alguna, que ello "constituye una actividad a todas luces incompatible durante la vigencia de su función legislativa," calificando falsamente dicha "actividad," es decir, el hecho de que hablara por Venezuela, como diputada venezolana, en una sesión del Consejo permanente de la OEA sobre Venezuela, como una "función diplomática," considerando de nuevo sin fundamentación ni pruebas, que ello no sólo iba "en desmedro de la función legislativa para la cual fue previamente electa", sino, y es lo grave de la conclusión de la Sala, que su actuación fue "en franca contradicción con los deberes como venezolana (artículo 130 constitucional) y como Diputada a la Asamblea Nacional (artículo 201 *eiusdem*)." Y así de simple, concluyó "Así se declara."

Esta consideración final, además de inconstitucional, es una infamia imperdonable en la cual han incurrido los señores magistrados de la Sala Constitucional, contra una diputada que lo que ha hecho es cumplir su misión de representar al pueblo, sin sujeción a mandatos ni instrucciones sino conforme a su conciencia, como se lo manda precisamente el artículo 201 de la Constitución –y no en contra del mismo como maliciosamente lo indica la Sala en su sentencia–, y en tal carácter, juzgó conforme su conciencia, que debía hablar ante la OEA como diputada venezolana, sobre Venezuela, en una sesión donde se discutiría la situación política del país.

La Sala Constitucional violó además el principio de separación de poderes al pretender juzgar, "sin juicio," la actuación de una diputada electa en representación del pueblo, y se dió el lujo de concluir una decisión, afirmando –condenándola–, que la Diputada con su actuación ha contradicho sus "deberes como venezolana" que están en el artículo 130 de la Constitución, los cuales, al contrario, todos fueron por ella cumplidos al acudir ante la OEA, y que son: "honrar y defender a la patria, sus símbolos y valores culturales, resguardar y proteger la soberanía, la nacionalidad, la integridad territorial, la autodeterminación y los intereses de la Nación"; deberes todos, que en cambio, han sido violados y violentados por los que ejercen

---

[26]   Véase sobre esto lo expuesto por Carlos J. Sarmiento Sosa, "La investidura parlamentaria y su pérdida," en *E Universal*, Caracas 27 de marzo de 2014, disponible en http://www.eluniversal.com/opinion/140327/la-investidura-parlamentaria-y-su-perdida

el poder en Venezuela bien "coordinadamente," en "cooperación" estrecha, en el marco del régimen autoritario que se ha establecido en los últimos quince años.[27]

IX. LA INTERPRETACIÓN INCONSTITUCIONAL DE LA CONSTITUCIÓN O LA MUTACIÓN ILEGÍTIMA DE LA CONSTITUCIÓN

Por último, se observa que en el capítulo IV de la sentencia, que contiene la "decisión," después de haber resuelto en párrafos precedentes sobre muchas otras cosas, sin control, como se ha comentado, la Sala se limitó a declarar que tenía competencia para conocer de la "acción propuesta" que no fue otra que la demanda de los concejales contra el Presidente de la Asamblea Nacional; que dicha acción propuesta fue declarada inadmisible, y que, por último:

> "INTERPRETA constitucionalmente el sentido y alcance del artículo 191 de la Constitución de la República Bolivariana de Venezuela, en lo que se refiere a la aceptación de una actividad de representación (sea permanente o alterna), indistintamente a su tiempo de duración, ante un órgano internacional por parte de un Diputado o Diputada a la Asamblea Nacional que está desempeñando su cargo durante la vigencia del período para el cual fue electo, y su incompatibilidad con dicha función legislativa."

Ya hemos mencionado en relación con el artículo 191 de la Constitución, que lo que regula es la aceptación o ejercicio de un "cargo público" por un diputado, a lo que nos hemos referido a lo largo de estos comentarios, por lo que la "interpretación" adoptada por la Sala es simplemente inconstitucional, ya que con ella lo que ha decidido es una mutación del texto y contenido del mencionada artículo 191 de la Constitución, al cambiar la expresión constitucional de "cargo público" que es la que puede originar alguna "incompatibilidad," y trastocarla por la expresión "actividad," para inventar una incompatibilidad entre actividades, usurpando así el poder constituyente del pueblo que es el único que puede reformar la Constitución.

Como último comentario vale la pena señalar que incluso si se aceptara que la Sala Constitucional llevó a cabo una "reforma" velada de la Constitución, a través de esta nueva "interpretación" adoptada respecto de su texto, su decisión sólo podría tener efectos hacia futuro, conforme a la garantía constitucional de la irretroactividad de la ley plasmada en la misma Constitución (art. 24), y nunca hacia el pasado o con efectos retroactivos; es decir, sólo se podría aplicar si se diera el supuesto que ahora se ha establecido o "regulado" en la sentencia después de que la misma hubiera sido publicada en la *Gaceta Oficial*, por lo que no podría aplicarse, en ningún caso, a la diputada María Corina Machado.

Con sentencias como la que hemos comentado, y con atropellos como los que contiene, como persona que le ha dedicado su vida al derecho, no podemos menos que exclamar: Qué terror! Que terrible tragedia que en Venezuela hayamos caído en manos de "jueces del horror."[28]

---

[27]   Véase Allan R. Brewer-Carías, *Authoritarian Government v. The Rule of Law. Lectures and Essays (1999-2014) on the Venezuelan Authoritarian Regime Established in Contempt of the Constitution*, Fundación de Derecho Público, Editorial Jurídica Venezolana, Caracas 2014.

[28]   La expresión es una derivación del título del libro de Ingo Müller, *Furchtbare Juristen. Die unbewältigte Vergangenheit unserer Justiz*, con traducción de Carlos Armando Figueredo bajo el título: *Los Juristas del Horror. La justicia de Hitler: El pasado que Alemania no puede dejar atrás*, Caraca 2006. El libro, como se nos dice acertadamente en su Prólogo, es una obra: "que todo ser humano debería leer con cuidado y atención, para evitar que la perversión de la justicia se repita. Que nunca más la

Por ello, con razón, en el Editorial de *Analítica.com*, del 2 de abril de 2014, titulado "El tribunal Supremo del mal," se lee lo siguiente sobre la sentencia que hemos comentado:

"En la Venezuela actual una sala parecida es la sala constitucional del tribunal supremo, que se ha caracterizado por ser el instrumento más dócil y más veloz en cumplir los requerimientos del régimen.

Una de esas sentencias sumarias fue la que emitieron, entre gallos y medianoche, el lunes 31 de marzo, mediante la cual, sin un debido proceso, le arrebataron de un solo plumazo la inmunidad parlamentaria a la diputada María Corina Machado. La justificación que dieron para realizar ese acto, a todas luces violatorio de los derechos de la diputada, fue por vía de la interpretación de un oscuro artículo de la Constitución y sin permitirle a la parte agraviada que esgrimiese argumento alguno en su defensa.

Esta acción de la sala constitucional entrará en los libros de derecho constitucional como un ejemplo aberrante de extra limitación de atribuciones para cometer una violación a la letra de la constitución que prevé taxativamente las únicas causas mediante las cuales se le puede quitar la inmunidad a un diputado que, no olvidemos, es el representante de la voluntad popular."[29]

---

justicia se politice y se coloque en posición de servilismos frente a un Poder Ejecutivo intransigente y antidemocrático. No hay justificación alguna para que en nombre de una revolución se le haga tanto daño a pueblo alguno." Esos "los juristas del horror, como más recientemente nos lo ha recordado el propio traductor de la obra, "fueron todos aquellos catedráticos del derecho, abogados, jueces, fiscales y filósofos que se prestaron para darle una supuesta armazón jurídica a una de las peores dictaduras que ha conocido la humanidad como fue la de Adolf Hitler." Véase Carlos Armando Figueredo, "Venezuela también tiene sus 'Juristas del Horror,'" en *Analitica.com*, 3 de abril de 2009, en http://www.analitica.com/va/politica/opinion/7272707.asp

[29] Véase en http://www.analitica.com/va/editorial/8282103.asp.

LA FIGURA DEL "RESCATE" ADMINISTRATIVO DE TIERRAS AGRÍCOLAS DE PROPIEDAD PRIVADA REGULADA EN LA REFORMA DE LEY DE TIERRAS Y DESARROLLO AGRÍCOLA DE 2010, SU INCONSTITUCIONALIDAD, Y EL TEMA DE LA ACREDITACIÓN DE LA TITULARIDAD DE LA PROPIE-DAD PRIVADA SOBRE TIERRAS RURALES

Allan R. Brewer-Carías
Profesor de la Universidad Central de Venezuela

Resumen: *Este comentario tiene por objeto analizar la inconstitucional figura del "rescate" administrativo por el Estado de tierras rurales, cuando el propietario no acredite una titularidad anterior a 1848, a raíz de una sentencia del Juzgado Superior Agracio de Caracas de 2014 que al resolver un juicio de reivindicación entre particulares, exigió la prueba de dicha titularidad.*

Palabras Clave: *Propiedad Rural. Propiedad privada. Propiedad pública. Propiedad. Prueba.*

Abstract: *This comment is devoted to analyze the unconstitutional administrative procedure of "recuperation" of rural land by the State when the owner cannot demonstrate property titles since 1848, written after studying a 2014 decision of the Superior Agrarian Court of Caracas in which, when deciding a property recovery suit between individuals, the Court imposed the proof of such titles.*

Key words: *Rural Land. Private property. State Ownership. Property, Proof.*

En una reciente sentencia Nº 42 del 14 de enero de 2014, dictada por el Juzgado de Primera Instancia Agrario de Caracas, al decidir un juicio de reivindicación sobre tierras rurales entre particulares (Caso: *Manuel Pero de Ponte et al.*, vs. *Ismenia Angelina Izturiz*)[1], el tribunal decidió en forma general, sobre la titularidad de los bienes de propiedad rural, estableciendo el criterio de que:

> "en el supuesto de aparecer una propiedad como privada, pero que no tenga un legítimo causante proveniente de la colonia, de haberes militares, de reparticiones de bienes por la nación, una adjudicación o venta de baldío por el Estado, la prescripción o en virtud de la ley, su título debe ser anterior al diez (10) de abril de 1848, para reconocer la *suficiencia de título*, que acredite propiedad privada" (p. 20 de 28).

---

[1]   Véase en http://tribunales-primera-instancia.vlex.com.ve/did/manuel-ponte-ismenia-angelina-isturiz-486273922

Esto significa que en criterio del Juzgado Agrario, para que a un propietario privado de tierras rurales se le reconozca que tiene título suficiente de propiedad, -se deduce, que en los términos de la Ley de Tierras Baldías y Desarrollo Agrícola de 2010[2], que es la que analiza el Juzgado- debe acreditar que su título de propiedad proviene de un causante:

(i)   con titulación desde la colonia;

(ii)   o que tiene su origen en alguna de las leyes de repartos dictadas durante las guerras de independencia;

(iii) o que proviene de algún acto del Estado de repartición de tierras a particulares;

(iv)   o que tiene su origen en un acto del Estado de adjudicación o venta de un terreno baldío a un particular;

(v)   o que deriva de la adquisición de la propiedad por usucapión;

(vi)   o que deriva directamente de alguna ley;

o de lo contrario, debe tener un título "anterior al diez (10) de abril de 1848," siendo esta última fecha, sin duda, la de la Ley sobre averiguación de Tierras Baldías, su deslinde, mensura, justiprecio y enajenación de 1848[3], mediante la cual se regularizó por primera vez en la República el régimen y titularidad de la propiedad rural, estableciéndose los criterios para determinar aquellas que eran del dominio privado del Estado (tierras baldías) y las que eran de propiedad privada.

Dicha Ley de Tierras Baldías y Ejidos, desde su promulgación y posteriormente con su reforma en 1936, fue el instrumento fundamental de regulación del dominio privado del Estado sobre bienes inmuebles, lo que se relaciona con una de las partes medulares del derecho administrativo de la cual nos hemos ocupado en otras oportunidades[4], y que después de haber estado tradicionalmente regulada en Código Civil al establecer el régimen de los bienes según las personas a quienes pertenecen y determinar los principios básicos relativos a los bienes del dominio Público y del dominio privado (art. 538), a partir de 2012 ha sido regulado en la nueva Ley Orgánica de Bienes Públicos[5].

La sentencia del Juzgado Agrario antes mencionada, al establecer los criterios señalados sobre la suficiencia de títulos para acreditar la propiedad privada de inmuebles rurales, sin duda incide en aspectos fundamentales del tema de los bienes públicos, y de su recuperación,

---

[2]   Véase en *Gaceta Oficial* N° 591 Extra del 29 de julio de 2010.

[3]   Véase en *Leyes y Decretos reglamentarios de los Estados Unidos de Venezuela, Tomo XXVII, Caracas 1944,* pp. 567-569.

[4]   Véase por ejemplo: Allan R. Brewer-Carías, "Estudio sobre la inalienabilidad e imprescriptibilidad en el régimen jurídico de las tierras baldías" en *Anuario de Derecho Ambiental 1977,* Ministerio del Ambiente y de los Recursos Naturales Renovables, Caracas 1978, pp. 72-112; y "El régimen de las tierras baldías y la adquisición del derecho de propiedad privada sobre tierras rurales en Venezuela," en *Estudios de Derecho Administrativo 2005-2007,* Colección Estudios Jurídicos, N° 86, Editorial Jurídica Venezolana, Caracas 2007, pp. 327-374.

[5]   Véase en *Gaceta Oficial* N° 39952 de 26 de junio de 2012.

rescate o reivindicación, que ameritan algunos comentarios, partiendo del cambio de régimen de los mismos establecido en la Ley de Tierras y Desarrollo Agrícola de 2001[6].

I.   LA DECLARATORIA DE LAS TIERRAS BALDÍAS COMO DEL DOMINIO PÚBLICO Y SUS EFECTOS

En efecto, las tierras baldías reguladas en la vieja Ley de Tierras Baldías y Ejidos de 1936, que sustituyó las que a su vez habían sustituido a la de 1848, siempre se consideraron bienes patrimoniales del Estado que, por tanto, formaban parte del dominio privado del Estado, hasta que todas fueron declaradas, en forma general, como bienes del dominio público en el artículo 99 de la Ley de Tierras y Desarrollo Agrario de 2001.

En esa forma, a partir de 2001 se cambió radicalmente el status jurídico de las tierras baldías, que eran bienes patrimoniales del Estado, pasando a ser, a partir de esa fecha, bienes del dominio público, inalienables e imprescriptibles.

Dicha norma, en efecto estableció:

"Artículo 99. Las tierras propiedad de la República, los Estados, los Municipios y demás entidades, órganos y entes de la Administración Pública descentralizados funcionalmente, conservan y serán siempre del dominio público e igualmente, conservan y mantendrán siempre su carácter de imprescriptibles".

La Ley de Tierras y Desarrollo Agrícola de 2001, por supuesto, como toda ley, como lo dispone el artículo 24 de la Constitución, no podía aplicarse a situaciones jurídicas pasadas y consolidadas, lo que implicó que las tierras que pasaron a ser del dominio público a partir de la entrada de su vigencia, fueron solo las tierras que para ese momento eran tierras baldías, es decir, aquellas que para ese momento eran de propiedad del Estado o que no tenían dueño.

La consecuencia de ello fue que la Ley de Tierras y Desarrollo Agrícola de 2001 no pudo ser aplicada a las tierras que para el momento de su entrada en vigencia tenían el status de bienes de propiedad privada, por haber sido adquiridas por personas jurídicas con anterioridad a través de cualquiera de los medios de adquisición de propiedad privada de inmuebles previstos en el ordenamiento jurídico (compra, donación, herencia, adquisición por prescripción, por ejemplo), todos los cuales son el "título suficiente" al cual se refiere la Ley de Tierras y desarrollo Agrícola, independientemente de si en el pasado pudieron haber sido tierras baldías.

Por otra parte, la propia disposición del artículo 99 de la Ley de Tierras y Desarrollo Agrícola de 2001, declarando todas las tierras baldías como del dominio público, confirma que con anterioridad las mismas eran bienes patrimoniales del Estado (dominio privado del Estado), lo que implicaba que podían enajenarse y adquirirse por prescripción. Es decir, hasta 2001, las tierras baldías, con la sola excepción de los baldíos playeros y situados en islas que desde el Siglo XIX fueron declarados inalienables, siempre pudieron haber sido enajenadas

---

[6]   Véase Decreto-Ley N° 1.546 publicado en *Gaceta Oficial* N° 37.323 de 13 de noviembre de 2001. El texto del artículo permaneció igual (art. 95), en las reformas de la *Ley de Tierras y Desarrollo Agrario* publicadas en *Gaceta Oficial* N° 5.771 Extraordinario del 18 de mayo de 2005, y en *Gaceta Oficial* No. 591 Extra del 29 de julio de 2010.

por el Estado de acuerdo con la legislación especial sobre las mismas, los Códigos Civiles y las leyes de Hacienda Pública en sus previsiones sobre los "bienes nacionales".[7]

Es decir, desde siempre y en particular desde cuando se sancionó la mencionada Ley de averiguación de Tierras Baldías [...] de 1848 hasta 2001, las tierras baldías pudieron ser adquiridas en propiedad por los particulares. Ello implica que el origen de la tradición legal de la propiedad privada de tierras rurales (que antes pudieron haber sido tierras baldías) podía legalmente fijarse en cualquier año después de 1848 hasta 2001. Incluso después de la Ley de Reforma Agraria de 1960[8], que si bien estableció que no podían enajenarse, gravarse ni arrendarse las tierras afectadas a la reforma agraria, entre las cuales estaban las tierras baldías, se previó sin embargo que quedaba a salvo el "que el Ejecutivo Nacional lo [autorizase] por ser necesarias para otros fines de utilidad pública o social" (art. 15).

II. EL "TÍTULO SUFICIENTE" O EL TÍTULO DEBIDAMENTE REGISTRADO, COMO ACREDITATIVO DE PROPIEDAD PRIVADA SOBRE TIERRAS AGRÍCOLAS

En consecuencia, antes de 2001, habiendo podido adquirirse la propiedad privada sobre tierras que antes pudieron ser baldías, el "título suficiente" para acreditar dicha propiedad en los términos de la propia Ley de Tierras y Desarrollo Agrícola de 2001, que conforme a varias de sus normas, los propietarios privados de tierras agrícolas están obligados a presentar ante los entes públicos en los diversos supuestos que ella regula, es el "título de propiedad privada" sobre los inmuebles debidamente protocolizados en la Oficina de Registro Público tal como lo exige el Código Civil y la Ley de Registro Público.

Dichos títulos de propiedad de inmuebles, es claro que no sólo tienen un propósito informativo de la ocurrencia de tal registro, y si bien el sólo registro en si mismo no es prueba de que el título registrado es "válido," el mismo hace fe publica y por tanto, se debe tener como válido, salvo que se demuestre lo contrario, en juicio, mediante por ejemplo la tacha de falsedad del documento, o su nulidad.

Este "principio de título suficiente" como lo destacó el mismo Juzgado de Primera Instancia Agrario de Caracas en la sentencia citada N° 42 de fecha 14 de enero de 2014[9], "es reconocido por la doctrina del más alto Tribunal de la República" haciendo referencia a la sentencia de la Sala Constitucional de 4 de noviembre de 2003 (Caso: *Agropecuaria Doble R CA, y Agropecuaria Peñitas C.A*), a los efectos de "probar no sólo que las tierras ocupadas están en producción, sino también la *suficiencia de los títulos que demuestren sus derechos, como sería el de adquisición de propiedad de las tierras*" (p. 18 de 28).

En consecuencia, sobre el "título suficiente" de propiedad, en la Ley de Tierras y Desarrollo Agrario de 2001, el mismo es el título de propiedad registrado que conforme con lo afirmó el mismo Juzgado de Primera Instancia Agrario de Caracas en la sentencia comentada, es el que "hace plena fe, así entre las partes como respecto de terceros. Así se declara" (p. 8 de 28).

---

[7]   Véase Allan R. Brewer-Carías, "Estudio sobre la inalienabilidad e imprescriptibilidad en el régimen jurídico de las tierras baldías" en *Anuario de Derecho Ambiental 1977*, Ministerio del Ambiente y de los Recursos Naturales Renovables, Caracas 1978, pp. 72-112.

[8]   Véase en *Gaceta Oficial* N° 611 Extra. de 19-03-1960

[9]   Véase en http://tribunales-primera-instancia.vlex.com.ve/did/manuel-ponte-ismenia-angelina-isturiz-486273922

Sobre dicho "título suficiente," en efecto, la propia Ley de Tierras y Desarrollo Agrario, desde 2001, hace referencia en diversos artículos. Por ejemplo, en su artículo 27.1, a los efectos de la inscripción de las propiedades rurales en la oficina de "registro agrario" dependiente del Instituto Nacional de Tierras, y que tiene por objeto el control e inventario de todas las tierras con vocación de uso agrario, exige que deben consignarse como "información jurídica", los respectivos *títulos suficientes* de las tierras con vocación de uso agrario.

Por otra parte, de acuerdo con el artículo 41 de la Ley, a los efectos de las solicitudes de certificados de finca productiva que formulen ante el Instituto Nacional de Tierras, los propietarios u ocupantes de tierras con vocación de uso agrario que se encuentren en producción, ajustada a los planes de seguridad alimentaria establecidos por los organismos competentes, los mismos deben acompañar (art. 42.5) "copia certificada de los documentos o *títulos suficientes que acrediten la propiedad o la ocupación*".

En cuanto a las solicitudes de certificados de finca mejorable que se formulen ante el mismo Instituto, por los propietarios u ocupantes de tierras con vocación de uso agrario que no se encuentren productivas o se encuentren infrautilizadas, conforme a los artículos 29 y 30.3 de la Ley, entre otros requisitos, deben anexar "copia certificada de los documentos o *títulos suficientes que acrediten la propiedad o la ocupación.*"

Conforme a los artículos 71 y 74 de la Ley, en los casos de fundos objeto de expropiación, una vez que el Instituto Nacional de Tierras proceda a emplazar por edicto a todos los ciudadanos que pretendan algún derecho sobre el mismo, en la comparecencia estos deben presentar un expediente particular conformado, entre otros documentos, por el "título suficiente de propiedad". Por otra parte, en los casos en los que el Instituto Nacional de Tierras, conforme a los artículos 89 y 91 de la Ley, ejerza su derecho a rescatar las tierras de su propiedad que se encuentren ocupadas ilegal o ilícitamente, en el auto que ordene la apertura del procedimiento, se debe ordenar publicar en la *Gaceta Oficial Agraria* un cartel mediante el cual se notifique a los ocupantes de las tierras, para que comparezcan y expongan las razones que les asistan, y "presenten los documentos o *títulos suficientes que demuestren sus derechos*".

Esos "títulos suficientes", por tanto, son los que conforme a las prescripciones expresas de la Ley, en su caso acreditan la propiedad, no teniendo obligación alguna los propietarios de fundos rurales de demostrar ninguna tradición especial precedente de su propiedad, excepto el título inmediato de adquisición.

III. LA ILEGAL EXIGENCIA, DE HECHO, DE UNA CADENA CENTENARIA DE TÍTULOS PARA PROBAR LA PROPIEDAD RURAL A PARTIR DE LA ENTRADA EN VIGENCIA DE LA LEY DE TIERRAS Y DESARROLLO AGRÍCOLA DE 2001

Debe mencionarse, sin embargo, que de hecho y sin asidero legal alguno, después de sancionada la Ley de Tierras y Desarrollo Agrícola de 2001, la Administración a través de los funcionarios del Instituto Nacional de Tierras, comenzó a exigir en los procedimientos de acreditación de propiedad con motivo de procedimientos de "rescate" de tierras supuestamente públicas, que además de los "títulos suficientes" de propiedad de los predios, las personas citadas ante el mismo, debían además, consignar, una "cadena titulativa certificada desde 1848", es decir, la tradición legal de la propiedad por más de 150 años, siendo esa fecha, de nuevo, sin duda, la de la Ley sobre averiguación de Tierras Baldías, su deslinde, mensura, justiprecio y enajenación de ese año, antes mencionada.

Esa exigencia, como lo argumentamos en su momento[10], no tenía asidero legal alguno y más bien era contraria a lo establecido en el ordenamiento civil y registral respecto en los casos de compraventa de inmuebles, que limita la obligación impuesta a los interesados en materia de tradición adquisitiva, a indicar única y exclusivamente el título inmediato de adquisición de inmueble, y que obliga al Registrador a exigir que se presente ese documento únicamente, sin que estuviese establecida ninguna obligación de demostrar una cadena sucesiva de adquisiciones anteriores y menos hasta antes de 1848.

Dicha pretensión, en efecto, es contraria a lo dispuesto en el artículo 1.495 del Código Civil, en el cual se dispone como obligación del vendedor al entregar la cosa vendida, de "entregar los *títulos y documentos concernientes a la propiedad* y uso de la cosa vendida," es decir, los documentos que acreditan la propiedad que no es otro que *el inmediato de adquisición*; lo que se ratifica en el artículo 1.926 del mismo Código Civil, que impone al Registrador cuando se registre un instrumento en el cual "se ceda o traspase algún derecho," a poner "en el instrumento dónde se había declarado o creado el mismo derecho", "una nota marginal en la cual se expresen dichas circunstancias, la fecha y la Oficina en que se ha efectuado el registro," lo que en materia de traslación del derecho de propiedad se refiere al *título inmediato de adquisición*. Es en éste en el cual en materia de venta de inmuebles debe ponerse dicha nota marginal, sin que los interesados tuvieran obligación legal de armar cadena de títulos precedentes. Fue a partir de la sanción de la nueva Ley de Registro Público y Notariado en 2001, reformada en 2006, cuando se estableció en el registro inmobiliario el sistema denominado del "folio real" para comenzar a armar en la propia oficina de registro dicha cadena titulativa, de manera que permita "de manera clara y precisa establecer la tradición legal del inmueble (art. 34)[11].

Además, la exigencia que se hacía, de hecho, de que el propietario de un inmueble tenía que acreditar su propiedad sólo mostrando una cadena más que centenaria de títulos precedentes, ignoraba también lo previsto en el Código Civil en relación con el "poseedor de buena fe" en relación con la propiedad de inmuebles, donde basta que haya un título inmediato de adquisición; a cuyo efecto, el Código define el poseedor de buena fe, como aquél que "posee como propietario en fuerza de justo título, es decir, de un título capaz de transferir el dominio, aunque sea vicioso, con tal que el vicio sea ignorado por el poseedor" (art. 788). Sobre ese "justo título" de adquisición del poseedor de buena fe, el artículo 789 del mismo Código dispone, como presunción *juris tantum*, que "la buena fe se presume siempre; y quien alegue la mala, deberá probarla. Bastará que la buena fe haya existido en el momento de la adquisición".

Por último, la exigencia que de hecho desarrollaron los funcionarios del Instituto Nacional de Tierras a partir de 2001 de exigir que la propiedad sobre inmuebles con vocación agraria solo podía probarse con una cadena de títulos hasta antes de 1848, contradecía el régimen que en la materia siempre se había establecido la legislación de registro público, de acuerdo con lo pautado en el Código Civil, antes mencionado. Por ejemplo, el artículo 28 de la Ley de Registro Civil de 1915 disponía entre las obligaciones del Registrador, exigir que en los documentos traslativos de la propiedad de inmuebles o de derechos reales sobre bienes mue-

---

[10]   Véase lo que expusimos en Allan R. Brewer-Carías, "El régimen de las tierras baldías y la adquisición del derecho de propiedad privada sobre tierras rurales en Venezuela," en *Estudios de Derecho Administrativo 2005-2007*, Colección Estudios Jurídicos, N° 86, Editorial Jurídica Venezolana, Caracas 2007, pp. 327-374.

[11]   Véase en *Gaceta Oficial* N° 5833 de 22 de diciembre de 2006.

bles, y en los documentos en que se impongan gravámenes o limitaciones sobre los mismos bienes, se expresará el *título inmediato de adquisición de la propiedad* o derecho que se traslada, se grava, o se limita" estándole prohibido a Registradores "protocolizar los documentos que no contengan esta mención, hasta que los interesados no presenten la *prueba de la adquisición* en la forma dicha, lo que se hará constar detalladamente en la nota de registro al pie del original y en la de los protocolos".

Una norma similar estuvo incorporada en todas las Leyes de Registro Público posteriores, e incluso su contenido relativo a la identificación del título inmediato de adquisición en materia de registro inmobiliario se encuentra en el artículo 45 de la Ley de Registro Público y Notarías de 2001, reformada en 2006, al exigir que toda inscripción que se haga en el Registro Inmobiliario relativa a un inmueble o derecho real debe contener además de la indicación de la naturaleza del negocio jurídico e identificación de las personas que intervienen, la "descripción del inmueble, con señalamiento de su ubicación física, medidas, linderos y número catastral" de manera que en las siguientes inscripciones relativas a mismo inmueble no se deben repetir dichos datos, sino sólo "las modificaciones que indique el nuevo título y del asiento en que se encuentre la inscripción" (art. 46) que no es otra cosa que, en materia de compra venta de inmuebles, que el título inmediato de adquisición.

En tal sentido, respecto de la previsión que estaba en el artículo 77 de la Ley de Registro Público vigente en 1961, la Sala Político Administrativa de la antigua Corte Suprema de Justicia, en sentencia de 14 de agosto de 1961 (Caso: *Antonio Cardozo Blanco*, Exp. 5781), indicó con toda precisión al referirse al *título inmediato de adquisición,* que "para que se garantice el principio del tracto sucesivo regulado en el artículo 77 de la Ley de registro Público es necesario que exista una "correspondencia lógica" entre el título inmediato de adquisición y el que se pretende registrarse. En otras palabras, que el documento causa se baste para declarar lo relativo al origen e identificación de lo que constituye el objeto de la traslación; y que además, y ello sería la "correspondencia jurídica", que el título inmediato de adquisición sea en verdad un acto "susceptible de producir válidamente la transferencia o gravamen del derecho". Dicha doctrina de la Sala Político Administrativa de la antigua Corte Suprema fue ratificada, además, en la sentencia N° 649 de la misma Sala de 15 de marzo de 2006[12].

De lo anterior resulta, por tanto, que la mencionada exigencia que administrativamente y de hecho establecieron los funcionarios del Instituto Nacional de Tierras a partir de la entrada en vigencia de la Ley de Tierras y Desarrollo Agrícola de 2001, de exigir que a los propietarios para poder oponerse al "rescate" de tierras con vocación agraria que debían acreditar una cadena de títulos hasta antes de 1848, no tenía asidero legal. La Ley de Tierras y Desarrollo Agrícola de 2001 en realidad, en su artículo 86 o en alguna otra norma, nada reguló sobre ello, como tampoco ocurrió en la reforma de la Ley de 2005.

En realidad, la incorporación en la legislación relativa al desarrollo agrícola de la exigencia de la acreditación de una cadena ininterrumpida de títulos de propiedad hasta cuando el Estado se desprendió de la misma, *sólo para poder evitar el "rescate" administrativo de tierras* por parte del Instituto Nacional de Tierras, ocurrió con la reforma de la Ley de Tierras y Desarrollo Agrícola de 2010 (art. 82), en la cual sin embargo, no se estableció nada en relación con la cadena de títulos desde antes de 1848.

---

[12]   Casos citados en sentencia N° 42 de 14 de enero de 2014, del Juzgado de Primera Instancia Agrario de Caracas Caso: *Manuel Pero de Ponte et al.,* vs. *Ismenia Angelina Izturiz,,* en http://tribunales-primera-instancia.vlex.com.ve/did/manuel-ponte-ismenia-angelina-isturiz-486273922.

IV. LA ACREDITACIÓN LEGAL DE LA PROPIEDAD DE INMUEBLES EN LOS TÉRMINOS DEL CÓDIGO CIVIL Y DE LA LEY DE REGISTRO PÚBLICO

La política de los funcionarios del Instituto Nacional de Tierras a partir de 2001, de exigir a los propietarios de tierras con vocación agrícola acreditar una cadena titulativa ininterrumpida des u propiedad hasta el año 1848, como se ha visto, no tenía asidero legal alguno, y al contrario, de acuerdo con el Código Civil, cuyas normas generales de acreditación de la propiedad sobre los inmuebles, como las tierras o fundos, no fueron modificadas por la Ley de Tierras y Desarrollo Agrícola, el principio general en materia de tradición de cosas, es que dicha tradición se verifica poniendo la cosa vendida en posesión del comprador (art. 1.487), pero tratándose de bienes inmuebles, el vendedor cumple con la obligación de hacer la tradición de los mismos "con el otorgamiento del instrumento de propiedad" (art. 1.488).

A ello agrega el artículo 1.920.1 del mismo Código Civil, como prueba de la tradición en la compra-venta de inmuebles, que todos los "actos entre vivos, a título gratuito, o a título oneroso, traslativos de propiedad de inmuebles", como la compraventa, "están sometidos a la formalidad del registro", es decir, deben registrarse en la Oficina de Registro Público competente, conforme a las previsiones de la Ley de Registro Público.

Por otra parte, de acuerdo con el artículo 1.924 del mismo Código Civil, los actos que el Código sujeta a las formalidades del registro, como la compraventa de inmuebles, sólo es después de registrarse que tienen efectos contra terceros. Por tanto, si no han sido anteriormente registrados, es que el Código Civil dispone que a pesar de que sean válidos y efectivos entre las partes no tienen ningún efecto contra los terceros que por cualquier título hayan adquirido y conservado legalmente derechos sobre el inmueble.

En todo caso, el documento registrado, si ha sido levantado por un funcionario que haya dado fe publica del acto que contiene, es un instrumento público o auténtico, que es "el que ha sido autorizado con las solemnidades legales por un Registrador, por un Juez u otro funcionario o empleado público que tenga facultad para darle fe pública, en el lugar donde el instrumento se haya autorizado" (Art. 1357). Dicho documento público, conforme a los artículos 1.359 y 1360 del mismo Código, hace plena fe, así entre las partes como respecto de terceros, mientras no sea declarado falso, de los hechos jurídicos que el funcionario público declara haber efectuado, si tenía facultad para efectuarlos; de los hechos jurídicos que el funcionario público declara haber visto u oído, siempre que este facultado para hacerlos constar; y además, de la verdad de las declaraciones formuladas por los otorgantes acerca de la realización del hecho jurídico a que el instrumento se contrae, salvo que en los casos y con los medios permitidos por la ley se demuestre la simulación.

La Ley de Registro Público y del Notariado de 2001, reformada en 2006, agrega, que la fe pública registral, que es la que dan los Registradores "protege la verosimilitud y certeza jurídica que muestran los asientos) (art. 13), de manera que "los asientos e información registrales y emanados oficialmente del sistema registral surtirán todos los efectos jurídicos correspondientes a los documentos públicos" (art. 25). Con anterioridad, las Leyes de Registro Público disponían que "los Registradores merecen fe pública en todos los actos que con tal carácter autoricen".

Las anteriores disposiciones legales rigen en materia de prueba de la propiedad sobre inmuebles, de manera que en todo caso, incluida la propiedad de bienes con vocación agrícola, la propiedad se prueba con el documento de propiedad debidamente registrado ante la Oficina de Registro Público correspondiente. Quien pretenda desvirtuar dicha propiedad y cuestionar el registro, no tiene otra opción que no sea solicitar la declaratoria de falsedad del documento registrado o demandar la reivindicación de la propiedad del inmueble conforme al artículo 548 del Código Civil, para lo cual quien demanda tiene enteramente la carga de la prueba, la cual no puede invertirse, pues sería violatorio del derecho al debido proceso que garantiza el artículo 49 de la Constitución.

Por ello, el Juzgado de Primera Instancia Agrario de Caracas en la mencionada sentencia N° 42 de 14 de enero de 2014, después de considerar que "el procedimiento de reivindicación constituye el mecanismo procesal por excelencia para la defensa del derecho de propiedad agraria", afirma que "siendo esencial al procedimiento de reivindicación la demostración del derecho de propiedad agraria del demandante, recae sobre el actor la carga de la prueba del derecho de propiedad agraria, y faltando la demostración de tal derecho de propiedad agraria, el actor sucumbirá en el juicio aunque el demandado no pruebe de manera clara e indubitable su derecho en apoyo a la situación en que se encuentra."(p. 9 de 28). En definitiva, como lo indica la misma sentencia "no es el demandado quien tiene que probar el dominio. Es el actor a quien compete la prueba," (p 10 de 28), sea quien sea el demandante en reivindicación. En términos de la Ley de Registro Público y Notarías de 2001, los asientos registrales incluso en los que consten actos o negocios jurídicos inscritos que sean nulos o anulables, "solamente podrán ser anulados por sentencia definitivamente firme" (art. 41) dictada en juicio en el cual, evidentemente la carga de la prueba corresponde a quien alega la nulidad.

Por tanto, no hay duda que en el derecho venezolano el título de propiedad registrado con las formalidades de ley es el título suficiente que exige a Ley de Tierras y Desarrollo Agrícola para probar la propiedad de un inmueble, correspondiendo a quien alegare propiedad sobre el mismo inmueble, demostrar su pretendida titularidad en un juicio de reivindicación que tenía que concluir con la nulidad del registro precedente.

De todo lo anteriormente expuesto, por tanto, es claro que sólo una decisión judicial puede anular un título de propiedad registrado, sea por vicios de nulidad conforme a la Ley de Registro Público o mediante un juicio de reivindicación de la propiedad que el Juzgado de Primera Instancia Agrario de Caracas en la antes mencionada sentencia N° 42 de 14 de enero de 2014, lo ha considerado que "constituye el mecanismo procesal por excelencia para la defensa del derecho de propiedad agraria" (p. 9 de 28).

En consecuencia, en materia agraria, la única forma de enervar la titularidad de la propiedad de tierras, además de tachar de falsedad el documento de propiedad, es demandando la reivindicación de la propiedad conforme al artículo 548 del Código Civil, conforme al cual, quien demanda tiene enteramente la carga de la prueba, la cual no puede invertirse, pues sería violatorio del derecho al debido proceso que garantiza el artículo 49 de la Constitución.

En esta materia de reivindicación, por tanto, como lo reconoció y declaró la sentencia citada del Juzgado de Primera Instancia Agrario de Caracas afirmó en la sentencia N° 42 de 14 de enero de 2014, sigue rigiendo el Código Civil y la Ley de Registro Público, pues además, la Ley de Tierras y Desarrollo Agrícola nada establece en la materia.

V. SOBRE EL TEMA DE LA PRESCRIPCIÓN ADQUISITIVA DE PROPIEDAD EN MATERIA AGRARIA

Vinculado con el tema de la titularidad en materia de propiedad agraria, sin duda está el tema de la prescripción adquisitiva, institución que como uno de los medios de adquirir la propiedad está prevista en el artículo 796 del Código Civil, lo cual ratifica el artículo 1.952 del mismo Código Civil al considerar la prescripción como "un medio de adquirir un derecho o de libertarse de una obligación, por el tiempo y bajo las demás condiciones determinadas por la Ley".

Conforme a esas normas, para que se pueda "adquirir por prescripción" es indispensable que exista "posesión legítima" (art. 1.953), de manera que: *primero*, conforme al mismo Código Civil, existe la "posesión", cuando hay "la tenencia de una cosa, o el goce de un derecho que ejercemos por nosotros mismos o por medio de otra persona que detiene la cosa o ejerce el derecho en nuestro nombre (art. 771), presumiéndose en todo caso, siempre, que "una persona posee por sí misma y a título de propiedad, cuando no se prueba que ha empezado a poseer en nombre de otra. (art. 773); y *segundo*, esa posesión es "legítima," cuando "es continua, no interrumpida, pacífica, pública, no equívoca y con intención de tener la cosa como suya propia" (art. 772).

Conforme a esas normas, sin duda, un propietario de tierras agrícolas, aún sin tener la cadena de títulos centenaria que se deriva de la norma del artículo 82 de la Ley de Tierras y Desarrollo Agrícola, podría legítimamente alegar como excepción la prescripción adquisitiva de todos los fundos de su propiedad, *si acaso la República iniciara un juicio de reivindicación de las tierras* conforme a lo establecido en el artículo 10 de la Ley de Tierras Baldías de 1936. Es decir, para que pueda alegarse la prescripción en esos casos, es indispensable que la República haya iniciado un juicio de reivindicación ante el tribunal competente, que es la única instancia ante la cual se podría hacer valer la excepción de la prescripción adquisitiva.

En cambio, si lo que se inicia por el Instituto Nacional de Tierras es el inconstitucional procedimiento administrativo de "rescate" de tierras, que sólo se podía aplicar en los casos en que se tratase de tierras propiedad del Instituto Nacional de Tierras, en él lo que el propietario puede alegar es simplemente que es legítimo propietario de las tierras como resulta de los títulos suficientes de adquisición registrados que debe consignar.

Por tanto, si la República siguiese el procedimiento legal que corresponde en caso de que cuestione la propiedad privada sobre tierras, que es el demandar por reivindicación la propiedad so las mismas, el propietario, entonces si es el caso, podría alegar en el juicio respectivo la prescripción adquisitiva, la cual además, está legalmente amparada en el mismo Código Civil, al proteger aún más a las personas que adquieren la propiedad de bienes inmuebles mediante documento registrado. A tal efecto, el Código Civil dispone expresamente en su artículo 1.979, que "quien *adquiere de buena fe un inmueble* o un derecho real sobre un inmueble, *en virtud de un título debidamente registrado y que no sea nulo por defecto de forma*, prescribe la propiedad o el derecho real por diez años, a contar de la fecha del registro del título".

En virtud de que esta norma lo que se busca es proteger al adquirente de buena fe, luego de una década de posesión del inmueble como propietario frente a la eventual ausencia de un efectivo título inmediato de adquisición en las operaciones de compra de los inmuebles, el cual por ello no debe tener duda alguna de su propiedad, no estando el propietario obligado a iniciar un procedimiento judicial declarativo de la prescripción adquisitiva que está regulado en el artículo 690 del Código de Procedimiento Civil. Esta norma dispone que "cuando se pretenda la declaración de propiedad por prescripción adquisitiva según la ley, o la declaración de cualquier otro derecho real susceptible de prescripción adquisitiva, el interesado presentará demanda en forma ante el Juez de Primera Instancia en lo Civil del lugar de situación del inmueble, la cual se sustanciará y resolverá" con arreglo a lo dispuesto en dicho Código; siendo esencial en el procedimiento, como lo indica el artículo 691, que "la demanda tenga obligatoriamente que "proponerse contra todas aquellas personas que aparezcan en la respectiva Oficina de Registro como propietarias o titulares de cualquier derecho real sobre el inmueble". Ello, por supuesto, en ningún caso es posible respecto de las propiedades de un propietario particular, cuando en las Oficinas de Registro quien aparece como propietario de los inmuebles es la misma persona propietaria y nadie más, en cuyo caso, la misma no tiene necesidad alguna de buscar declaratoria alguna de propiedad por prescripción de los inmuebles que son de su propiedad, ya que dicha propiedad estaba declarada y amparada por títulos registrados en los cuales se había especificado los títulos inmediatos de adquisición conforme al Código Civil y a la Ley de Registro Público.

VI. LA FIGURA DEL "RESCATE" ADMINISTRATIVO DE TIERRAS CON VOCACIÓN AGRÍCOLA POR PARTE DEL ESTADO, COMO CONSECUENCIA DE LA DECLARATORIA DE LAS TIERRAS BALDÍAS COMO DEL DOMINIO PÚBLICO EN 2001

Ahora bien, una de las consecuencias inmediatas de la declaratoria de las tierras baldías como bienes del dominio público, de acuerdo con el principio general del derecho administrativo de la recuperabilidad de oficio de los bienes del dominio público, fue la previsión en la propia Ley de la figura denominada como la "recuperación" o "rescate" de tierras, que sólo puede aplicarse respecto de bienes que *siendo tierras baldías al momento de publicación de la Ley, estaban ocupadas ilegalmente*. En esos casos, el Estado podía "recuperarlas" o "rescatarlas" mediante un procedimiento administrativo regulado en la propia Ley.

Esa figura del rescate incluso podría tener su fundamento en la previsión del artículo 307 de la Constitución, cuando al referirse al régimen latifundista como contrario al interés social, remite a la Ley para establecer medidas que permitan la lucha contra el latifundio "rescatando igualmente las tierras de vocación agrícola"; rescate que sólo *podría referirse a las tierras que son propiedad del Estado*, en el sentido de rescatar o recuperar lo que es propio.

Por eso la regulación precisa del artículo 86 de la Ley de Tierras y Desarrollo Agrícola de 2001 al regular el "derecho" del Instituto Nacional de Tierras (al cual en la Disposición Final Segunda de la Ley, se le transfirió la propiedad y posesión de la totalidad de las tierras rurales del antiguo Instituto Agrario Nacional al Instituto Nacional de Tierras) "a rescatar las *tierras de su propiedad* que se encuentren ocupadas ilegal o ilícitamente".

A esos fines que son sólo los de recuperar o rescatar las tierras que para el momento de entrada en vigencia de la Ley de Tierras y Desarrollo Agrícola eran indubitablemente tierras de propiedad del Estado, pero que estaban ocupadas ilegal e ilegítimamente por otros, fue que se autorizó al Instituto Nacional de Tierras para iniciar "de oficio o por denuncia, el procedimiento de rescate correspondiente", sin perjuicio de las garantías establecidas en los artículos 17, 18 y 20 de la Ley de Tierras y Desarrollo Agrícola.

Dicho procedimiento, por tanto, por esencia, es completamente inaplicable: *primero,* en los casos de tierras que aún con vocación agrícola para el momento de la entrada en vigencia de la Ley de Tierras y Desarrollo Agrícola, ya *eran de propiedad privada*, así hubieran sido en el pasado tierras baldías, pero que hubieran pasado a ser de propiedad privada amparada mediante cualquier título jurídico legal y legítimo; y *segundo*, en los casos de tierras que para el momento de la entrada en vigencia de la Ley de Tierras y Desarrollo Agrícola, aún siendo tierras baldías, *estuviesen ocupadas legal y lícitamente* conforme al ordenamiento jurídico aplicable.

Respecto de las tierras que en el pasado pudieron haber sido tierras baldías que hubieran pasado a ser de propiedad privada amparada mediante cualquier título jurídico, si el Estado tuviese alguna pretensión de que podrían seguir siendo tierras baldías, no podría en forma alguna iniciar procedimiento de "rescate," sino que tendría que demandar su reivindicación en vía judicial, como antes se ha destacado, probando el carácter de tierra baldía del bien determinado, como lo exige el artículo 10 de la Ley de Tierras baldías y Ejidos de 1936.

VII. LA REFORMA DE LA LEY DE TIERRAS Y DESARROLLO AGRÍCOLA DE 2010 EN MATERIA DE "RESCATE" DE TIERRAS Y SU IRRETROACTIVIDAD

La Ley de Tierras y Desarrollo Agrícola de 2001, reformada ya en 2005, fue de nuevo reformada en 2010, en particular, precisamente, en materia de "rescate" de tierras por parte del Instituto Nacional de Tierras, al agregarse al antiguo artículo 86 de la Ley (ahora artículo 82), un nuevo párrafo aparte con la previsión de que el Instituto Nacional de Tierras:

> "podrá rescatar las tierras aun en los casos en que la propiedad sea atribuida a particulares, cuando al efectuar el análisis documental de los títulos suficientes que fueran requeridos a aquél que se atribuye el derecho de propiedad, éste no lograre demostrar una perfecta secuencia y encadenamiento de las titularidades del dominio y demás derechos alegados, desde el desprendimiento válidamente otorgado por la Nación venezolana, hasta el título debidamente protocolizado de adquisición por parte de quien alega propiedad".

En relación con esta norma, que por supuesto, solo podría sea aplicada a adquisiciones de propiedad privada por particulares realizadas a partir de la entrada en vigencia de la reforma, es decir, a partir del 29 de julio de 2010, debe decirse, de entrada, que la misma sólo se refiere a una potestad de "rescate" administrativo de las tierras que el Instituto Nacional de Tierras considere de su propiedad a pesar de que sean de la legítima propiedad de particulares conforme a documentos legalmente registrados, Con la norma incorporada, lo que el Legislador pretendió fue, en definitiva, sustituir el procedimiento judicial de reivindicación por parte del Estado de tierras en manos de particulares, cuando pudiera considerar que eran públicas, por un pretendido procedimiento de "rescate" administrativo de tierras de propiedad privada aún cuando no estuviesen "ocupadas ilegal o ilícitamente"; y todo por el sólo hecho de que el propietario "no lograre demostrar una perfecta secuencia y encadenamiento de las titularidades del dominio y demás derechos alegados, desde el desprendimiento válidamente otorgado por la Nación venezolana, hasta el título debidamente protocolizado de adquisición por parte de quien alega propiedad".

Esta regulación, aparte de ser una inconstitucional invasión sobre el derecho de propiedad que garantiza el artículo 115 de la Constitución, establece una inversión de la carga de la prueba de la propiedad que implica violación de la garantía del debido proceso y del derecho a la defensa que rige también en materia administrativa (art. 49 de la Constitución), y que en todo caso es contraria a las normas del Código Civil y de la Ley de Registro Público que no se han reformado, conforme a las cuales en los casos de cuestionamiento del derecho de propiedad, este sólo podría realizarse mediante un juicio de reivindicación en el cual sólo el demandante es el que debe probar su alegato.

Para ello, la reforma de la Ley pretendió configurar una especie de "presunción" de que el Instituto Nacional de Tierras supuestamente es propietario de todas las tierras con vocación agrícola aún cuando estuviesen ocupadas legal y legítimamente por particulares, amparadas con títulos de propiedad, por el sólo hecho de que cuando el Instituto requiriera del propietario la presentación de los títulos suficientes de su propiedad, del análisis documental que efectuase el Instituto, sus funcionarios considerasen que el propietario no habría logrado "demostrar una perfecta secuencia y encadenamiento de las titularidades del dominio y demás derechos alegados, desde el desprendimiento válidamente otorgado por la Nación venezolana, hasta el título debidamente protocolizado de adquisición por parte de quien alega propiedad".

Ahora, en cuanto a la exigencia en si misma, al establecer la referida norma, frente al Estado, un nuevo requisito de prueba documental en relación con la propiedad privada de tierras que no existía anteriormente, en el sentido de que los propietarios para probar su propiedad ante el Estado tienen que estar provistos de la cadena de títulos traslativos de la propiedad para "demostrar una perfecta secuencia y encadenamiento de las titularidades del dominio y demás derechos alegados, desde el desprendimiento válidamente otorgado por la Nación venezolana, hasta el título debidamente protocolizado de adquisición por parte de quien alega propiedad", y no sólo de su título de propiedad registrado con la sola especificación del título inmediato de adquisición de la propiedad; como se dijo, esa exigencia sólo se puede aplicar hacia futuro, es decir a quienes adquieran propiedad de tierras a partir del 29 de julio de 2010, de manera que en virtud de la garantía de irretroactividad de las leyes que establece el artículo 24 de la Constitución, nunca podría ser aplicado a los propietarios de tierra quienes las adquirieron antes de la entrada en vigencia de la reforma.

En otras palabras, solo los propietarios de tierras agrícolas que adquieran su propiedad a partir de esa fecha del 29 de julio de 2010 están sujetos a dicha posibilidad de "rescate" de las mismas por parte del Instituto Nacional de Tierras; la cual por lo demás se ha previsto inconstitucionalmente, pues conforme a su texto, aún habiendo adquirido su propiedad legítimamente, los propietarios están sujetos al procedimiento administrativo de rescate si no logran probar ante el Instituto Nacional de Tierras una perfecta secuencia y encadenamiento de las titularidades del dominio y demás derechos alegados, "desde el desprendimiento válidamente otorgado por la Nación venezolana, hasta el título debidamente protocolizado de adquisición por parte de quien alega propiedad".

Sobre este principio de la irretroactividad de la ley, debe recordarse lo que Joaquín Sánchez Coviza explicó en su conocido libro *La Vigencia Temporal de la Ley en el Ordenamiento Jurídico Venezolano*, aplicable a lo antes mencionado, al señalar:

"... los contratos celebrados antes de la vigencia de la nueva ley se regirán por la ley anterior, en lo que se refiere a sus condiciones extrínsecas e intrínsecas de validez, a sus requisitos probatorios -como veremos de nuevo más adelante-, a los efectos futuros, cuando estos últimos no choquen abiertamente con una disposición de orden público. La nueva ley cuando sea de orden público y tenga voluntad de aplicarse a los contratos en curso, regirá los efectos futuros de tales contratos -en cuanto crea un estatuto legal obligatorio para la relación contractual en cuestión- mas no podrá afectar, en ningún caso, a los efectos pasados, ni a las condiciones de validez de los propios contratos.

Si la nueva ley suprime una figura contractual -si, por ejemplo, suprime a los contratos de juego permitidos por una ley anterior- no hace sino privarla de efectos futuros, sin que retroactúe, como puede parecer equivocadamente, sobre sus condiciones de validez, ya que ha de dejar intactos los efectos pasados que tienen como apoyo y punto de arranque la validez mencionada"[13].

En sentido similar, la Sala Constitucional del Tribunal Supremo de Justicia en sentencia N° 15 de 15 de febrero de 2005 (Caso: *Impugnación del Artículo 50, letra d), in fine, de la Ordenanza del Cuerpo de Bomberos del Distrito Metropolitano de Caracas*), también estableció el siguiente criterio:

"Asunto por demás complejo es la determinación de en qué casos una norma jurídica es retroactiva y, en consecuencia, cuándo lesiona un derecho adquirido. Para ello, la autorizada doctrina que se citó [Joaquín Sánchez Coviza] delimita cuatro supuestos hipotéticos: (i) cuando la nueva Ley afecta la existencia misma de un supuesto de hecho verificado antes de su entrada en vigencia, y afecta también las consecuencias jurídicas subsiguientes de tal supuesto; (ii) cuando la nueva ley afecta la existencia misma de un supuesto de hecho que se verificó antes de su entrada en vigencia; (iii) cuando la nueva ley afecta las consecuencias jurídicas pasadas de un supuesto jurídico que se consolidó antes de su entrada en vigencia; y

---

[13]   Caracas 1956, pp. 230-231.

(iv) cuando la nueva ley sólo afecta o regula las consecuencias jurídicas futuras de un supuesto de hecho que se produjo antes de su vigencia.

En los tres primeros supuestos, no hay duda de que la nueva Ley tendrá auténticos efectos retroactivos, pues afecta la existencia misma de supuestos de hecho (Actos, hechos o negocios jurídicos) o bien las consecuencias jurídicas ya consolidadas de tales supuestos de hecho que se verificaron antes de la vigencia de esa nueva Ley, en contradicción con el principio *"tempus regit actum"* y, en consecuencia, con el precepto del artículo 24 constitucional. En el caso de la cuarta hipótesis, la solución no es tan fácil, ante lo cual Sánchez-Covisa propone –postura que comparte esta Sala- que habrá de analizarse el carácter de orden público o no de la norma jurídica que recién sea dictada, para determinar si su aplicación no puede renunciarse o relajarse por voluntad de las partes (*Ob. cit.*, pp. 166 y ss.) y, en caso afirmativo, la nueva legislación puede válidamente y sin ser retroactiva regular las consecuencias futuras de las relaciones existentes, siempre que se respeten los hechos y efectos pasados"[14].

Dicha sentencia N° 15 de 2005 hizo mención también a las sentencias anteriores de la Sala Constitucional sobre el tema de la irretroactividad de la ley N° 1760 de 2001; N° 2482 de 2001, N° 104 de 2002 y N° 1507 de 2003, indicando que:

"La garantía del principio de irretroactividad de las leyes está así vinculada, en un primer plano, con la seguridad de que las normas futuras no modificarán situaciones jurídicas surgidas bajo el amparo de una norma vigente en un momento determinado, es decir, con la incolumidad de las ventajas, beneficios o situaciones concebidas bajo un régimen previo a aquél que innove respecto a un determinado supuesto o trate un caso similar de modo distinto. En un segundo plano, la irretroactividad de la ley no es más que una técnica conforme a la cual el Derecho se afirma como un instrumento de ordenación de la vida en sociedad. Por lo que, si las normas fuesen de aplicación temporal irrestricta en cuanto a los sucesos que ordenan, el Derecho, en tanto medio institucionalizado a través del cual son impuestos modelos de conducta conforme a pautas de comportamiento perdería buena parte de su hálito formal, institucional y coactivo, ya que ninguna situación, decisión o estado jurídico se consolidaría. Dejaría, en definitiva, de ser un orden"[15].

En consecuencia, conforme a esta doctrina jurisprudencial, en el caso de las tierras propiedad particular adquiridas mediante títulos de propiedad registrados con anterioridad a la reforma del artículo 82 de la Ley de Tierras y Desarrollo Agrícola de 2010, la previsión del segundo párrafo de dicha norma no les puede ser aplicable, pues conforme a la garantía de la irretroactividad de las leyes establecida en el artículo 24 de la Constitución, esa nueva norma no puede modificar situaciones jurídicas surgidas bajo el amparo de una las normas vigente en el momento e la adquisición y registro de la propiedad, "con la incolumidad de las ventajas, beneficios o situaciones concebidas bajo un régimen previo a aquél que innove respecto a un determinado supuesto" como es la previsión del aparte del artículo 82 de la Ley de 2010.

VIII. LA INCONSTITUCIONAL REGULACIÓN DE UNA "EXPROPIACIÓN SIN COMPENSACIÓN" ENCUBIERTA COMO "RESCATE ADMINISTRATIVO" DE TIERRAS

Pero en cuanto a la regulación en si misma de la exigencia antes mencionada prevista en el artículo 82 de la reforma de la Ley de Tierras y Desarrollo Agrícola de 2010, de que un propietario, frente al Estado, para que éste le reconozca su propiedad debe presentar "una perfecta secuencia y encadenamiento de las titularidades del dominio y demás derechos ale-

[14] Véase en *Revista de Derecho Público* N° 101, Caracas 2005, p. 85.
[15] Véase en *Revista de Derecho Público* N° 101, Caracas 2005, p. 85.

gados, desde el desprendimiento válidamente otorgado por la Nación venezolana, hasta el título debidamente protocolizado de adquisición por parte de quien alega propiedad", o de lo contrario está sujeto a un "rescate administrativo", dicha previsión en realidad no es propiamente una regulación de procedimiento alguno de "rescate" de tierras baldías *que sean propiedad del Estado*, que es el procedimiento que deriva de la declaratoria general de las tierras baldías como bienes del dominio público a partir de 2001, y que sólo se puede aplicar conforme a la primera parte de la misma norma del artículo 82 de la Ley, a bienes que *son del dominio público, es decir, que son del Estado, es decir, del dominio público, y que están ocupados ilegal o ilegítimamente por particulares* (sólo se puede rescatar lo que es propio, no lo que es ajeno), sino lo que estableció fue más bien un inconstitucional procedimiento de "expropiación" sin compensación, que afecta tierras de propiedad privada.

En otros términos, lo que el párrafo agregado al artículo 82 en la reforma de la Ley de Tierras de 2010 reguló, aún cuando utilizando indebidamente la figura del "rescate" (que sólo se puede aplicar a bienes del dominio público ocupados ilegal o legítimamente), ha sido una inconstitucional modalidad de apoderamiento de tierras de propiedad privada por parte del Estado, pero sin compensación; es decir, en violación del artículo 115 de la Constitución, se ha establecido un "procedimiento administrativo" de "expropiación" sin compensación de bienes de propiedad privada, que en todo caso, conforme a la Ley, solo sería aplicable en aquellos casos en los cuales el Instituto Nacional de Tierras, al requerir de un propietario la presentación de los documentos o los títulos suficientes que le atribuyan el derecho de propiedad de tierras con vocación agrícola, una vez efectuado el análisis documental de los mismos, el propietario "no lograre demostrar una perfecta secuencia y encadenamiento de las titularidades del dominio y demás derechos alegados, desde el desprendimiento válidamente otorgado por la Nación venezolana, hasta el título debidamente protocolizado de adquisición por parte de quien alega propiedad".

Como se dijo, este "procedimiento administrativo" de apoderamiento por el Estado de bienes de propiedad privada es inconstitucional, porque la expropiación de bienes de propiedad privada en Venezuela sólo puede realizarse, conforme lo garantiza el artículo 115 de la Constitución, para el caso de que no haya habido un arreglo amigable con el propietario, mediante un procedimiento judicial que ha de concluir mediante "sentencia firme y pago de justa indemnización", el cual por lo demás, está regulado en la Ley de Expropiación por causa de utilidad pública y social de 2002.

La figura del "rescate" administrativo, en cambio, sólo podría aplicarse respecto de bienes del dominio público, para recuperarlos, y jamás respecto de bienes de propiedad privada. Por ello, la aplicación del procedimiento administrativo de "rescate" a tierras que son de propiedad privada previsto en el artículo 82 de la Ley de Tierras y Desarrollo Agrícola, cualquiera que fuese la modalidad de su aplicación, es en todo caso inconstitucional, y el resultado sería siempre una confiscación ("expropiación sin compensación) que está prohibida en el artículo 116 de la Constitución.

IX. LA ILEGAL "INTERPRETACIÓN" JURISPRUDENCIAL DEL ARTÍCULO 82 DE LA LEY DE TIERRAS MÁS ALLÁ DE "RESCATE" ALGUNO DE TIERRAS

La norma del segundo párrafo artículo 82 de la Ley de Tierras y Desarrollo Agrícola, como se ha dicho, en todo caso, está vinculada, aún cuando indebidamente, al procedimiento de "rescate" administrativo de tierras que es lo que regula la norma (aún inconstitucionalmente), y se aplica solo en la relación que se pueda establecer entre el Estado y un propietario, autorizándose al Instituto Nacional de Tierras a proceder a "rescatar" tierras de propiedad privada, cuando no se cumpla la exigencia de titulación prevista.

La norma, por tanto, no ha establecido una "nueva" modalidad general de acreditación de la propiedad privada sobre tierras agrícolas que todo propietario debe cumplir aún en relación con otros propietarios, que haya cambiado las normas antes mencionadas del Código Civil y de la Ley de registro Público.

Sin embargo, a pesar de que ello sea claro en el texto de la Ley, el Juzgado Superior Agrario en la citada sentencia de enero de 2014 ha llegado a la conclusión opuesta, habiendo "interpretado" como consecuencia de la norma del artículo 82 la Ley de Tierras y Desarrollo Agrícola, que supuestamente, como consecuencia de la misma, todo propietario de tierras rurales, para acreditar su propiedad privada sobre la tierra, tendría la obligación de probar que tiene "un legítimo causante proveniente de la colonia, de haberes militares, de reparticiones de bienes por la nación, una adjudicación o venta de baldío por el Estado, la prescripción o en virtud de la ley," y si ello no lo puede acreditar, entonces debe probar que su título es "anterior al diez (10) de abril de 1848, para reconocer la *suficiencia de título*, que acredite propiedad privada".

Eso, en efecto, fue lo que decidió el Juzgado de Primera Instancia Agrario de Caracas, al resolver un juicio de reivindicación de la propiedad de tierras rurales entre particulares (Caso: *Manuel Pero de Ponte et al.*, vs. *Ismenia Angelina Izturiz*), en la sentencia antes citada sentencia N° 42 del 14 de enero de 2014[16], al declarar sin lugar una acción de reivindicación intentada entre ellos, en un proceso en el cual no estuvo involucrada pretensión alguna del Estado, ni determinación alguna sobre la titularidad del Estado sobre tierras baldías, ni por supuesto, "rescate" alguno de tierras, pero en el cual el tribunal sin embargo consideró en forma general como se dijo al inicio, que:

> "en el supuesto de aparecer una propiedad como privada, pero que no tenga un legítimo causante proveniente de la colonia, de haberes militares, de reparticiones de bienes por la nación, una adjudicación o venta de baldío por el Estado, la prescripción o en virtud de la ley, su título debe ser anterior al diez (10) de abril de 1848, para reconocer la *suficiencia de título*, que acredite propiedad privada" (p. 20 de 28).

Con esta decisión, en definitiva, el juez superior agrario, en un conflicto judicial entre particulares donde se pretendía la reivindicación de la propiedad de tierras agrícolas, decidió que no bastaba para el propietario para acreditar su propiedad el título registrado con indicación de título inmediato de adquisición, sino que era necesario tener un legítimo causante derivado de un acto formal por el cual el Estado, mediante el cual hubiera cedido o traspasado una determinada tierra que debió haber sido baldía, o de lo contrario, acreditar una cadena de títulos traslativos de la propiedad hasta llegar a 1848.

La sentencia, sin duda, aún cuando en forma incorrecta, al decidir un juicio entre particulares, en el cual no estuvo involucrada pretensión alguna del Estado ni determinación en forma alguna de tierras como baldías ni de la titularidad de tierras baldías, se basó en lo dispuesto en el segundo párrafo del artículo 82 de la Ley de Tierras y Desarrollo Agrícola agregado en la reforma de 2010, donde lo que se reguló, como se ha dicho, fue un irregular procedimiento administrativo de "rescate" de tierras de propiedad privada por parte del Instituto Nacional de Tierras; derivando de la misma norma una supuesta obligación general impuesta a los propietarios de tierras rurales, de acreditar su derecho de propiedad en forma distinta a como se establece en la legislación general.

---

[16]   Véase en http://tribunales-primera-instancia.vlex.com.ve/did/manuel-ponte-ismenia-angelina-isturiz-486273922

Sin embargo, a pesar de ello, la sentencia elaboró sobre el tema de la exigencia a los propietarios de tierras agrícolas de acreditar su propiedad mediante actos de causantes con cesión o desprendimiento de las tierras por parte del Estado o con una cadena de títulos traslativos de la misma desde antes de 1848, para lo cual el Juzgado Agrario aplicó, de manera incorrecta, la reforma del artículo 82 de la Ley de 2010. El Juzgado, en su decisión, en efecto, identificó lo que la Ley de Tierras y Desarrollo Agrícola en diversos artículos califica como "título suficiente" de propiedad (y que son los títulos debidamente registrados con indicación del título inmediato de adquisición), con la acreditación documental de tener un "legítimo causante proveniente de la colonia, de haberes militares, de reparticiones de bienes por la nación, una adjudicación o venta de baldío por el Estado, la prescripción o en virtud de la ley," o en su defecto, probando que su título es "anterior al diez (10) de abril de 1848"; todo ello, para poder "reconocer la *suficiencia de título*, que acredite propiedad privada".

Lo resuelto en la decisión, en definitiva, partió del supuesto de que después de la reforma del artículo 82 de la Ley de 2010, se habría previsto una especie de "presunción" de que todas las tierras agrícolas serían de propiedad del Estado, salvo que el poseedor pueda demostrar que tiene una propiedad derivada de un causante desde que fueron transferidas por el Estado, o a través de una perfecta cadena de títulos desde antes de 1848. La norma, sin embargo, no establece en forma alguna una "presunción" de ese tipo, y en todo caso, si se hubiese establecido, sus efectos sólo se podrían aplicar a las adquisiciones de propiedades de tierras efectuadas con posterioridad a la entrada en vigencia de la reforma de 2010.

Por otra parte, la exigencia de presentación de una cadena de títulos que no estaba en ninguna norma del ordenamiento hasta que se ha establecido en la Ley de Tierras y Desarrollo Agrícola de 2010, parecería más bien derivarse de otra especie de "presunción", que tampoco nunca ha existido en el ordenamiento venezolano, de que las tierras baldías desde 1848, supuestamente habrían sido siempre bienes públicos inalienables e imprescriptibles (es decir, materialmente del dominio público), lo cual no es cierto. No existe en el ordenamiento jurídico venezolano, "presunción" legal alguna que establezca que todas las tierras rurales serían baldías siempre que no se demuestre una tradición legal de la propiedad privada desde que el Estado formalmente se desprendió de las mismas o desde antes de 1848; así como no existe en el ordenamiento una "presunción" legal de que todas las tierras agrícolas son del Estado mientras no se demuestre dicha tradición legal de la propiedad privada desde que el Estado se desprendió de la propiedad de las mismas, o desde de antes de 1848.

En realidad, la presunción legal que existe en el ordenamiento civil venezolano es que se presume que es propietario de un inmueble, quien tenga título de propiedad registrado sobre el mismo, que es el "título suficiente" al cual se refieren los artículos citados de la Ley de Tierras y Desarrollo Agrícola, de manera que quien pretenda derechos sobre el mismo, incluyendo el Estado, no tiene otra vía jurídica que no sea demandar su reivindicación probando la propiedad.

Y es sólo en el curso de un juicio de reivindicación que tiene que haber sido intentado previamente por el Estado reclamando la propiedad de baldíos, que en algunas decisiones judiciales se ha hecho referencia a que en el juicio "el Estado está amparado por una presunción legítima, la de que tales tierras son del patrimonio del respectivo *Estado dentro de cuya jurisdicción se encuentran*", y ello porque como es sabido, las tierras baldías en el sistema constitucional de Venezuela siempre fueron de los Estados de la Federación y no del Estado

Nacional[17]. Pero de esa decisión no se puede deducir en forma alguna que la antigua Corte Suprema hubiera establecido alguna "presunción" de que todas las tierras agrícola son del Estado, y que este sin reivindicarla puede apropiarse de las mismas.

Por otra parte, debe observarse que la referencia a títulos anteriores a 1848 para demostrar la propiedad sobre tierras que en algún momento precedente a la adquisición de la propiedad privada sobre ellas pudieron haber sido tierras baldías, solo apareció en la legislación venezolana en la Ley de Tierras Baldías y Ejidos de 1936, exclusivamente como una excepción en beneficio de los propietarios de tierras, los cuales podían oponerla a cualquier pretensión del Estado de reivindicar tierras que habían sido baldías y que estaban detentadas por particulares. En los artículos 10 y 11 de la Ley de 1936, en efecto, se estableció lo siguiente:

Primero, que cuando aparezca que se "detentan como de propiedad particular terrenos baldíos" o que se consideren como tales, el Estado puede disponer "que se inicie el juicio civil a que haya lugar por ante los Tribunales competentes, de conformidad con la presente Ley"; juicio civil que no es otro que el de "reivindicación" previsto en el artículo 548 del Código Civil cuando dispone que "el propietario de una cosa tiene el derecho de reivindicarla de cualquier poseedor o detentador, salvo las excepciones establecidas en las leyes" siendo la prevista en la mencionada previsión del artículo 11 de la Ley de Tierras Baldías y Ejidos, una de dichas excepciones. Es decir, el supuesto para que pueda iniciarse un juicio de reivindicación es que se trate efectivamente de tierras baldías o eso es lo que considere el Estado, y que las mismas estén "detentadas" como si fueran de propiedad particular por particulares.

Segundo, que en ningún caso dicho juicio de reivindicación por parte del Estado podría iniciarse, por más que se considerase que las tierras detentadas como de propiedad privada fueran tierras baldías, cuando "los poseedores" de las tierras "por sí o por sus causantes hayan estado gozándolas con la cualidad de propietarios desde antes de la Ley de 10 abril de 1848." En estos casos, la demostración por parte quienes hubieran estado gozando las tierras en calidad de propietarios, de una cadena de títulos de propiedad hasta fechas anteriores a 1848, lo que implica es la prohibición para el Estado de iniciar cualquier juicio de reivindicación, configurándose como una presunción *juris et de jures* de la propiedad privada sobre las tierras.

Tercero, en aquellos casos en los cuales los poseedores no pudieran demostrar una cadena de títulos de propiedad o que demostraren la posesión con fecha anterior a 1848, sino con fecha posterior a dicho año de entrada en vigencia de la Ley, quienes han gozado de las tierras como propietarios o sus poseedores, en todo caso tienen el derecho de poder "alegar la prescripción que le favorezca", como excepción a las pretensiones reivindicatorias del Estado", en cuyo caso, de acuerdo con la misma norma del artículo 11 de la Ley de 1936", no se ordenará la iniciación de ningún proceso de reivindicación cuando haya evidencia de que si se invocara la excepción de prescripción, ésta prosperaría".

El anterior es el sentido, y no otro, de la Ley de Tierras Baldías y Ejidos de 1936, por lo que no es correcto considerar que en dicha Ley o en cualquier otra se hubiese establecido en Venezuela que para acreditar la propiedad privada de tierras, con o sin vocación agrícola, sea necesario que el propietario, en lugar de su título de propiedad registrado con la indicación del título inmediato de adquisición, que es el "título suficiente" al cual se refieren los artículos citados de la Ley de Tierras y Desarrollo Agrícola, tenga que establecer alguna otra cadena de títulos.

---

[17]   Véase por ejemplo la sentencia de 12 de agosto de 2013, de la antigua Corte Suprema de Justicia, de 28 de mayo de 1991.

ÍNDICE

ÍNDICE ALFABÉTICO DE LA JURISPRUDENCIA